НАУКА КАББАЛА

БАЗОВЫЙ КУРС

МЕЖДУНАРОДНАЯ
АКАДЕМИЯ
КАББАЛЫ

УДК 130.122
ББК 87.3

НАУКА КАББАЛА. Базовый курс. – LKPublishers, 2014. – 320 с.
Напечатано в Израиле

ISBN - 978-965-7577-28-8
DANACODE - 760-73

**Редакторский коллектив под руководством
Михаэля Лайтмана:**
М. Санилевич, Г. Шустерман, А. Райн.

Поскольку у всего мироздания есть определенная цель, ничто не происходит случайно. В каббалистических книгах, написанных на протяжении тысяч лет, сказано, что все мироздание и каждая его частичка развиваются в соответствии с определенной программой, назначение которой – раскрытие духовного мира.

«Наука каббала. Базовый курс» – это изучение основ науки каббала. В первую очередь задача курса – представить науку каббала в качестве практического метода, помогающего каждому человеку достичь равновесия с окружающим его миром. В результате жизнь людей может стать счастливой, наполненной уверенностью и совершенством.

УДК 130.122
ББК 87.3

ISBN - 978-965-7577-28-8
DANACODE - 760-73

МЕЖДУНАРОДНАЯ
АКАДЕМИЯ
КАББАЛЫ

© Laitman Kabbalah Publishers, 2014.

КРАТКОЕ ОГЛАВЛЕНИЕ

ВВЕДЕНИЕ
РАЗДЕЛ I. ОСНОВЫ НАУКИ КАББАЛА
    ЧАСТЬ 1. ЧТО ТАКОЕ НАУКА КАББАЛА?
    ЧАСТЬ 2. ВОСПРИЯТИЕ РЕАЛЬНОСТИ
    ЧАСТЬ 3. ЯЗЫК КАББАЛЫ
РАЗДЕЛ II. СВОБОДА ВЫБОРА
    ЧАСТЬ 1. ПОЛУЧЕНИЕ И ОТДАЧА
    ЧАСТЬ 2. СВОБОДА ВЫБОРА
    ЧАСТЬ 3. МИРЫ И ДУШИ
РАЗДЕЛ III. ДУХОВНАЯ РАБОТА ЧЕЛОВЕКА
    ЧАСТЬ 1. НЕТ НИКОГО, КРОМЕ НЕГО
    ЧАСТЬ 2. ПУТЬ ТОРЫ И ПУТЬ СТРАДАНИЙ
    ЧАСТЬ 3. ИСРАЭЛЬ И НАРОДЫ МИРА
РАЗДЕЛ IV. МЕТОДИКА ИЗУЧЕНИЯ КАББАЛЫ
ПРИЛОЖЕНИЕ

ОГЛАВЛЕНИЕ

Введение 7
О курсе «наука каббала» 8
РАЗДЕЛ I. ОСНОВЫ НАУКИ КАББАЛА 11
Предисловие к разделу «Основы науки каббала» 12
ЧАСТЬ 1. ЧТО ТАКОЕ НАУКА КАББАЛА? 13
Урок 1. Что на самом деле мы знаем о науке каббала? 14
    От сокрытия к раскрытию 14
    Для чего нужно раскрытие духовного мира? 17
    Закон любви 19
Урок 2. Кто может изучать науку каббала? 24
    Точка в сердце 24
    Из истории науки каббала. Первые каббалисты 28
    История науки каббала от изгнания до наших дней 31
Урок 3. Последовательность развития творения 36
    Добрый и Творящий добро 36
    Быть подобным Творцу 37
    Вблизи или вдали 41
    Новое рождение 43
ЧАСТЬ 2. ВОСПРИЯТИЕ РЕАЛЬНОСТИ 51
Урок 1. Реальность или воображение? 52
    Кто дал команду? 56
Урок 2. Истинная реальность 61
    Что вы имеете в виду? 61
    Внешний мир 65
    Стать праведником 68
ЧАСТЬ 3. ЯЗЫК КАББАЛЫ 75
Урок 1. Закон корня и ветви 76
    Абстрактность или реальность? 76
    Корни и ветви 78
    Язык ветвей 81
Урок 2. Свет, возвращающий к источнику 86
    Низший учится у высшего 86
    Чудесная скрытая сила 88
    Четыре языка 92
    Язык Торы 94
    Язык Алахи 94
    Язык Агады 95
    Язык каббалы 95

Урок 3. Каббалистические источники 99
    Откройте эти книги! 99
    Труды Бааль Сулама 102
    Последний из могикан 105

РАЗДЕЛ II. СВОБОДА ВЫБОРА 109
    Предисловие к разделу «Свобода выбора» 110
ЧАСТЬ 1. ПОЛУЧЕНИЕ И ОТДАЧА..111
    Урок 1. Добро, зло и творение 112
        Чем каббала отличается от других наук? 112
        Добро, зло и творение 114
        Законы нарушать нельзя 117
        Какая связь? 121
    Урок 2. От любви к людям до любви к Творцу....................126
        Ложная картина 126
        Путь к правде 129
        «Ну-ну-ну!» 132
ЧАСТЬ 2. СВОБОДА ВЫБОРА..139
    Урок 1. Есть ли у нас свобода выбора? 140
        Совсем запутался 140
        Счетовод 141
        Скажи мне, кто твои друзья, и я скажу тебе, кто ты........144
        Насмешка судьбы 149
    Урок 2. Выбор окружения 154
        Четыре фактора 154
        Путь к наслаждению 158
        Потому, что мы живем в обществе 162
        О жизни и смерти 164
ЧАСТЬ 3. МИРЫ И ДУШИ..171
    Урок 1. Пять миров..172
        Свет создал кли 172
        Пять миров 177
        Все находится внутри 181
    Урок 2. Души в мирах...187
        Душа Адам Ришон 187
        Шестьсот тысяч душ 191
        Сверху вниз и обратно 195

РАЗДЕЛ III. ДУХОВНАЯ РАБОТА ЧЕЛОВЕКА............................203
    Предисловие к разделу «Духовная работа человека» 204
ЧАСТЬ 1. НЕТ НИКОГО, КРОМЕ НЕГО 205
    Урок 1. Единая сила 206
        SMS-ка от Творца 206

Я первый и я последний 211
Истина и вера...214
Урок 2. Хозяин и я 219
Слияние и независимость..219
Какое наслаждение!..223
Если не я себе, то кто – мне 227
Урок 3. Части Шхины 233
Собрать воедино все части души..233
Единый свет, единое творение, единый сосуд 236
Единственный и неповторимый...240

ЧАСТЬ 2. ПУТЬ ТОРЫ И ПУТЬ СТРАДАНИЙ 247
Урок 1. Два пути..248
Нет человека более умного, чем опытный 248
Добро заключается в зле 251
Путь Торы и путь страданий...254
Урок 2. Осознание зла 261
Что такое хорошо...261
Соединяемся с добром..265
Полиция нравов 269

ЧАСТЬ 3. ИСРАЭЛЬ И НАРОДЫ МИРА 277
Урок 1. Прямо к Творцу...278
Вблизи и вдали от света 278
Исраэль, который в человеке 281
Два как один 284

РАЗДЕЛ IV. МЕТОДИКА ИЗУЧЕНИЯ КАББАЛЫ 291
Вступление 292
Взаимодействие преподавателя и ученика......................293
Роль преподавателя в каббале 295
Каббалистические книги..296
Краткое описание трудов Бааль Сулама 297
Что подразумевается под учебой?.....................................298
Цель изучения каббалы 299
Процесс обучения 300
Урок 301
Воздействие урока на ученика..302
Правильный подход к изучению каббалистических текстов 304
Домашнее задание 306
Кое-что на десерт 309

ПРИЛОЖЕНИЕ 311
Глоссарий 312
Международная академия каббалы 318

ВВЕДЕНИЕ

В последнее время значительно возрос интерес к науке каббала. Еще пару десятилетий назад, на исходе XX-го века, лишь единицы могли заниматься этой наукой. Возможности для ее изучения были ограничены. Но уже в начале нашего столетия каббала стала доступной для всех. Миллионы учеников во всех уголках мира тем или иным образом изучают науку каббала.

Сегодня существуют разные способы учебы:
- уроки в прямом эфире по телевидению и в сети Интернет;
- фронтальные уроки, проводимые во всех уголках мира на разных языках;
- чтение и изучение первоисточников, переведенных на разные языки и изданных в последние годы.

С точки зрения каббалы, возросший интерес к этому учению – не удивителен. Из каббалистических источников следует: именно в наше время начался период, по окончанию которого эта наука займет центральное место в жизни каждого человека на Земле, став методикой, помогающей решить личные и глобальные проблемы, неизменно усугубляющиеся в мире.

Причина этому – суть самой науки каббала. Каббала – наука о законах природы, управляющих всем мирозданием. Законы мироздания скрыты от нас, поэтому мы, не подозревая об их существовании, раз за разом действуем противоположным образом, тем самым вызывая на себя ответное отрицательное воздействие природы. Как следствие углубляется мировой кризис, что влияет на всю жизнедеятельность человека, от состояния окружающего мира до его личной жизни.

Изучение скрытых законов мироздания с помощью науки каббала позволяет избежать многих проблем. Вот почему в мире возрастает интерес к каббале.

Каким же образом каббала способствует решению глобальных проблем? Вовсе не на житейском уровне, как можно было бы подумать. Воздействие на окружающий мир происходит не на уровне следствия, а на уровне причины. Каббалисты пишут, что сам факт постижения законов мироздания, скрытых до сей поры, приводит к раскрытию, восприятию настоящей реальности, что абсолютно отличается от восприятия нами этого мира. Речь идет о духовной реальности, вечной и совершенной. Ее раскрытие является целью создания творения и смыслом жизни каждого человека.

Поскольку у всего мироздания есть определенная цель, ничто не происходит случайно. Безусловно, те значимые процессы, которые мы наблюдаем с начала XXI века, предначертаны и целенаправленны. В каббалистических книгах, написанных на протяжении тысяч лет, сказано, что все мироздание и каждая его частичка развиваются в соответствии с определенной программой, назначение которой – раскрытие духовного мира.

Каббалисты говорят, что сегодня, находясь под воздействием этой программы, мы достигли такого уровня развития, на котором все человечество уже готово к постижению духовной реальности. Вот почему именно в наши дни каббала открывается миру после тысяч лет сокрытия.

О КУРСЕ «НАУКА КАББАЛА»

«Наука каббала. Базовый курс» – это изучение основ данной науки. Курс знакомит студента с разными разделами каббалы в той мере, которая соответствует первым шагам человека в постижении этого знания.

В числе множества изучаемых материалов будут рассматриваться следующие темы: что такое каббала, язык каббалы, восприятие реальности, свобода выбора, строение духовных миров, Адам Ришон, десять сфирот, значение и влияние окружения на человека и многое другое.

Отличительной особенностью изучения каббалы является не столько получение суммы знаний, сколько умение студента пользоваться необходимыми инструментами для правильного изучения каббалы. В первую очередь задача курса – представить науку каббала в качестве практического метода, помогающего каждому человеку достичь равновесия с окружающим его миром. В результате жизнь людей может стать счастливой, наполненной уверенностью и совершенством.

Данный курс основан на подлинных каббалистических источниках и на методике их изучения, переходившей от поколения к поколению, разработанной великими каббалистами. Это – раби Шимон бар Йохай (РАШБИ), Ицхак Лурия Ашкенази (АРИ) и Йехуда Лейб Алеви Ашлаг, широко известный как Бааль Сулам. При разработке курса мы стремились преподнести материал доступным и понятным языком, а также выстроить его самым последовательным образом.

Задачи курса:

- познакомить с базовыми знаниями всех разделов, исследуемых наукой каббала;
- выработать верное отношение к процессу постижения науки каббала;
- научиться правильно читать первоисточники;
- познакомиться со словарем каббалистических терминов.

Курс состоит из трех учебных разделов, материал в них расположен в порядке возрастания сложности. В свою очередь каждый отдельный раздел также делится на три части. Следует придерживаться порядка обучения, заложенного в структуре курса. Согласно последовательности учебных разделов и составляющих их частей, каждая предыдущая часть закладывает фундамент последующей. Четвертый раздел содержит дополнительный материал.

Курс включает:
- предисловие к каждому разделу, содержащие базовый материал и дающее направление для правильного использования других средств обучения;
- составные части каждого раздела включают современный учебный материал и иллюстративные схемы, рекомендации для дальнейшего изучения темы, словарь каббалистических терминов.

Каждый урок курса начинается со вступления, перечисления тем и целей данного занятия. В конце урока – ответы на проверочные вопросы, а также рекомендации для более углубленного изучения темы. Благодаря этому студент имеет возможность составить полную и развернутую картину пройденного материала.

Интересного и насыщенного вам обучения!

С наилучшими пожеланиями, редакция.

РАЗДЕЛ I
ОСНОВЫ НАУКИ КАББАЛА

ПРЕДИСЛОВИЕ К РАЗДЕЛУ «ОСНОВЫ НАУКИ КАББАЛА»

«Основы науки каббала» – это первый раздел курса «Введение в науку каббала». Он является необходимой базой для усвоения всего последующего учебного материала. В связи с особой важностью данного раздела особое внимание мы уделили построению курса и доступности в изложении материала.

Учебный раздел состоит из трех частей

- Что такое наука каббала: что изучает наука каббала и кто может ею заниматься?
- Восприятие реальности: способы раскрытия духовной реальности.
- Язык ветвей: язык каббалы, знакомство с каббалистическими источниками.

Цели обучения:

- разъяснить, чем занимается наука каббала;
- развеять домыслы и предрассудки, связанные с каббалой;
- начать изучение языка каббалы;
- сформировать верное отношение к изучению науки каббала.

Во время занятий выясним следующие термины: духовность, физический мир, Творец, творение, соответствие форм, окружающий свет, желание получать, желание отдавать, духовные миры, раскрытие, сокрытие, «авиют» и «закут» (грубость и деликатность).

ЧАСТЬ 1
ЧТО ТАКОЕ НАУКА КАББАЛА?

Содержание:

УРОК 1. ЧТО НА САМОМ ДЕЛЕ МЫ ЗНАЕМ
О НАУКЕ КАББАЛА?
- От сокрытия к раскрытию
- Для чего нужно раскрытие духовного мира?
- Закон любви

УРОК 2. КТО МОЖЕТ ИЗУЧАТЬ НАУКУ КАББАЛА?
- Точка в сердце
- Из истории науки каббала. Первые каббалисты
- История науки каббала от изгнания до наших дней
- Урок 3. Последовательность развития творения
- Добрый и Творящий добро
- Быть подобным Творцу
- Вблизи или вдали
- Новое рождение

УРОК 1.
ЧТО НА САМОМ ДЕЛЕ МЫ ЗНАЕМ О НАУКЕ КАББАЛА?

Темы урока:
- определение науки каббала;
- неверные представления о науке каббала;
- как каббала определяет, что есть Творец;
- какое отношение к нам имеет изучение науки каббала?

ОТ СОКРЫТИЯ К РАСКРЫТИЮ

Прежде чем объяснить, что такое наука каббала, сделаем небольшой экскурс в ее историю.

Науке каббала несколько тысяч лет. Первым, кто ее раскрыл, был Адам Ришон – не мифологический или сказочный персонаж, а обычный человек, похожий на нас с вами, живший 5774 года назад[1]. И поскольку он был первым, кто раскрыл науку каббала, его и называют Первый Человек (ивр., Адам Ришон; Адам – человек, от «адамэ» – «уподоблюсь» [Творцу]).

Следующая по важности личность – праотец Авраам. Уникальность Авраама заключается в том, что он разработал методику для изучения науки каббала. Авраам сплотил вокруг себя группу людей, и они научились от него этой методике. Впоследствии из последователей Авраама сформировался народ Израиля (ивр., Исраэль – «яшар Эль», «прямо к Творцу»).

Изучение каббалы среди народа Израиля становилось все популярнее, пока не достигло своего пика во времена Пер-

---

[1] Отсчет дней еврейского нового года начинают с 1-го числа месяца тишрей. В соответствии с еврейским календарем новый 5774 год наступил 5 сентября 2013 года. От сотворения мира, на момент написания этих строк в 2013 г.

вого и Второго храмов. После разрушения Второго храма изучение каббалы резко прекратилось. В течение двух тысяч лет она была скрыта, и только единицы в каждом поколении продолжали ее изучать.

До тех пор, пока мир еще не вошел в завершающую фазу развития эгоизма, который мы уже начинаем оценивать как зло нашей природы, наука каббала, считающая, что необходимо изменять природу самого человека, была скрыта. В ней не было необходимости, поскольку люди могли бы ее извратить или неправильно понять. Об истории науки каббала, о причинах ее сокрытия и раскрытия мы поговорим более подробно немного позже. А сейчас попытаемся понять, чем занимается наука каббала и что мы на самом деле о ней знаем.

Для начала подчеркнем, что именно сегодня, после двух тысяч лет сокрытия, наука каббала раскрывается всем людям. За этот долгий период она обросла слухами и предрассудками, которые исказили ее суть и, более того, ставят под сомнение саму возможность ее изучения. Сегодня многие искренне убеждены в том, что знают, чем занимается каббала, хотя на самом деле это не так.

Приведем всего несколько примеров из большого списка предрассудков о каббале: каббала – это еврейская мистика; каббала использует в своей практике талисманы, благословения, красные нити; каббала имеет отношение к парапсихологии; запрещено изучать каббалу не достигшим сорока лет; изучая науку каббала, можно сойти с ума; изучать каббалу могут только избранные и т. д.

Как мы уже сказали, весь этот список предубеждений (а также многих других) является ошибочным. Обилие предрассудков о каббале является результатом сокрытия этой науки на протяжении двух тысяч лет. И поэтому первым шагом в ее изучении должно стать устранение всех ложных представлений и понимание истинной сути этой науки.

Что такое наука каббала? Обратимся к определению великого каббалиста нашего поколения Йехуды Ашлага (1884 –

1954 гг.), известного под именем Бааль Сулам. В переводе с иврита его имя означает «Обладатель Ступени Возвышения». Это имя он получил, написав комментарий к Книге Зоар (ивр., Сияние, Озарение), который назвал «Ступени Возвышения».

Итак, Бааль Сулам пишет: «Мудрость эта представляет собой не более и не менее как порядок нисхождения высших сил, обусловленный связью причины и следствия, подчиняющийся постоянным и абсолютным законам, которые связаны между собой и направлены на одну возвышенную, но очень скрытую цель, называемую «раскрытие Божественности Творца Его творениям в этом мире»».[2]

Проще говоря, наука каббала – это методика раскрытия Творца творениям в этом мире. Что такое Творец? Каббала говорит: Творец – это всеобщий закон природы, управляющий всей реальностью. Этот закон скрыт от нас, и каббала является методикой его раскрытия.

В отличие от всех других наук, которые исследуют законы природы, явно проявляющиеся в нашем мире, наука каббала занимается исследованием скрытых от нас закономерностей. Другими словами, наука каббала – это методика раскрытия единой скрытой силы, которая управляет всем сущим. Раскрытие Творца – всеобщего закона природы, управляющего всем творением, – называется также раскрытием духовного мира.

Каббалисты указывают, что слово «природа» по своему числовому значению (гематрии) совпадает с числовым значением слова «Творец».[3] Другими словами, всеобщий закон природы – это и есть Творец, Создатель, Высшая Сила, которую мы обязаны раскрыть. И, как сказано выше, именно это является целью науки каббала. Бааль Сулам пишет об этом так: «...раскрытие Творца творениям в этом мире».

---

2 Бааль Сулам, статья «Суть науки каббала».
3 Гематрия слов «природа» и «Творец» совпадает: 86.

Проверь себя:
- Дайте определение науки каббала и назовите неверные представления, которые возникли вокруг каббалы.

ДЛЯ ЧЕГО НУЖНО РАСКРЫТИЕ ДУХОВНОГО МИРА?

– Для чего необходимо раскрывать духовный мир? – спросите вы. – Неужели нам не достаточно ощущения того мира, в котором мы существуем?

Этот вопрос вполне уместен, поскольку, если бы реальность, которую мы ощущаем, была проста и понятна, тогда и о духовности можно было бы подумать. Но все дело в том, что наш мир ставит перед нами непростые задачи, он наполнен проблемами и трудностями. Может быть, стоит сначала разобраться с проблемами этого мира, а затем заняться духовным? Ответ на этот вопрос содержится в определении каббалы.

Как уже сказано, наука каббала – это методика раскрытия законов природы, скрытых от нас. Эти законы реальны так же, как законы этого мира (например, закон земного притяжения). Но поскольку они скрыты от нашего восприятия, мы не осознаем их. Мы ощущаем лишь их отрицательное воздействие, когда неверно с ними взаимодействуем. Как игнорирование закона притяжения приводит к падению, так игнорирование скрытых законов природы, управляющих нашим миром, приводит нас к ощущению страдания.

Незнание законов природы является причиной всех трудностей в нашей жизни, в то время как понимание их сможет уберечь нас от ненужных проблем. Более того, перед нами раскроется совершенно новая реальность – духовная, вечная, совершенная.

Достаточно веская причина для того, чтобы постичь духовный мир, не правда ли?

Так кому же раскрывается всеобщий закон природы? Ответ мы найдем в определении Бааль Сулама, приведенном выше: «...творениям в этом мире», т.е. человеку в этом мире. Другими словами, духовность, или связь с Творцом – всеобщим законом природы, который управляет всем творением, – раскрывается человеку в этом мире при его жизни. Это важно понять, поскольку одно из бытующих предубеждений таково, что результат своей духовной работы человек сможет увидеть только в ином мире, после своей смерти. На самом же деле все обстоит буквально наоборот.

Каббалист – это человек, раскрывший Творца. Каббалист – это ученый, а не мистик. Он – рациональный человек, который исследует свою природу и природу мира, в котором живет. Он задает вопросы и ищет ответы. Так же, как и каждый из нас, каббалист пытается понять, каким образом этот «сумасшедший» мир приводится в действие. Но если многие из нас отодвигают эти вопросы в сторону и забывают о них в потоке жизни, каббалисты не сдадутся до тех пор, пока не разгадают загадки мироздания.

Бааль Сулам пишет: «Суть слова «духовное» не имеет никакого отношения к философии, потому что, каким образом можно обсуждать то, чего никогда не видели и не ощущали? На чем это основано? Ведь если есть какое-то определение, позволяющее различить и отделить духовное от материального, то дать его не может никто, кроме тех, кто постиг однажды духовное и ощутил его, а это истинные каббалисты».[4]

Проверь себя:

- Какую пользу приносит изучение науки каббала?

---

4   Бааль Сулам, статья «Наука каббала и философия».

ЗАКОН ЛЮБВИ

Мы выяснили, что каббала – это наука, и ее целью является постижение Творца, т.е. всеобщего закона природы, руководящего всем творением. Сейчас поговорим о сути этого закона и его непосредственном влиянии на нас.

Исследуя природу, каббалисты раскрывают, что Творец является силой отдачи и любви. Эта сила поддерживает все творение в гармонии, словно один большой организм, все части которого связаны между собой невидимыми нитями. В соответствии с этим законом, существование каждой части возможно только благодаря способности сохранять равновесие и гармонию с остальными частями творения, гомеостаз[5].

Мы, люди, также являемся составными частями этого единого организма и обязаны достичь равновесия и гармонии друг с другом и со всей природой. Чтобы реализовать свое естественное предназначение и, наконец, ощутить удовлетворение и счастье, мы обязаны поддерживать между собой гармоничные взаимоотношения, основанные на сотрудничестве и любви. Однако, в отличие от неживой, растительной и животной природы, мы не ощущаем этой обязанности. Закон равновесия скрыт от нас, и поэтому все наши действия в этом мире противоречат ему.

Но, как известно, незнание закона не освобождает от ответственности. Как было разъяснено выше, именно несоблюдение нами закона равновесия является причиной глубокого кризиса, который затронул все человеческое общество в каждом уголке земного шара.

Более того, если мы посмотрим на путь, который прошли за последние тысячелетия, то обнаружим, что силы природы «направляют» нас к необходимости понять закон равновесия

---

[5] Гомеостоз – саморегуляция, способность открытой системы сохранять постоянство своего внутреннего состояния посредством скоординированных реакций, направленных на поддержание динамического равновесия.

и прийти к равновесию и правильному взаимодействию друг с другом. Видимо, на самом деле есть некая программа нашего развития, но мы этого пока не осознали.

Эволюция человеческого рода – это, по сути, развитие человеческих взаимоотношений в сторону объединения. Если в самом начале исторического процесса люди жили отдельными кланами, племенами, то с течением времени они начали все больше и больше взаимодействовать друг с другом, и общины росли и развивались. Они начали бороться за присоединение больших земель и порабощать другие племена. Параллельно с этим развивали сельское хозяйство, породившее торговые отношения. Развитие сельского хозяйства послужило толчком к еще более тесному взаимодействию между людьми. Общественные и культурные революции продолжили укрепление связей. Начиная с периода промышленной революции, взаимодействия людей во всем мире стали еще более тесными и интенсивными, и этот процесс достиг своего апогея к концу XX века.

Люди много воевали и противостояли друг другу. Но природа неизменно давала нам понять, что гораздо больше пользы можно извлечь, если мы объединим силы и ресурсы. Естественным образом мы стали одним глобальным обществом, подобно единому человеческому организму, полностью зависящему от правильного взаимодействия между всеми его частями.

В основе всего эволюционного развития стоит закономерность, которая привела нас (и до сих пор продолжает приводить) к связи друг с другом тысячами невидимых нитей. Сегодня мы начинаем осознавать эту связь и видим ее проявления в нашей повседневной жизни, например, ВТО, интернет, ООН и т.д.

Выходит, что глобализация – это не просто красивое слово. Она отображает естественное, непрерывное эволюционное развитие, подталкивающее нас к новой жизни. Каждая клетка и каждый орган, каждый человек и каждая страна будут благополучно жить только при условии взаимного сотрудничества и заботы каждого о нуждах всего организма. И напротив: если мы станем перечить природе и будем стремиться жить обособленно, с нами случится то же, что случается с живым организмом: если какой-либо орган его прекращает работать на систему и работает только на себя, то развивается раковая опухоль.

Именно это и происходит сегодня с человечеством. Несмотря на нашу взаимозависимость, мы продолжаем использовать друг друга и заботимся только о себе и своем ближайшем окружении, полностью противореча закону равновесия в природе. По этой причине мы все страдаем. Мы отличаемся от остальной природы тем, что от нас скрыта необходимость поддерживать между собой связи, основанные на правильном взаимодействии, как в одном организме.

Мы способны логически прийти к необходимости объединения, однако бессильны его реализовать. Закон гармоничного равновесия в природе скрыт от нас гораздо глубже, нежели мы можем осознать. Что-то глубинное и первозданное внутри нас препятствует тому, чтобы мы следовали этому закону. Подробнее о причинах такого скрытия поговорим дальше.

Пока же необходимо усвоить, что если мы не опомнимся и не согласимся, что обязаны выполнять законы природы, то не сможем прийти к ощущению безопасности и покоя. Каббалисты пишут, что наша обязанность – объяснять всем людям в мире необходимость считаться с природой, которая подталкивает нас к истинному сближению, к объединению сердец. Если мы будем заботиться только о собственных интересах, кризисы усилятся, и мы никогда не сможем построить счастливое общество.

Решение избавиться от страданий находится в желании раскрыть между нами тот самый скрытый закон природы, силу объединения, отдачи и любви – Творца. Методикой раскрытия Творца является наука каббала.

Проверь себя:
- От чего зависит существование каждой части творения и человечества в целом?

Итоги урока. Краткие выводы
- Наука каббала раскрывается в наши дни после двух тысяч лет намеренного сокрытия. По причине долгого сокрытия вокруг каббалы собралось множество неверных представлений, совсем немного людей на самом деле знают, что изучает эта наука.
- Наука каббала – это методика раскрытия Творца творениям.
- Творцом в каббале называется всеобщий закон природы, во власти которого находится вся наша реальность. Этот закон скрыт от нас.
- Мир полон боли и страданий потому, что мы действуем в противовес всеобщему закону творения.
- Раскрытие Творца убережет нас от ненужных страданий и покажет новую реальность: духовную, вечную, совершенную.
- Творец – это сила, которая целиком и полностью представляет собой отдачу и любовь. Она гармонично управляет творением как одним большим организмом, в котором каждая часть связана с другими незримыми узами взаимозависимости.

Термины

Наука каббала – методика раскрытия Творца творениям в этом мире.

Творец – всеобщий закон природы.

Творец – на иврите Борэ, состоит из двух слов бо и рэ, что дословно означает «приди» и «увидь». Обратите внимание, что наука каббала говорит о Творце в постижении человека, а не о сути Творца.

Каббалист – человек, раскрывающий Творца.

Каббалисты

Адам Ришон (ивр. Первый человек) – каббалист, человек, который первым на Земле раскрыл Творца.
Праотец Авраам – каббалист, первый, разработавший методику постижения Творца.
Бааль Сулам – Йехуда Ашлаг, великий каббалист, живший в XX веке.

Ответы на вопросы

- *Вопрос*: Дайте определение науке каббала и объясните, почему вокруг нее возникло множество неверных представлений.
- *Ответ*: Наука каббала – это методика раскрытия Творца творениям в этом мире. На протяжении двух тысяч лет она была скрыта от людей, поэтому вокруг нее возникло множество неверных представлений.
- *Вопрос*: Какую пользу приносит изучение науки каббала?
- *Ответ*: Изучение науки каббала помогает нам избежать боли и страданий и раскрыть новую реальность: духовную, вечную, совершенную.
- *Вопрос*: От чего зависит существование каждой части творения и человечества в целом?
- *Ответ*: Существование всего нашего мира, включая человека, зависит от равновесия и гармонии между всеми частями творения.

УРОК 2.
КТО МОЖЕТ ИЗУЧАТЬ НАУКУ КАББАЛА?

Темы урока:
- желание – двигатель развития;
- наслаждение аннулирует желание;
- точка в сердце;
- из истории науки каббала.

ТОЧКА В СЕРДЦЕ

Вопрос о том, кто может изучать науку каббала, является одним из самых распространенных и интригующих. Когда об этом спросили р. Кука (1865 – 1935 гг.), великого каббалиста, первого главного раввина Земли Израиля, его ответ был прост: «Каждый, кто хочет».[6] Каждый, кто хочет знать что? – спросите вы. И получите ответ: «Каждый, кто хочет открыть, для чего он живет». Единственная самостоятельная проверка, которую должен пройти человек прежде, чем он идет учить каббалу, – это понять, есть ли у него желание познать цель жизни. Есть у тебя такое желание? Ты можешь учиться! Человек приходит к науке каббала в поисках нового взгляда на жизнь. Подсознательно он чувствует, что ответы на вопросы, которые волнуют его, находятся на уровне более глубоком, чем обыденная жизнь в нашем мире.

Незамысловатый ответ р. Кука на вопрос о том, кто же может изучать науку каббала, включает в себя большую глуби-

---

[6] Р. Кук «Свет Торы», пункт 9, 12: «Тот, кто чувствует в себе непреодолимое желание изучать внутреннюю суть вещей и постичь истину Творца, ведь "человек учится только тому, к чему лежит его сердце", и, естественно, у него есть к этому особые способности, и его желание заниматься постижением имени Творца доказывает, что на то воля Всевышнего».

ну. Чтобы прочувствовать хотя бы немного всю глубину его ответа, необходимо понять ведущую роль желания в жизни человека, понять причины, приводящие нас к постижению цели жизни благодаря росту желания.

Желания не появляются внезапно, из ниоткуда. Они неосознанно возникают внутри нас и всплывают на поверхность только после того, как сформировались. До этого мы или не ощущаем желаний, или, что происходит чаще всего, ощущаем общую тревогу. Всем нам знакомо это чувство, когда что-то хочешь, но что именно, не знаешь.

Платон сказал: «Необходимость – мать изобретений» – и был прав. Каббала объясняет, что наша способность что-либо выучить всегда зависит от нашего желания учить это. Желание является движущей силой. Формула проста: желая что-либо, мы делаем все возможное, чтобы добиться желаемого. Мы находим время, мобилизуем силы и приобретаем необходимые навыки. Вот и выходит, что в основе любых перемен лежит желание.

Более того: эволюция наших желаний определяет и формирует не только судьбу отдельного человека, но и историю всего человечества. Рост и развитие желаний заставляли людей исследовать окружающий мир, чтобы реализовать свои стремления. В отличие от неживой, растительной и животной природы люди постоянно развиваются. В каждом поколении и в каждом человеке желания растут и развиваются.

Согласно науке каббала, желание является двигателем изменений. Развитие желания происходит по пяти стадиям – от нулевой до четвертой. Каббалисты называют этот двигатель также «желанием получать наслаждение», или просто «желанием получать». На каждом уровне, от нуля до четырех, желание получать возрастает и нуждается во все большем наполнении, количественном и качественном. Когда наука каббала развилась в древнем Вавилоне (около 4000 лет назад), желание получать находилось на нулевом уровне. Сегодня мы находимся на четвертом, завершающем этапе развития желания получать.

Какой механизм заставляет наше желание подниматься на новую ступень в своем развитии? Каббалисты пишут, что механизм прост: как только наше желание получает свое наполнение, оно перестает быть желанием. Наслаждение, которое заполняет желание, отменяет его. А если желание к определенному наполнению отменено, мы уже не в состоянии получать от него наслаждение. В каббале этот принцип называется «наслаждение аннулирует желание».

Представьте себе ваше любимое блюдо. Вы в шикарном ресторане, расслабились в удобном кресле, вежливый официант приносит ваше любимое блюдо. О-о-о! Какой знакомый восхитительный аромат! Вы уже наслаждаетесь? Конечно. Однако в тот самый момент, как только вы приступаете к еде, наслаждение начинает постепенно уменьшаться. Чем больше вы насыщаетесь, тем меньше удовольствия испытываете от еды. И вот вы наелись и уже не получаете удовольствия от еды. И прекращаете есть.

Мы перестаем поглощать пищу не потому, что наелись, а потому, что, когда желудок наполнен, еда больше не доставляет удовольствия. Это «ловушка» желания получать: в ту минуту, когда оно получает желаемое (наполнение), оно уже не наслаждается желаемым и не хочет его (см. схему 1.1).

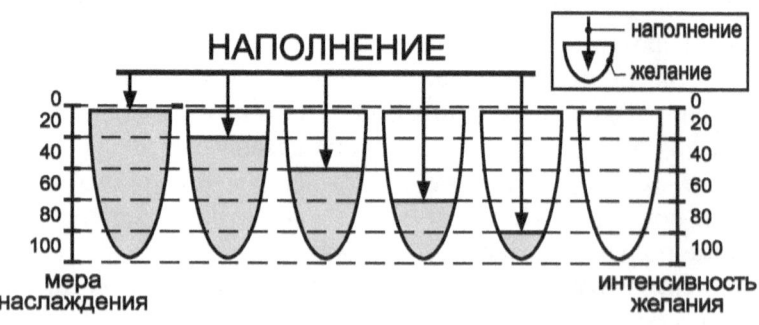

Схема 1.1.

Поскольку жизнь без наслаждений невозможна, мы вынуждены постоянно искать новые, все более ощутимые наслаждения. Так мы развивались от поколения к поколению, от простых основополагающих желаний – пища, секс, семья, кров, к более сложным – почести, слава и знания. На каждом этапе появлялись новые желания, но и они не удовлетворяли нас. Чем большего желает человек, тем более опустошенным себя чувствует, а заполняющая его пустота порождает в нем все большее разочарование.

В наши дни мы находимся на самой высокой ступени желания. Поэтому неминуемо приходим к выводу, что сегодня мы удовлетворены меньше, чем когда-либо, несмотря на то, что мы имеем гораздо больше, чем наши предки. Противоречие между тем, что у нас есть, с одной стороны, и постоянным ощущением недостатка – с другой, является сущностью современного кризиса. По мере роста наших желаний углубляется пустота внутри нас, и как результат кризис продолжает обостряться.

Теперь становится понятным, почему р. Кук утверждал, что желание понять смысл жизни является условием для изучения науки каббала. Пока у нашего желания получать было наполнение, оно подталкивало нас и придавало нашей жизни вкус. Однако в наши дни, после десятков тысяч лет развития, когда желание достигло последней ступени и уже не видит перед собой ничего, чем можно наполнить себя, все больше и больше людей задают себе вопрос о смысле жизни. Этот вопрос поднимается над самой нашей жизнью – это, по сути, начало нового желания, а именно желания раскрыть духовную и вечную реальность. Как сказал р. Кук, если это желание раскрывается в сердце человека, он уже может изучать науку каббала.

Это новое желание познать духовное в науке каббала называется «точкой в сердце». Сердце в каббале символизирует материальные желания в человеке, а точка – это новое, пока еще очень маленькое, желание к раскрытию смысла жизни.

Проверь себя:
- Кто может изучать науку каббала?

ИЗ ИСТОРИИ НАУКИ КАББАЛА. ПЕРВЫЕ КАББАЛИСТЫ

Ведущую роль желания в развитии человека в целом и раскрытие каббалы сегодня в частности – все это можно понять, изучая историю этой науки. Следующую часть урока мы посвятим этой теме.

Механизм, который приводит в движение процесс раскрытия и сокрытия науки каббала, а также отвечает за ход развития человечества, – это желание. На начальном этапе развития желания, когда оно относительно мало, наука каббала раскрывается лишь небольшой группе людей, близких к природе. Когда желание выросло, а человек отдалился от природы и начал искать новые наполнения (богатство, власть, знания), наука каббала скрывается. В наши дни, когда желание пришло к насыщению, пробудились вопросы о смысле жизни, наука каббала раскрылась вновь, и сейчас уже – для каждого человека.

Каббалисты, с которыми мы познакомимся в этом историческом обзоре, раскрыли науку каббала в тот период, когда желание получать переходило с одного уровня развития на другой. Эта наука раскрывалась им для того, чтобы привести ее в соответствие с каждым новым уровнем желания, что они и сделали. Важно отметить, что в истории науки каббала есть много других каббалистов, которые не вошли в наш исторический обзор. Понятно, что в этом нет намерения преуменьшить их значение и величину. Ведь некоторые из них достигли большего постижения, чем каббалисты, о которых мы скажем ниже.

Первого в истории каббалиста звали Адам Ришон (ивр., Первый человек). Нет, здесь речь идет не об известном библейском персонаже, которого изгнали из рая (о нем и о каббалистическом понимании Библии мы будем говорить во второй и третьей части). Адам Ришон, познавший науку каббала, был обычным человеком, таким же как и мы с вами, родился 5774[7] года назад. Отсюда понятно также, что он не был первым человеком на земле в физиологическом смысле этого слова: многие жили и раньше него. Его называют Адам Ришон, потому что он был первым человеком, раскрывшим науку каббала. Вот как это описывает Бааль Сулам: «Адам Ришон был первым, принявшим порядок знаний, достаточных для понимания и полного использования всего, что увидел и постиг».[8]

Каббала раскрылась Адаму Ришон, когда желание получать находилось на первом уровне своего развития. Как уже объяснялось, в те времена человек был очень близок к природе, и из этой близости ему раскрылся высший замысел природы – наука каббала. Как и другие каббалисты, труды которых являются важными вехами в развитии науки каббала, Адам Ришон также оставил после себя книгу, где описал свое постижение. Эта книга называется «Разиэль а-Малах» («Тайный Ангел»).

Следующей значимой вехой в истории науки каббала стал праотец Авраам. В те времена (около 4000 лет назад) человечество было сосредоточено в Древнем Вавилоне. Именно в этот период желание получать перешло на новый уровень развития. Это возросшее желание отдалило людей от природы и разделило их (как описывается в рассказе о Вавилонской башне).

На этой новой ступени развития человек уже не мог раскрыть науку каббала естественным образом, по праву своей близости к природе. Рост желания привел к необходимости построения системы раскрытия науки каббала. Развитие этой

---

[7] От сотворения мира, на момент написания этих строк в 2013 году.

[8] Бааль Сулам, статья «Наука каббала и ее суть».

методики традиционно приписывают Аврааму. Постепенно Авраам сплотил вокруг себя группу учеников, которые занимались по его методике, и впоследствии из них сформировался народ Израиля. Свои постижения основ мироздания он изложил в книге «Сефер Йецира» («Книга Творения»).

Вот как об этом пишет РАМБАМ[9]: «В возрасте сорока лет узнал Авраам своего Создателя… он взывал к народу и учил, что есть Единый Бог для всего мира, и только Ему стоит служить. Люди задавали вопросы, а он учил каждого, сообразно его пониманию – и вскоре уже с ним шли тысячи людей, которых называют «люди дома Авраамова». И посеял он в их сердцах эту великую истину, и написал о ней книги… Усиливалось это движение среди потомков Яакова и примкнувших к ним, и появился в мире народ, знающий Бога».[10]

Группа каббалистов – последователей Авраама занималась по его методике в течение нескольких поколений, пока желание получать не вышло на следующий уровень своего развития и не пришло время для раскрытия науки каббала на более высокой ступени, согласно новому желанию получать.

На этом этапе наука каббала раскрылась Моше – каббалисту, жившему 3000 лет назад. Метод исправления Моше (*рус.*, Моисей), который являлся продолжением методики Авраама, называется «Тора». Речь идет не о современном восприятии этой книги как собрания исторических повествований или основы религии. Тора – это описание раскрытия Творца, закона отдачи и любви в соответствии с возросшим желанием получать.

---

[9] Моше бен Маймон, РАМБАМ (акроним для Рабби Моше бен Маймон), в русской литературе известен также как Моисей Египетский,. (1135-1204 гг.) – выдающийся еврейский философ и богослов – талмудист, раввин, врач и разносторонний учёный своей эпохи, кодификатор законов Торы. Духовный руководитель религиозного еврейства как своего поколения, так и последующих веков.

[10] РАМБАМ. Статья «Мишне Тора». Научный трактат. Законы об идолопоклонстве, 11-16.

Вместе с Моше народ Израиля вышел из Египта и достиг Эрец Исраэль (иврит, Земля Израиля). Во времена Первого и Второго храмов все люди здесь находились на уровне постижения духовного. Дети воспитывались в соответствии с каббалистической методикой и достигали духовного уровня. Однако снова, в соответствии с природным законом развития, желание получать раскрылось на новой ступени и посеяло раздор в Эрец Исраэль. Падение с духовной ступени привело народ к изгнанию.

Проверь себя:

- Что добавили Авраам и Моше в процесс раскрытия науки каббала?

ИСТОРИЯ НАУКИ КАББАЛА ОТ ИЗГНАНИЯ ДО НАШИХ ДНЕЙ

Каббалист, появившийся во времена изгнания (II век нашей эры) и приспособивший методику каббалы к новому уровню открывшегося желания, был рабби Шимон Бар-Йохай (РАШБИ). Вместе со своими девятью учениками рабби Шимон написал труд, самый важный в каббале – Книгу Зоар.

Важность этой книги напрямую связана с желанием получать, которое раскрылось в этот период. Это было абсолютно новое по качеству желание – со времени изгнания и далее началось раскрытие последних этапов развития желания. Желанию такого уровня должна была соответствовать огромная духовная сила – сила рабби Шимона и его учеников, скрытая в Книге Зоар. Фактически духовная сила Книги Зоар эквивалентна желанию в конечной стадии развития, которое раскрывается в наши дни. По этой причине Книга Зоар была скрыта в течение всего периода изгнания, и только сейчас, на рубеже XX – XXI веков, она начала раскрываться.

Следующая веха в истории науки каббала – Ицхак Лурия Ашкенази (1534 –1572 гг.), известный как АРИ. Меньше чем за два года жизни в Цфате, между 1570 – 1572 гг. до своей смерти в возрасте 38-ми лет, АРИ совершил революцию – самую значительную в истории каббалы. Он изменил каббалу: с закрытой, предназначенной для избранных, она превратилась в методику, разработанную для каждого человека.

И здесь, разумеется, причиной перемен стала та же программа развития желания получать на последнем своем этапе. Многие каббалисты пишут, что, начиная с АРИ и далее, закончился период сокрытия, и не только можно, но и нужно учить науку каббала. Сам АРИ ничего не записывал. Его ученик Хаим Виталь фиксировал на бумаге все, сказанное АРИ. Их самый знаменитый совместный труд – это книга «Эц Хаим» («Древо Жизни»).

Программа развития желания получать подошла к концу на исходе XX века. Не удивительно поэтому, что это было самое непростое столетие в истории развития человечества. Каббалиста, который адаптировал науку каббала к новой раскрывшейся реальности, звали Йехуда Ашлаг. Он известен как Бааль Сулам. Труды Бааль Сулама больше всего подходят для изучения науки каббала в нашем поколении. Большинство учебного материала в программе нашего курса основано на его методике.

Итак, история сокрытия и раскрытия науки каббала идет параллельно с развитием желанием получать. Каждый раз, когда желание получать выходит на новый виток развития, появляется каббалист, который объясняет науку каббала в соответствии с мерой развития желания получать (эгоизма), делающем возможным её восприятие на данном уровне развития человека. Таким образом происходит подъем на более высокий уровень духовной связи (см. схему 1.2).

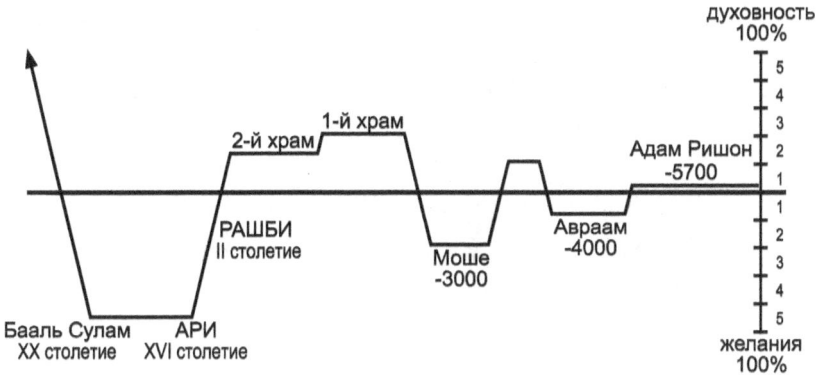

Схема 1.2.

Два основных труда Бааль Сулама – результат многолетней работы и плод его жизни: «Талмуд Эсер Сфирот» («Учение Десяти Сфирот») и «Комментарий "Сулам" (Ступени Возвышения) к Книге Зоар» – самый полный и всеобъемлющий комментарий, когда-либо написанный на эту книгу. Кроме того, он опубликовал множество статей и даже выпускал каббалистическую газету.

То, что характеризует и отличает Бааль Сулама от других каббалистов, – это его усилия в раскрытии и интенсивном распространении науки каббала среди всех людей. Работа была нелегкая. Он должен был преодолеть все препятствия, опровергнуть суеверия и мифы, сопровождающие науку каббала многие годы. И самое главное: он разработал методику духовного постижения, которая подходит каждому желающему в наши дни.

Бааль Сулам отдал своему делу все силы и, благодаря своей самоотверженности, сумел осуществить мечту своих предшественников: каббала стала доступна каждому, кто нуждался в ней, и без каких-либо предварительных условий.

Этот великий человек совершил следующую после АРИ духовную революцию, плоды которой мы пожинаем сегодня.

Благодаря ему замкнулся круг, начатый еще в эпоху Авраама. Каббалистические книги, которые когда-то были скрыты за семью печатями, открываются сегодня для всех при помощи единственного ключа – желания человека.

Проверь себя:

- Чем АРИ и Бааль Сулам отличаются от каббалистов – своих предшественников?

Итоги урока. Краткие выводы

- Науку каббала может изучать каждый, кто ставит перед собой вопрос, в чем смысл жизни.
- Желание – это сила, которая определяет и формирует развитие человечества.
- По мере развития желания возрастает уровень опустошенности. В наше время желание получать достигло высшей стадии развития, и поэтому все больше людей спрашивают себя, в чем смысл жизни, и естественным путем приходят к науке каббала.
- Развитие желания определило этапы раскрытия и сокрытия науки каббала. Сначала каббала раскрывалась человеку из его близости к природе. В период последующего развития человека, каббала была скрыта, так как в ней не было нужды. В наше время желание получать завершило свое развитие, и наука каббала раскрылась снова.

Термины

Наслаждение аннулирует желание – механизм, который вызывает развитие желания: каждый раз, по мере наполнения желания, наслаждение гасится, и желание рассеивается. В результате пробуждается новое желание, более сильное.

Точка в сердце – желание раскрыть духовную реальность.

Каббалисты

Рабби Шимон Бар-Йохай – каббалист, со своими девятью учениками он написал Книгу Зоар незадолго до сокрытия науки каббала.

АРИ (Ицхак Лурия Ашкенази) – каббалист, адаптировал методику изучения каббалы для всех людей, в ком пробудилась точка в сердце.

Хаим Виталь – каббалист, ученик АРИ. Большинство его книг написаны со слов АРИ.

Ответы на вопросы

- *Вопрос*: Кто может изучать науку каббала?
- *Ответ*: Тот, у кого возникло желание понять смысл жизни.
- *Вопрос*: Что добавили Авраам и Моше в процесс раскрытия науки каббала?
- *Ответ*: Каждый из них адаптировал методику изучения науки каббала относительно нового желания, которое раскрылось на новом уровне развития.
- *Вопрос*: Чем АРИ и Бааль Сулам отличаются от каббалистов – своих предшественников?
- *Ответ*: АРИ и Бааль Сулам адаптировали методику изучения науки каббала к заключительному этапу развития желания получать.

УРОК 3. ПОСЛЕДОВАТЕЛЬНОСТЬ РАЗВИТИЯ ТВОРЕНИЯ

Темы урока:
- замысел Творца – насладить творение;
- причины сокрытия Творца;
- развитие желания в нашем мире.

ДОБРЫЙ И ТВОРЯЩИЙ ДОБРО

На прошлом уроке мы говорили о том, кто может заниматься изучением каббалы, и сделали краткий экскурс в историю развития этой науки. Обе части объединяет одна общая тема – наличие желания, а точнее – желания получать. Мы учили, что достаточно развитое желание, в котором возникает вопрос о смысле жизни, является единственным условием для начала изучения каббалы. Также мы выяснили, что развитие желания получать легло в основу истории науки каббала.

На этом уроке познакомимся с причинами возникновения желания и процессом его развития. До сих пор мы говорили в основном о реальности нашего мира, в частности о том, каким образом наука каббала раскрывается человеку в соответствии с его желанием получать. Сегодня поговорим о замысле творения, или о замысле создания желания получать, что одно и то же.

Согласно науке каббала, Творец, всеобщий закон природы – это всеобъемлющая сила отдачи и любви. На языке каббалы это звучит так: «Добрый и Творящий добро», то есть сила, которая вся есть добро, желающая дарить только благо. Каббалисты также называют Творца желанием отдавать (ивр., *леашпиа*). Слово *леашпиа* происходит от слова *шефа* (с ивр., изобилие), т.е. желание одарить своим изобилием.

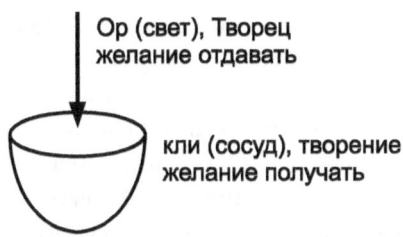

Схема 1.3.

Чтобы реализовалось желание Творца отдавать, необходим сосуд, способный получать. Поэтому Творец создал творение, задача которого – получать все то благо, которое Он желает дать ему. Если сущность Творца – это желание отдавать, наполнять, то сущность творения – желание получать, наполняться. Творец, или желание отдавать, в науке каббала называется «свет» (ивр., ор), а творение, или желание получать – «сосуд» (ивр., кли) (см. схему 1.3).

Проверь себя:
- Что создал Творец? И для чего?

БЫТЬ ПОДОБНЫМ ТВОРЦУ

Замысел состоит в том, чтобы создать творение, способное получить все благо, уготованное ему Творцом. Таким образом, замысел творения в науке каббала называется «замысел Творца насладить творение». Этот замысел является основой всего сущего. Он предшествует созданию, он – начало зарождения и развития всего творения: как его частей, доступных нашему пониманию, так и того, что скрыто от нашего восприятия.

Рассмотрим процесс развития творения подробнее.

Если замысел Творца – насладить творения, то уместен вопрос: что именно обещано творениям в качестве блага-добра-наслаждения? Вопрос не прост. Следующий пример может быть одним из ответов. Представьте себе, что Вы – король. Не из тех, кто опьянен своей властью и преследует подданных, а сказочный король, который любит своих подданных без всяких условий. А его подданные любят своего короля. И страна их процветает. А теперь представьте, что у Вас (короля) родился сын, единственный и любимый. Что бы Вы хотели дать ему? Что из всего, что у Вас есть, стало бы лучшим подарком для ребенка?

Подумаем об этом… Видимо, ответ ясен: стать, как и Вы, королем, любящим, счастливым и любимым. Это есть ответ и на вопрос: «Какое благо Творец хочет подарить нам, своим творениям?». Главное благо – это поднять нас до своего уровня, научить нас быть такими, как Он.

Бааль Сулам в статье «Наука каббала и ее суть» пишет: «…весь порядок творения во всех своих проявлениях определен заранее и только в соответствии с той целью, согласно которой человечество будет развиваться и подниматься вверх в своих свойствах до тех пор, пока не станет способным ощутить Творца так же, как ощущает товарища».

На первый взгляд это может показаться преувеличением, даже бессмыслицей. Однако если призадуматься, то окажется, что не существует другого ответа. Ведь если Творец является абсолютным добром, то не может он дать ни на грамм меньше того, что есть у него самого. Из всего самого лучшего, что у него есть. А самое лучшее – это Он Сам, Абсолютное Добро. Из этого следует, что благо, которое Творец желает нам дать, – это непременно стать такими, как Он.

Здесь необходимо сделать важное примечание: наука каббала не является философией. Каббалисты не строят свои объяснения на основании тех или иных логических выводов. Все, что написано в каббалистических книгах, базируется на личном духовном постижении каббалистов. Другими словами, каббалисты пишут нам о сути духовности, показывают ее такой, как она им открылась, а не о том, что они о ней думают. Итак, главное, что определяет правильное отношение к науке каббала: изучать ее из желания раскрыть духовное на деле, своими органами чувств, а не воображением или разумом. Этот подход лежит в основе всех объяснений данного курса обучения.

Возвратимся к нашей теме. Каббалисты постигли, что замысел Творца – насладить творение, т.е. поднять его до Своего уровня. Первое и обязательное условие выполнения этого замысла – наличие осознанного желания к духовному и реализация этого духовного подъема самим творением. Замысел творения не может быть осуществлен под давлением или неосознанно, т.к. творение, которое не осознает своих действий или делает что-либо по принуждению, не может быть подобным Творцу. Ведь Творец является активной созидающей силой; таким же должно стать и творение.

Чтобы творение само захотело стать подобным Творцу, оно прежде всего должно почувствовать наслаждение, которое есть в подобии Ему. Это чувство наслаждения – непостоянно, оно исчезает через некоторое время. И только после этого у творения возникает самостоятельное желание вновь насладиться от подобия Творцу. На самом деле так рождаются в нас все желания. Например, желание определенной пищи появляется после того, как однажды мы попробовали ее, запомнили этот вкус и захотели вновь его ощутить. Только так возникает в нас настоящее желание.

Поэтому, чтобы пробудить в творении самостоятельное желание быть подобным Ему, Творец изначально наполнил творение (желание получать) всеми благами, ему предназначенными. Затем на определенном этапе из состояния полного подобия Творцу, именуемого «Мир Бесконечности», творение было удалено в нашу реальность, называемую «этот мир». Здесь творение является полной противоположностью Творцу.

В этом мире творение настолько отличается от Творца, что у него нет никакой связи с Ним. Творец абсолютно скрыт от творения. Как говорилось выше, только полное сокрытие может пробудить в творении самостоятельное желание быть подобным Творцу и достичь всего того, что для него уготовано первоначальным замыслом Творца.

Процесс удаления творения из Мира Бесконечности в наш мир делится на 5 стадий. На каждой последующей стадии творение все более теряет подобие Творцу и Творец все более скрывается от него. Каждая стадия удаления творения от Творца называется мир – на иврите олам, от слова алама, что означает «сокрытие» (см. схему 1.4).

Схема 1.4.

Мир первый, в котором творение наиболее подобно Творцу, называется «олам Адам Кадмон» (с иврит., Адам – человек, Кадмон – предшествующий, первоначальный). Мир второй, в котором подобие меньше, а сокрытие больше, называется «олам Ацилут». Остальные – третий, четвертый и пятый миры – называются соответственно «олам Брия», «олам Ецира» и «олам Асия». Ниже, чем олам Асия, находится этот (наш) мир, в котором, как уже говорилось, творение максимально удалено от Творца и Творец абсолютно скрыт от творения. Граница между нашим миром и духовными мирами называется «махсом» (с ивр., преграда, барьер).

Проверь себя:
- Какое наслаждение уготовано творению замыслом Творца?
- Для чего необходимо сокрытие Творца

ВБЛИЗИ ИЛИ ВДАЛИ

Наверняка возникает множество вопросов по пройденному материалу, и все они требуют ответа. Большинства из них мы коснемся в течение курса, а на два ответим сейчас:

1. Что значит «быть подобным Творцу»?
2. Что значит «быть вдали от Творца или находиться вблизи от Него»?

В начале урока мы говорили о том, что Творец – это сила добра и отдачи, которая управляет всем творением. Возникает вопрос: что значит быть подобным этой силе? Ведь сила абстрактна, лишена всякой формы.

Ответ: быть подобным Творцу означает быть подобным Ему по свойствам, быть подобным Ему по Его внутренней сущности – по Его желанию отдавать. Чем больше творение отдает без всяких условий и выгоды для себя, чем сильнее у него готовность к отдаче ради других, тем больше оно будет походить на Творца и тем сильнее почувствует все благо, уготованное ему Творцом.

Сейчас мы можем перейти ко второму вопросу: что значит быть вдали от Творца или находиться вблизи от Него? Ведь Творец как сила любви и отдачи существует везде. Как можно быть вдали или вблизи от того, что находится повсюду?

Ответ: когда над творением властвует желание получать, оно находится вдали от Творца. Если над ним властвует желание отдавать, оно находится вблизи от Творца.

В статье «Дарование Торы» Бааль Сулам описывает это так: «Так как "человек родится диким ослом": ведь рождается и выходит из лона творения в полностью грязном и низменном состоянии, что означает огромную величину его любви к себе, заложенную в нем. И все его движение – вокруг самого себя, без каких бы то ни было искр отдачи ближнему. И он находится на максимальном удалении от корня, т.е. на противоположном конце. Ведь корень Его – абсолютный альтруизм, без каких бы то ни было искр получения, а тот новорожденный полностью погружен в получение для себя, абсолютно без искр отдачи. Поэтому его состояние считается нижней точкой низменности и грязи, находящейся в человеческом мире».

По мере удаления творения от Творца через 5 миров: Адам Кадмон, Ацилут, Брия, Ецира и Асия – желание получать развивается и начинает осознавать свою природу получения. Вследствие этого все более увеличивается степень удаления творения от Творца, пока оно не достигает последней стадии – этого мира. Здесь его природа, т.е. желание получать, овладевает им настолько, что полностью скрывает от него Творца.

Процесс отдаления Творца от творения не заканчивается нисхождением творения в этот мир. Скорее это только начало. И в нашем мире желание получать продолжает развиваться. Целью этого процесса является возникновение у творения самостоятельного желания осуществить замысел Творца. На двух предыдущих уроках мы познакомились с некоторыми тенденциями, влияющими на развитие желания получать в нашем мире. В следующей части мы дополним наши знания.

Проверь себя:
- Чем измеряется подобие Творцу и чем – близость к Творцу?

НОВОЕ РОЖДЕНИЕ

После того, как желание получать полностью отдалилось от Творца и попало в этот мир, оно начинает развиваться в рамках нашего мира. Цель этого развития – дальнейшее отдаление творения от Творца. Отдаление до такого состояния, когда творение обнаруживает со всей неприглядной ясностью, что его природа абсолютно противоположна природе Творца. И только так, при полном сокрытии Творца, у творения может возникнуть самостоятельное желание – стать подобным Ему. Об отдалении творения от Творца и нисхождении его в этот мир мы говорили в предыдущей части урока. В следующей части мы исследуем развитие желания получать в нашем мире.

На протяжении миллиардов лет материя на земном шаре развивалась от простейших форм к более сложным: от неживой природы – к растительной, затем к животной, пока не появился человек. Наука каббала называет его *«бхинат медабер»* (с ивр., *бхина* – свойство, *медабер* – говорящий). По своей сути все перечисленные выше формы сотворены из желания получать. Процесс их развития – это этапы развития желания. В статье «Введение в науку каббала» Бааль Сулам пишет[11], что все части творения – как явные, так и пока еще скрытые от нас, – не что иное, как разные уровни желания получать. Нам они раскрываются как неживой, ра-

---

11 «Все многочисленные разновидности творения - это лишь разные «порции» желания получать, а все события, происходящие с ними, - это изменения, происходящие с этим желанием». (Бааль Сулам «Введение в науку каббала», пункт 1.)

стительный, животный и человеческий уровни развития желания получать.

Рассмотрим уровень желания, который называется «человек» – говорящий. Как правило, можно различить два основных направления в развитии желаний человека:
- желания, которые растут, увеличиваются и жаждут наполнения более полного, более качественного, более абстрактного;
- желания, которые развиваются, становятся все более зависимыми от среды, приспосабливаются к ней и начинают использовать окружение в своих интересах, для собственного блага.

Первые называются желаниями тела: пища, секс, кров, семья – это основные желания, необходимые для существования человека. Следующим раскрывается в человеке желание богатства, затем – почета и власти. И после них – жажда знаний. Человек полагает, что чем больше он будет знать, тем лучше будет его жизнь. Желания богатства, почета и знаний являются желаниями социальными. Окружение пробуждает их в человеке, оно же и способствует их реализации.

Развитие в человеке желания – это сила, которая запускает развитие всего человечества с древних времен и по сей день. В доисторическую эпоху людям было достаточно удовлетворять желания своего тела. Весь их мир ограничивался пещерой, в которой они жили, и территорией, где охотились. Со временем в человеке стали развиваться желания владеть и властвовать. Так примитивно-племенное устройство общества превратилось в более развитое – земледельческое, а затем в промышленно-городское.

Жизненное пространство человека значительно расширилось. Последним этапом развития желания стало стремление человека к знаниям. Это желание проявилось в развитии системы образования в XVIII-XIX веках и особенно в XX веке. Международный пассажиропоток, персональные средства связи, СМИ и интернет-революция превратили человека в «гражданина мира», а сам мир – в глобальную деревню.

К концу XX-го века закончилось развитие желания получать на уровне человека в нашем мире. Это подтверждается двумя характеристиками:
- Человек больше не находит смысла жизни в удовлетворении физических или социальных желаний.
- Общее чувство неудовлетворения все больше и больше тревожит людей. Для многих «завтра» уже не представляется лучшим, чем сегодня.

Желание получать, то есть природа человека, проявляется со всей возможной силой и агрессией. Человек довел до совершенства свою способность подавлять и использовать других в собственных интересах. В мире правит закон: «Равных мне не существует».

Последний этап в развитии желания получать в нашем мире пришелся на начало XXI века и выражается в глубоком кризисе всей нашей жизни: воспитание, семья, культура, экология, безопасность и прочее. Однако кризис не всегда имеет отрицательное проявление. Иногда он просто свидетельствует, что данное состояние завершило свое развитие и настало время переходить к следующему этапу. «Отрицательные» силы, которые обнаруживаются в мире, в сущности похожи на родовые схватки и вынуждают нас родиться заново.

Нам посчастливилось жить в такое время, когда длительный процесс развития желания в течение миллиардов лет с момента замысла творения достиг своего пика. Впервые в истории появились условия для осознанного развития человека с целью осуществить замысел творения. Желание получать выросло до максимальных размеров и абсолютно заслонило Творца от людей. Однако только из полного сокрытия Творца человек может развить свое собственное желание раскрыть Его, то есть силу отдачи и любви, которая царит в мире, и получить все благо, которое Творец ему уготовил.

Хотя желание получать уже полностью сформировалось в нашем мире, это завершение является началом нового витка в развитии. Точка в сердце все чаще пробуждается в людях, живущих в разных концах земного шара. Стремление к духовному – последний этап развития желания – начинает раскрываться в нашем мире (см. схему 1.5).

Путь реализации желания к духовному отличается от всего, что мы знали раньше. Поэтому нам необходима наука каббала. В процессе ее изучения мы проделаем обратный путь снизу вверх по тем же ступеням сокрытия, по которым происходило нисхождение сверху вниз, через пять духовных миров, которые теперь превратятся в ступени раскрытия Творца. Нам суждено подниматься, пока не достигнем полного подобия Творцу, ощущения, что Он – Добрый и Творящий добро, состояния, которое называется *гмар тикун* (с иврит., окончательное исправление). Таким образом, ступени сокрытия при нисхождении станут ступенями раскрытия при духовном восхождении.

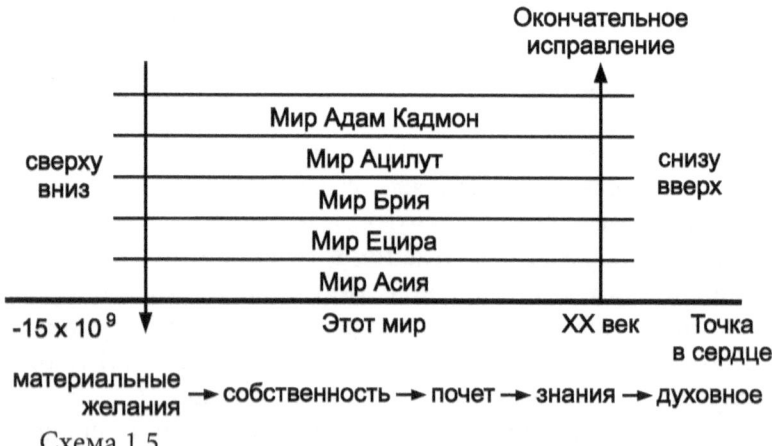

Схема 1.5.

Проверь себя:
- Что характеризует развитие желания получать в наше время?

Итоги урока. Краткие выводы
- Замысел Творца – насладить творение. Это значит поднять творение на уровень Творца.
- Главное условие выполнения замысла творения – наличие самостоятельного желания творения стать подобным Творцу.
- Чтобы у творения появилось самостоятельное желание стать подобным Творцу, Творец должен быть сокрыт от творения.
- По мере последовательного удаления творения от Творца через пять духовных миров и во время развития творения в этом мире происходит абсолютное сокрытие Творца от творения.
- В наше время развитие желания получать подходит к своему завершению. Поэтому раскрывается наука каббала.

Термины

Желание отдавать (ивр., *рацон леашпиа*) – Творец, сила отдачи и любви.

Мир бесконечности (ивр., *олам эйн соф*) – состояние, в котором желание получать полностью наполнено всем наслаждением, предназначенным ему замыслом творения.

Мир (ивр., *олам*) – степень сокрытия Творца. Слово *олам* происходит от слова *алама*, сокрытие. Существует пять миров: Адам Кадмон, Ацилут, Брия, Ецира и Асия.

Этот мир (ивр., *аолам азэ*) – реальность, в которой желание получать полностью скрывает Творца от творения.

Преграда, барьер (ивр., *махсом*) – граница между этим миром и духовными мирами.

Желания тела – основные желания человека, не зависящие от общества.

Социальные желания – развитые желания, которые пробуждаются под влиянием окружения; оно же способствует и их реализации.

Уровень «говорящий» (ивр, *медабэр*) – желание получать на уровне развития «человек».

Окончательное исправление (ивр., *гмар тикун*) – полное уподобление Творцу.

Ответы на вопросы

- *Вопрос*: Что создал Творец? И для чего?
- *Ответ*: Творец создал желание получать, чтобы оно получило все то благо, что Он желает ему дать.
- *Вопрос*: Какое наслаждение уготовлено творению замыслом Творца?
- *Ответ*: Подобие Творцу.
- *Вопрос*: Для чего необходимо сокрытие Творца?
- *Ответ*: Творение может реализовать замысел Творца только в случае возникновения у него собственного желания к духовному. Такое желание может пробудиться лишь при сокрытии Творца.
- *Вопрос*: Чем измеряется подобие Творцу и чем – близость к Творцу?
- *Ответ*: Подобие Творцу измеряется мерой желания отдавать. Близость к Творцу измеряется подобием свойств с Ним.
- *Вопрос*: Что характеризует развитие желания получать в наше время?
- *Ответ*: Желание получать достигло высшей точки в своем развитии в этом мире. В нем начинает пробуждаться стремление к духовному.

Логический порядок. Последовательность изучения курса

- Мы узнали, что наука каббала – это методика раскрытия Творца творениям в этом мире.
- Она раскрывается по мере развития желания получать.
- В наше время каждый желающий может изучать науку каббала.
- В следующей главе мы узнаем, как раскрывается Творец.

ЧАСТЬ 2
ВОСПРИЯТИЕ РЕАЛЬНОСТИ

Содержание:
УРОК 1. РЕАЛЬНОСТЬ ИЛИ ВООБРАЖЕНИЕ?
- Кто дал команду?

УРОК 2. ИСТИННАЯ РЕАЛЬНОСТЬ
- Что вы имеете в виду?
- Внешний мир
- Стать праведником

УРОК 1.
РЕАЛЬНОСТЬ ИЛИ ВООБРАЖЕНИЕ?

Темы урока:

- разные подходы к восприятию реальности;
- связь между желанием получать и восприятием реальности;
- закон подобия свойств.

Это было обычное утро в итальянском городе Монца. Пересекая город с севера на юг, река Ламбро медленно несла свои воды. Ничего особенного не ожидалось.

Однако в полдень городское управление опубликовало новый указ о защите животных. В соответствии с ним – обратите внимание! – жителям города было запрещено содержать золотых рыбок в круглых аквариумах. Представитель городского совета Джампьетро Моска прокомментировал столь необычный указ: «Круглые стенки аквариума искажают действительность. От этого бедные рыбки страдают. А это жестоко!».

Много воды утекло с тех пор. И качество жизни золотых рыбок улучшилось. Но все же вопрос остался открытым. Золотым рыбкам в круглом аквариуме мир представлялся искаженным. Есть ли гарантия, что тот мир был менее правдоподобным, чем этот? И вообще можем ли мы быть уверены, что реальность, которую мы воспринимаем, является истинной картиной нашего мира?

Добро пожаловать во вторую часть курса «Введение в науку каббала».

Тема, о которой мы будем говорить, несомненно, является самой интересной и одновременно самой сложной в изучении каббалы – восприятие реальности. Не беспокойтесь, мы не станем прибегать к философской казуистике, как это может показаться на первый взгляд. Наоборот, если поймем,

Часть 2. Восприятие реальности

каким образом мы воспринимаем реальность, то и в своей жизни сможем правильно реагировать на сложные ситуации.

Чтобы облегчить себе понимание, как наука каббала рассматривает восприятие реальности, обратимся к некоторым аспектам из истории развития этой темы в естественных науках.

Подход классической физики Ньютона основан на утверждении, что мир существует сам по себе, без какой бы то ни было связи с человеком, и является неизменным.

Значительно позднее Эйнштейн обнаруживает, что мир гораздо шире, чем мы его воспринимаем. Наше восприятие относительно, так как зависит от наших органов чувств, и поэтому мы не можем сказать, каков на самом деле мир за стенками нашего «аквариума». Все зависит от конкретного наблюдателя, воспринимающего действительность.

Современный научный подход, базирующийся на квантовой физике, заключается в том, что наблюдатель влияет на мир и в результате изменяет картину, которую воспринимает. Получается, что воспринимаемая реальность – это нечто среднее между свойствами наблюдателя и наблюдаемым объектом.

Что это значит? Физики обнаружили, что базовые единицы физической реальности не имеют определенного местоположения, определенной скорости и даже не связаны с определенным временем. Поразительно, но все эти данные фиксируются в результате исследований и действительных измерений.

Запутались? Тогда послушайте, что говорит об этом наука каббала. В статье «Введение в Книгу Зоар»[12] Бааль Сулам объясняет, что весь внешний громадный и великолепный мир, который мы наблюдаем, является лишь картинкой, проявляющейся в нашем внутреннем представлении:

---

12 Бааль Сулам, статья «Введение в Книгу Зоар», пункт 21.

«Например, наше зрение, благодаря которому мы видим перед собой огромный мир, и все его великолепное наполнение, – ведь мы видим все это не в действительности, а только внутри самих себя. То есть в затылочной части нашего мозга находится некое подобие фотоаппарата, которое рисует там все, видимое нами, а не то, что на самом деле находится вне нас».[13]

Чтобы проиллюстрировать это, представим себе человека в виде закрытого ящика с пятью отверстиями: глаза, уши, нос, рот и руки (см. схему 1.6). Отверстия соответствуют нашим органам чувств – зрение, слух, обоняние, вкус и осязание. Через них человек воспринимает нечто, что находится вне его.

Через пять отверстий в ящик входят различные впечатления. Все они концентрируются внутри и проходят различные измерения в соответствии с информацией, которая имеется в сознании этого человека, и в зависимости от его желания. Полученный результат – это некая картинка реальности, проявляющаяся на «экране», расположенном в задней доле мозга. Эта картина и является нашей реальностью. Другими словами, как говорит наука каббала, человек сам определяет свое восприятие реальности. Что же на самом деле существует вне нас? Этого мы не знаем.

Нам открывается мир, полный бесчисленных проявлений, но мы не можем знать их сущность. Все, что нам известно, – это наше впечатление о них. Даже Творец, о котором говорит наука каббала, – это Творец в нашем представлении о Нем (при определенных условиях, которые будут разбираться в процессе дальнейшего обучения). Сущность Творца называется АЦМУТО, и она не является предметом изучения науки каббала.

---

[13] Бааль Сулам, статья «Введение в Книгу Зоар», пункт 34.

Часть 2. Восприятие реальности   55

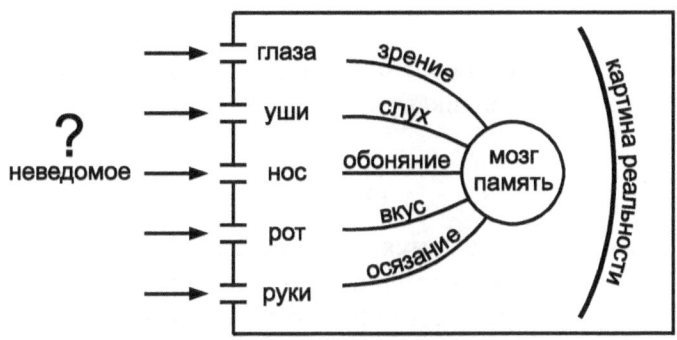

Схема 1.6.

Итак, подведем итоги. В современной науке существуют три основных подхода к восприятию реальности.
1) Классическая физика: реальность существует объективно, вне зависимости от нас.
2) Физика Эйнштейна: картина реальности имеет относительный характер и зависит от наблюдателя.
3) Квантовая физика: картина реальности – это среднее между свойствами наблюдателя и того, что находится вне его.

Подход, принятый в науке каббала как бы отвечает всем трем предыдущим и делает совершенно новый вывод: мир вне нас является иллюзией и не обладает никакой формой, так как вне нас реальности не существует. Человек сам определяет собственную картину реальности.

Почему нам так важно знать, что человек сам определяет собственную картину реальности? Внутренние изменения в человеке неминуемо приводят к другому восприятию им реальности. Вот почему духовная реальность открывается нам в результате изменений, происходящих внутри нас.

Проверь себя:

- Как наука каббала объясняет, каким образом внутри человека возникает картина реальности?

КТО ДАЛ КОМАНДУ?

Наука каббала является корнем всех наук. Так пишет Бааль Сулам в статье «Суть науки каббала».[14] Поэтому не удивительно, что через тысячи лет развития науки нашего мира приближаются к науке каббала и многие их утверждения соответствуют науке каббала. Так, например, в предыдущей части урока мы говорили, что точка зрения современной науки и каббалы на восприятие реальности очень близки. Однако есть одно важное различие: хотя науки нашего мира объясняют, как мы воспринимаем реальность, они не раскрывают сущность: почему мы воспринимаем реальность именно так. Наука каббала, напротив, сосредоточена на исследовании этого восприятия.

В соответствии с наукой каббала, силой, стоящей за восприятием реальности человеком, является желание получать. Желание получать работает по простой схеме: получить то, что благотворно для него, и отвергнуть то, что ему неблагоприятно. Из этого логически вытекает, что желание получать таким же образом управляет и формой, посредством которой мы воспринимаем реальность. Все наши органы чувств и все механизмы обработки информации, включая часть мозга в затылочной части, на которую проецируется картина действительности, – все они являются «агентами» желания получать, выполняющими его волю: получить то, что приятно, и избежать того, что неприятно.

---

14 «Все науки нашего мира включены в науку каббала. Каббала устанавливает общий порядок для всех наук, которому каждая из них должна соответствовать».

Другими словами, мы видим то, что хотим видеть, и не видим того, чего не хотим. Желание возбуждает наши потребности и определяет, что мы увидим или не увидим вокруг себя. Так, человек, ставший родителем, начинает обращать внимание, что практически на каждом углу есть детский магазин. Такие магазины и раньше были там, но из-за того, что у него не было в них нужды, он их не видел.

Естественным образом наше желание направляет нас воспринимать то, что хорошо для нас, или то, что может причинить нам вред. В процессе развития желания получать, параллельно которому развивается и ум, растет наше понимание и восприимчивость и соответственно расширяется восприятие реальности.

Однако существует важное «но»! Поскольку реальность воспринимается через «очки» желания получать, то наше восприятие реальности ограничено узкими рамками – оно направлено лишь на физический мир. Скрытый, духовный уровень реальности не может быть воспринят через желание получать.

Почему мы не можем воспринимать духовную реальность посредством желания получать? Наука каббала отвечает на этот вопрос, исходя из закона подобия свойств. В соответствии с этим законом, для того, чтобы воспринять материальное или духовное явление, мы должны открыть в себе чувствительность к нему. Или, другими словами, орган чувств, предназначенный для восприятия конкретного явления, должен содержать в себе некоторые качества, аналогичные тем, которые он будет воспринимать.

Простой пример, который поможет нам понять, о чем идет речь. Вне нас огромное количество радиоволн и радиостанций, работающих на разных частотах. Чтобы услышать по радио определенную станцию, необходимо настроить приемник на определенную частоту. Своим действием мы находим в приемнике эту частоту, и тогда, согласно закону подобия свойств, имеем возможность слушать нужную станцию.

Так же и мы, чтобы настроить себя на восприятие духовности, должны создать внутри себя духовную «частоту», то есть включить в желание получать что-либо из свойств отдачи.

Как это сделать? Выясним на следующих уроках. Пока же достаточно понимать, что до тех пор, пока желание получать нацелено только на получение и нет в нем ничего от свойств отдачи, мы не имеем возможности понять, что такое отдача, и мы не в состоянии воспринимать духовную реальность.

Итак, мы воспринимаем реальность с помощью пяти органов чувств, которые действуют в соответствии с программой желания получать. Если какой-либо орган чувств поврежден или вообще не действует, реальность воспринимается совершенно иначе. И наоборот: если усилить действие какого-то органа чувств (например, с помощью приборов), диапазон восприятия действительности также меняется.

Мы можем изменять диапазон чувствительности наших органов чувств, изменяя, расширяя или сужая картину нашего мира. Но никогда ни при каких условиях мы не сможем выйти за пределы картины нашей реальности. Почему? Потому что в любом случае мы всегда будем воспринимать реальность через внутреннюю программу, заложенную в желание получать. И, как мы уже выяснили на предыдущих уроках, желание получать ограничивает наше восприятие. Мы способны воспринимать лишь материальную часть реальности. Материальное, в соответствии с наукой каббала, – это все, что мы воспринимаем посредством желания получать.

Если мы желаем продвинуться из нашего состояния, расширить свое восприятие, узнать, где мы находимся и для чего, мы должны заниматься только тем, что находится внутри нас – желанием получать. Желание существует глубоко внутри и от него зависит наше восприятие, разум и мысли.

Каким образом мы можем воспринимать расширенную, духовную реальность, не ограниченную желанием получать? Чтобы осуществить это, мы должны изменить программу, в соответствии с которой работает желание получать. Как ее изменить? Именно об этом и говорит наука каббала.

Проверь себя:
- Что мы должны сделать для того, чтобы ощутить духовную реальность?

Итоги урока. Краткие выводы
- Наука каббала говорит, что нет реальности, которая бы существовала вне нас, и что реальность не имеет собственной формы. Наблюдатель придает ей форму. Иначе говоря, человек сам создает собственную картину восприятия реальности.
- Так же и Творец, о котором говорит наука каббала, – это Творец, как мы воспринимаем Его, а не Его внутренняя сущность. Наука каббала суть Творца определяет как Ацмуто и не занимается ее изучением.
- Желание получать является внутренней программой, управляющей механизмом нашего восприятия реальности. Мы видим то, что хотим видеть. Чтобы воспринимать духовную реальность, мы должны изменить программу, в соответствии с которой воспринимаем реальность, то есть изменить желание получать.
- В соответствии с законом подобия свойств, для восприятия духовной реальности мы должны развить чувствительность к духовному в желании получать, т.е. включить в него свойство отдачи.

Термины

Закон подобия свойств – чтобы воспринять какое-либо явление, мы должны развить внутри себя чувствительность к нему. Чтобы постичь духовную реальность, мы должны включить в себя свойство отдачи. Духовность – есть отдача.

Ацмуто – сущность Творца. Наука каббала занимается только формой, в которой мы воспринимаем Творца, а не изучением сущности Творца.

Ответы на вопросы

- *Вопрос*: Как наука каббала объясняет, каким образом внутри человека возникает картина реальности?
- *Ответ*: Человек воспринимает то, к чему у него есть желание, разум обрабатывает информацию и придает реальности формы.
- *Вопрос*: Что мы должны сделать для того, чтобы ощутить духовную реальность?
- *Ответ*: Мы должны изменить программу, управляющую механизмом нашего восприятия реальности, иными словами: изменить желание получать – с получения на отдачу.

УРОК 2.
ИСТИННАЯ РЕАЛЬНОСТЬ

Темы урока:

- желание и намерение;
- намерение ради получения и намерение ради отдачи;
- восприятие себя самого и окружающего мира;
- что такое отдача?

ЧТО ВЫ ИМЕЕТЕ В ВИДУ?

Крошечная частица, несущаяся со скоростью света к атому плутония, сталкивается с ним и, расщепляя ядро атома, высвобождает из него огромную энергию. Это – взрыв. Атомный взрыв.

Эту колоссальную энергию – энергию атома – можно использовать с жестокой целью уничтожения людей, как это произошло в конце Второй мировой войны. Или, наоборот, извлечь пользу для всего человечества, используя в медицинских целях и научных исследованиях. Можно расщепить ядро атома, чтобы убивать, а можно для лечения больного – все зависит от намерения!

Вся суть, друзья, в намерении! Пристегните ремни. Пришло время погрузиться в пучины мироздания – в место, где действуют скрытые, абстрактные и самые мощные силы! Добро пожаловать в мир намерений!

Жизнь в нашем мире учит нас: чем более абстрактной является сила, тем она мощнее. Возьмем, например, саженец большого дерева: может ли он нанести непоправимый вред какому-либо явлению или, наоборот, принести ощутимую пользу? Разумеется, нет. А если сравнить силу его воздействия с мельчайшим, не видным глазу ядром атома урана? Огромный вред от разрушительной мощи или польза от умного атома не идет ни в какое сравнение с силой дерева, видимого и осязаемого нами. Теперь представьте себе, сколько энергии сосредоточено в силах еще более абстрактных, чем те, которые действуют в атоме, а именно – в наших мыслях и намерениях!

Итак: «Пристегните ремни!», готовьтесь к взрыву... Чтобы понять определение намерения в науке каббала, проясним сначала основополагающее понятие в материи мироздания – желание получать. На протяжении всего курса мы будем возвращаться к тому, какова же наша природа – наше пресловутое желание получать, которое скрывает от нас Творца. Желание получать хочет только получать, Творец желает только отдавать – и эта противоположность мешает нам раскрыть Творца.

Каббалисты пишут, что сокрытие или раскрытие Творца можно оценить только по мере нашего уподобления Ему. Чем больше творение отдает, тем больше Творец раскрывается ему. И, наоборот, чем больше творение находится под воздействием силы получения, тем больше Творец скрыт от него. Из всего сказанного напрашивается вывод: нам необходимо исправить наше желание получать.

Отсюда вытекает, что, если мы изменим наше желание получать на отдачу, нам откроется духовный мир и все благо, которое существует в мироздании. Однако источником проблемы является не желание получать, и не его нужно исправлять. Желание получать – это материал мироздания. Не само желание получать требует исправления, а то, как мы используем это наше базовое желание. Как в примере выше: радиоактивный материал – это только материал, и не более того, но его можно использовать и для лечения людей, и для их уничтожения. Под термином «исправление» в науке каббала понимают изменение способа использования желания получать.

То, каким образом мы используем желание получать, называется «намерение». Согласно науке каббала, желание получать можно использовать с двумя противоположными целями:
- для своего блага;
- для блага других.

Использование желания получать для своего блага называется «получение с намерением получать». Использование желания получать для блага других называется «получение с намерением отдачи». Намерение получать для себя, в расчете на собственный выигрыш, скрывает от нас духовный мир. Чтобы ощутить его, надо изменить намерение с получения на отдачу. Действовать с намерением отдавать означает действовать без мысли о личной выгоде. Творение должно действовать таким же образом, как и Творец, полностью отдающий себя, – тогда это действие отдачи.

Дело в том, что, пока мы находимся в нашем мире, во всех без исключения наших действиях в той или иной мере присутствует личная выгода. Даже мать, вскармливающая свое дитя, делает это для получения собственного удовольствия.

В статье «Дарование Торы» Бааль Сулам пишет: «Все, что человек делает для ближнего, он делает, зная, что получит вознаграждение... Но совершить действие ради любви к ближнему, без всякой надежды на какое-либо вознаграждение – это противоречит природе человека».[15]

В нашем мире нет ни одного примера, где проявлялось бы желание получать с намерением отдачи. Все люди в нашем мире действуют с намерением получать. Чтобы понять, что такое намерение ради отдачи, необходимо, изучая науку каббала, постичь это в себе, научиться работать с желанием получать не для себя, а для других. И пока мы к этому не придем, мы не поймем, что значит намерение отдавать.

---

15   Бааль Сулам. «Дарование Торы», пункт 13.

В завершение подытожим: желание получать само по себе не является испорченным, а вот намерение использовать его для себя нуждается в исправлении. Когда каббалисты пишут, что желание получать требует исправления, они просто прибегают к краткости высказывания. Как и любая другая материя мироздания, желание получать не может быть плохим или хорошим. Говоря о добре и зле, мы можем судить о них только по тому, как человек использует свое желание получать, то есть о намерении, с которым он действует. Было установлено, что духовность (как и любое другое свойство) мы постигаем в желании получать, но с намерением ради отдачи. На предыдущем уроке мы выяснили, что никакое явление не может быть воспринято абстрактно, а только через призму желания получать. Даже Творца (духовность) мы воспринимаем в желании получать, но только в исправленном желании, с намерением ради отдачи.

Если вы спрашиваете себя, как все это связано с восприятием реальности, то вот вам ответ: намерение получать ради получения – это программа, по которой работает желание получать в нашем мире. Эта программа скрывает от нас духовную реальность. Чтобы постичь духовную реальность, мы должны исправить намерение: заменить намерение ради получения на намерение ради отдачи. Условием перехода от восприятия реальности нашего мира к восприятию духовного мира является исправление намерения.

Наука каббала называется наукой о сокрытом, так как она затрагивает внутренние пласты человека, открытые только ему и скрытые от других: его мысли, желания и намерения. Мы должны исследовать внутреннее устройство своего «я». Там, в наших желаниях и в наших намерениях, находятся точки приложения наших сил. Там же нам откроется духовный мир. Никакое внешнее действие не в состоянии раскрыть нам духовность, если у этого действия нет правильного намерения – намерения отдачи. Изменения, которые мы должны в себе произвести, внутренние: изменения наших свойств и намерений.

Часть 2. Восприятие реальности

Проверь себя:

- Что является намерением ради получения и что является намерением ради отдачи?

ВНЕШНИЙ МИР

Мир – огромен. В США, например, все большое: огромные пространства, небоскребы, неограниченные возможности…

В этом базисном стремлении к большому есть что-то трогательное. Как бы там ни было, сумасшествие американского величия отзывается в сердце каждого из нас. Оно является еще одним примером непрекращающейся бессмысленной погони человечества за чем-то лучшим. Как говорят старожилы Манхэттена, «неважно, насколько высок твой небоскреб: в любом случае он никогда не будет достаточно высок».

С точки зрения науки каббала, вполне естественно – хотеть большего. По правде сказать, нет ничего более естественного. Творец (природа) создал нас так, чтобы мы наслаждались всеми благами, существующими в мироздании. Но вместо того, чтобы получать все, мы получаем лишь малую долю возможного. Вместо широкой и полной картины мироздания нам открывается ограниченный и очень узкий ее фрагмент. Страшно подумать: мы даже не знаем, что случится с нами через мгновение!

Не удивительно, что каждый из нас ощущает потребность в чем-то большем. Не удивительно, что на протяжении всей нашей истории мы пытаемся открыть новые фрагменты скрытой от нас мозаики, чтобы глубже понять нашу реальность. Мы стремимся к более глубокому постижению, но используем при этом наши обычные органы чувств – и это то, что приводит нас в тупик.

Неважно, насколько мы расширим картину нашей реальности: в конечном счете она останется очень ограниченной.

Почему? Потому, что механизм восприятия нашей реальности управляется эгоистическим намерением – намерением получать.

Мы все время сосредоточены на себе, на той выгоде, которую можно извлечь для себя из каждого нашего шага, поэтому наше восприятие реальности сжато до наших собственных пределов. Поскольку наше желание и наша память работают в намерении получать ради получения, мы, как обособленные клетки, воспринимаем ограниченную, узкую и сжатую картину материального мира.

Чтобы почувствовать всю необъятную духовную реальность, нам необходимо развить дополнительный орган чувств. Нам нужно выйти из эгоистических мотивов «личной выгоды» и присоединиться к желаниям окружающих (схема 1.7).

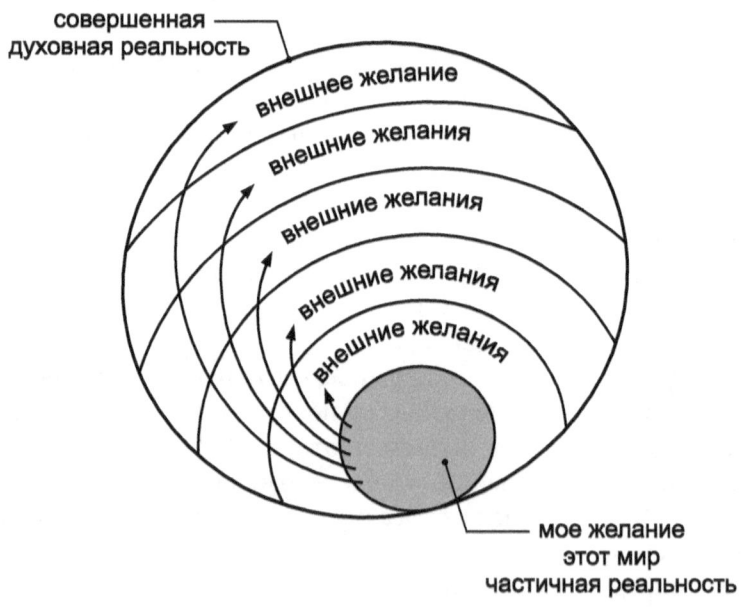

Схема 1.7.

Но дело в том, что «присоединиться к желаниям окружающих» – не так-то просто. Для этого мы должны суметь так почувствовать желания других, будто это наши собственные желания. Единственный способ осуществить это – изменить намерение. По сути, намерение «ведет» желание, управляет им. Необходимо заменить эгоистическое, направленное на себя намерение на намерение отдавать.

Только в намерении отдавать можно ощутить желания окружающих. И только в соединении с желаниями товарищей мы сможем раскрыть истинную картину реальности. Согласно науке каббала, лозунг «Возлюби ближнего, как себя» – это вовсе не моральный кодекс, изобретенный человеком, призывающий нас уважительно относиться к ближнему, а закон природы, который мы обязаны соблюдать, чтобы раскрыть духовную реальность.

Подобно Творцу, управляющему мирозданием как единым организмом, все части которого связаны друг с другом невидимыми узами любви, мы должны соединиться друг с другом в соответствии с законом «Возлюби ближнего как себя». Исправление намерения получать на намерение отдавать – это и есть исправление нашего отношения к другим людям. Необходимо воспринимать ближнего не как объект использования на благо себе, а как часть самого себя.

Как уже было сказано, исправление отношения к ближнему является условием постижения духовного мира. Исходя из этой точки зрения, можно понять глубокий смысл восприятия реальности именно в данной нам свыше форме. Именно такая картина, разделяющая мое «я» и тех, кто вне меня, вынуждает нас работать над объединением для того, чтобы уподобиться Творцу.

Если бы мы были созданы воспринимать реальность, в которой существую только «я», не было бы необходимости исправляться. Если бы мы были созданы воспринимать реальность, в которой все мы уже соединены в едином желании, у нас отсутствовало бы самостоятельное желание изменить намерение.

Следовательно, чтобы постичь настоящую действительность, истинный мир, мы должны выйти из себя «наружу» и начать познавать то, что действительно существует. И тогда мы постигнем, что реальность не зависит от тела человека, от его органов чувств, от его внутреннего эгоистического желания или от его памяти. Жизнь зависит только от того, в какой мере человек присоединяет себя к другим, связывает себя со всем, что как будто находится вне его, в чужих желаниях.

Бааль Сулам пишет в одном из своих посланий к ученикам: «И не будет у тебя недостатка ни в чем, как только выйдешь в благословенное Творцом поле и соберешь все искры, оторвавшиеся от твоей души, и соединишь их в единое тело. И в этом едином теле постоянно и непрерывно будет присутствовать дух Творца. И источник великого разума, и высшие реки света будут как неиссякаемый родник».[16]

Проверь себя:
- Какая связь между желаниями других и постижением духовной реальности?

СТАТЬ ПРАВЕДНИКОМ

«Дай Бог, чтобы можно было собрать все человечество в единое целое, чтобы я смог обнять всех». Эти теплые и мудрые слова р. Кука, являющиеся лишь небольшой частичкой исключительной мудрости великого каббалиста, подытоживают весь процесс исправления, который нам предстоит пройти.

В конечном итоге каждый из нас должен приобрести намерение отдавать. Надо почувствовать желания других людей

---

16   Бааль Сулам «Плоды мудрости. Письма», письмо 4.

как свои собственные и собрать все человечество в единый организм. И тогда, в этом едином теле, раскроется единый Творец.

Дело в том, что в нашем безумном, эгоистичном мире трудно даже представить себе, что можно хотя бы приблизиться к состоянию подобного объединения, не говоря уже о том, чтобы реально существовать в нем. Более того: кажется, что с каждой уходящей минутой поезд нашего развития мчится как раз в обратном направлении. Хомо Сапиенс XXI века с навязчивым постоянством занят исключительно собой. Одна дама из Тайваня явно зашла слишком далеко: купила свадебное платье, сняла зал торжеств и... вышла замуж за саму себя. Невероятно, но это факт.

Вы, конечно, недовольно хмурите брови: «Что за обобщения?! Нужно только сменить черные очки на розовые и увидеть, что вовсе не все настолько погружены в себя. На самом деле есть еще люди, которые заботится о слабых и бескорыстно помогает больным, кто волнуется о благополучии других людей. И мы тоже неоднократно жертвовали деньги, тратили свое личное время. Короче говоря, дух волонтерства еще не исчез из нашего мира окончательно!».

Подобные высказывания как раз и подтверждают точку зрения науки каббала. Согласно каббале, нет ни одного человека в нашем мире, который не был бы движим личной выгодой во всех своих поступках. В каждом из нас, во всех жителях планеты заложена внутренняя программа, обязывающая нас действовать с позиций собственной выгоды. Иногда сложно определить настоящий мотив того или иного поступка, но даже в этих случаях стимул остается неизменным – личная заинтересованность.

Например: человек, инкогнито жертвующий средства на неимущих, может исходить из того соображения, что однажды он сам или кто-то из его семьи может оказаться в подобном положении. Проявляя щедрость, он успокаивает себя мыслью, что если, не дай Бог, он попадет в трудную ситуацию, найдется тот, кто поможет и ему. Не говоря уже о чувстве гордости за свой благородный поступок – оно также является своеобразным вознаграждением, наполняющим желание получать.

Любое действие, маскирующееся в нашем мире под отдачу, управляется расчетом – что я получу за это. Относительно этого (и не только в данном примере) каббалисты дают четкую формулировку: или ты работаешь с намерением получать, или ты работаешь с намерением отдавать. В нашей реальности, в этом мире, все работают с намерением получать.

Намерение – это самое главная составляющая любого поступка. Неважно, какое действие мы совершаем: сотрясаем небо молитвой о мире, спасаем популяцию дельфинов от вымирания, защищаем права беженцев… Если за данным действием кроется намерение: «Что я от этого выиграю», – то оно не может рассматриваться как действие отдачи. Не о таком характере отдачи говорит каббала.

Мы должны исправить намерение: наше внутреннее, глубинное отношение к другим людям. Необходимо расстаться с мотивацией личной выгоды и научиться жить для общего блага: прийти к состоянию, в котором мы чувствуем желания других как свои собственные. Именно это называется отдачей в науке каббала. Духовный мир откроется тем, кто постигнет эту премудрость. Это совсем не простое исправление: ведь мы должны изменить нашу природу. Само собой разумеется, что собственными силами нам этого не достичь. Тут на помощь приходит наука каббала.

Отсюда можно понять, в чем заключается разница между наукой каббала и различными учениями. На протяжении всей мировой истории многие философы указывали на эго как на источник всех бед. Не нужно быть каббалистом, чтобы понять, что если мы сможем правильно использовать эгоизм, наша жизнь станет гораздо лучше. Но, в отличие от науки каббала, различные духовные практики предлагают напрямую воздействовать на эго: сократить его, «запереть» в банке, не давать ему проявляться.

Однако «эго» – это самое сильное качество в человеке. Нет такой банки, внутри которой можно было бы запереть его, и нет такой системы, следование которой могло бы снизить его. Согласно замыслу творения, эго должно расти – и оно действительно растет. Возможно, самым показательным примером нашей беспомощности в обуздании эгоизма, а также бессилия наших этических норм является система воспитания и образования. В течение многих лет детей принуждали вести себя надлежащим образом, пока противоречия не накалились, как кипящая лава. Сейчас вулкан взорвался – система воспитания трещит по швам.

Согласно науке каббала, нет никакого смысла в прямом подавлении эгоизма. Вместо того, чтобы пытаться снизить или ограничить его, говорят каббалисты, надо научиться правильно его использовать. Имеется в виду использовать эгоизм с другим намерением – намерением отдавать.

Только в намерении отдавать мы способны присоединить к себе желания других, расширить наши органы чувств и постичь духовную реальность.

Проверь себя:

- Как наука каббала определяет, что такое отдача?

Итоги урока. Краткие выводы

- Желание получать по сути своей не является ни плохим, ни хорошим: это материал творения. Добро и зло измеряются только в соответствии с тем, как мы используем желание получать: для своей выгоды или для блага других.
- Использование желания получать для собственной выгоды называется «намерением получать». Исполь-

- зование желания получать для блага других называется «намерением отдавать».
- Каждый человек в нашем мире действует исходя из намерения получать. Чтобы внести изменение в намерение получать, мы должны изучать науку каббала.
- Исправляя наше отношение к ближнему с намерения получать на намерение отдавать, мы присоединяем к себе желания других, расширяем наши органы чувств и воспринимаем духовную реальность в исправленном сосуде.
- Разница между наукой каббала и различными духовными практиками состоит в том, что в науке каббала не подавляют желание, а исправляют намерение.

Термины

Намерение (ивр, *кавана*) – направление (способ использования) желания получать.

Намерение ради получения – использование желания получать для себя.

Намерение ради отдачи – использование желания получать ради других.

Исправление (ивр., *тикун*) – изменение намерения получать ради себя на намерение получать ради других

Отдача (ивр., *ашпаа*) – состояние, в котором желания ближнего мы ощущаем как свои собственные

Ответы на вопросы

- *Вопрос*: Что является намерением ради получения и что является намерением ради отдачи?
- *Ответ*: Намерение ради получения – это использование желания получать ради себя; намерение ради отдачи – это использование желания получать ради других.

- *Вопрос*: Какая связь между желаниями других и постижением духовной реальности?
- *Ответ*: Чтобы почувствовать духовную реальность, мы должны развить дополнительные органы чувств. Следует отказаться от эгоистического мотива «для собственного блага» и присоединиться к желаниям других.
- *Вопрос*: Как наука каббала определяет, что такое отдача?
- *Ответ*: Состояние, в котором желания других мы ощущаем как свои собственные.

Логический порядок. Последовательность изучения курса

- Наука каббала – это методика, раскрывающая Творца творениям в этом мире.
- Для того, чтобы раскрыть Творца, мы должны изменить намерение с получения на отдачу.
- В следующей части мы узнаем, как изменить намерение.

ЧАСТЬ 3
ЯЗЫК КАББАЛЫ

Содержание:
УРОК 1. ЗАКОН КОРНЯ И ВЕТВИ
- Абстрактность или реальность?
- Корни и ветви
- Язык ветвей

УРОК 2. СВЕТ, ВОЗВРАЩАЮЩИЙ К ИСТОЧНИКУ
- Низший учится у высшего
- Чудесная скрытая сила
- Четыре языка
- Язык Торы
- Язык Алахи
- Язык Агады
- Язык каббалы

УРОК 3. КАББАЛИСТИЧЕСКИЕ ИСТОЧНИКИ
- Откройте эти книги!
- Труды Бааль Сулама
- Последний из могикан

УРОК 1.
ЗАКОН КОРНЯ И ВЕТВИ

Темы урока:
- реальность в науке каббала;
- закон корня и ветви;
- язык корней.

АБСТРАКТНОСТЬ ИЛИ РЕАЛЬНОСТЬ?

Одна из самых увлекательных приключенческих книг «Бесконечная история» Михаэля Энде рассказывает историю жизни подростка Бастиана Бальтазаса Букса, который, читая сказки, вдруг обнаруживает себя внутри волшебной реальности. Это может показаться невероятным, но чтение каббалистических книг чем-то похоже на этот опыт. В книгах по каббале скрыта сила, позволяющая читателю перескочить из той действительности, в которой он живет, в реальность, описываемую в книге, – в духовный мир.

Последняя, третья часть раздела «Основы науки каббала» занимается изучением языка каббалы и каббалистических источников. В первой части курса мы изучали, что духовность является средством раскрытия Творца – общего закона природы. Во второй части выяснили, что условием раскрытия Творца является изменение метода работы с желанием получать. В данной части курса мы рассмотрим, как практически выполнить это условие, каким образом с помощью каббалистических источников изменить метод работы с желанием получать. Сначала мы узнаем о языке, на котором эти источники написаны (он называется «язык ветвей»), а затем поговорим подробнее о той духовной силе, которая скрыта в каббалистических книгах.

В статье «Суть науки каббала» Бааль Сулам пишет: «...многие полагают, что все названия и понятия, используемые в науке каббала, относятся к разряду абстрактных». И действительно, попытки понять содержание каббалистических книг без правильной подготовки могут и нас привести к тем же заключениям. Человеку, не сведущему в науке каббала, трудно соотнести с осязаемой, реальной действительностью слова и имена, о которых пишут в каббалистических книгах. Как слова, так и само содержание книги будут казаться человеку абстрактными.

Приведем в качестве примера цитату из «Древа жизни» АРИ: «Знай, что до того, как были созданы создания и сотворены творения, был простой Высший свет, заполняющий собой всю реальность».[17] Несмотря на то, что все слова нам знакомы и их соединение выглядит вполне логичным, тем не менее, остается совершенно непонятным, о чем идет речь: что такое простой Высший свет и о какой реальности, существовавшей до начала творения, говорится.

Человек, делающий первые шаги в изучении скрытого учения, может подумать, что в каббалистических книгах говорится о вещах абстрактных, но на самом деле в них нет ни одного слова, которое не имело бы реального смысла. Один из основных законов науки каббала говорит: «Все то, что не постигнуто, нельзя назвать по имени и определить словами», т.е. каббалисты пишут только о том, что реально постигли, прочувствовали в своем духовном продвижении, и никогда не пишут о том, что ими не постигнуто.

Духовная действительность, ощущаемая каббалистом, не менее реальна, чем материальная, ощущаемая нами в этом мире. И действительно: если подумать, картина материального мира – это временная иллюзия, раскрывающаяся нам в еще не исправленном желании получать. Тогда как именно

---

17 АРИ «Древо Жизни». Врата 1, ветвь 2.

духовные реалии – вечны и проявляются вместе с исправлением желания получать. Это и есть реальность и истина.

Здесь уместно повториться и подчеркнуть важный принцип восприятия духовной реальности: каббалисты не могут постичь самого Творца, Его суть. Точно так же, как мы не постигаем сути вещей нашего мира. Это происходит потому, что, воспринимая действительность через призму желания получать, человек всегда ощущает реальность через желание получать. Он никогда не постигает сути явления (того, что вне его), а лишь свое впечатление о нем.

Так же, как мы не осознаем внутренней сути электричества или листа бумаги, на который мы сейчас смотрим, так и каббалисты постигают не саму суть Творца, а лишь результат Его взаимодействия с их желанием получать. Однако это совершенно не мешает им достичь ясной и цельной картины духовной реальности и затем описать ее в своих книгах.

Проверь себя:

- Почему духовная реальность, постигаемая каббалистом, не менее реальна, чем материальный мир?

КОРНИ И ВЕТВИ

Знаете, сколько языков существует в мире? По данным специалистов[18], это – 7105 известных живых языков, включая 122 языка для глухих, а также языки примитивных племен. Все эти языки описывают лишь небольшую часть действительности – ту ее часть, которую мы воспринимаем в ограниченных рамках времени, движения и пространства в нашем мире – мире материальной действительности.

Духовный мир в отличие от материального находится вне времени, вне движения и даже вне пространства. Поэтому

---

18 Смотри сайт www.ethnologue.com. Время от времени раскрываются новые языки и данные изменяются.

нет в нашем мире языка, способного описать духовное. Попытки описать духовный мир с помощью обычного языка можно сравнить с попытками объяснить слепому, что такое красный цвет. Это невозможно, т.к. явление, о котором мы говорим, не воспринимается органами чувств слепого человека.

И все же существуют каббалистические книги, большинство из которых написано на иврите. Более того: часть терминов, используемых в науке каббала, как, например, зивуг (соитие) или нешика (поцелуй), кажутся настолько приземленными, что странно встречать их в книгах, говорящих о духовном. Невольно возникает вопрос: «Почему?».

Чтобы ответить на него, нам следует познакомиться с одним из основных законов науки каббала: законом «корня и ветви». В соответствии с этим законом все, существующее в нашем мире, является оттиском происходящего в мире духовном. Духовный мир называется в каббале миром корней, а наш мир – миром ветвей. В соответствии с законом корня и ветви, каждой ветви нашего мира соответствует один, нигде не повторяющийся корень, из которого эта ветвь развивается и приходит в этот мир (схема 1.8). Сказано: «Нет травинки внизу, у которой бы не было ангела, который бьет ее и заставляет расти» («Берешит Раба, 6, 10»).

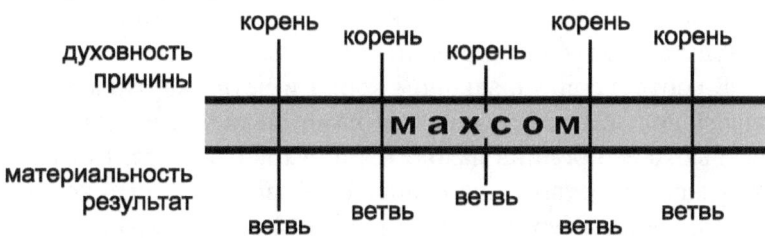

Схема 1.8.

Бааль Сулам говорит об этом так: «Низший мир является оттиском Высшего мира. И все формы, существующие в Высшем мире – как их количество, так и качество – полностью отпечатаны в низшем мире. Так что нет в низшем мире ни одной детали действительности или ее проявления, чтобы не нашлось ее оригинала в Высшем мире, на который она похожа, как две капли воды. И это называется «корнем и ветвью», что означает, что деталь, находящаяся в низшем мире, является ветвью, отображающей свой оригинал, находящийся в высшем мире и являющийся ее корнем, так как она, эта деталь, берет свое начало из Высшего мира и отпечатывается в низшем».[19]

Сложно? Приведем пример, который поможет нам понять, о чем идет речь. Некое изображение на экране компьютера. Представим себе, что это не просто изображение, а наша любимая теща или свекровь. Она одета в голубую рубашку в стиле Мао Цзэдуна, и в ее взгляде (по непонятной причине) – кипящее негодование. Является ли эта картинка реальной действительностью? К счастью, нет. Это всего лишь несколько кодовых строчек в глубине компьютера. Когда они приходят в действие, информация передается на экран, и мы видим картинку. Если нам вдруг захочется ради развлечения поменять, например, цвет рубашки – с голубого на светящийся оранжевый или для разнообразия сменить гнев на добродушную улыбку, то как это сделать? Нужно произвести изменения в коде, т.к. картинка на экране – это всего лишь результат, а кодовые строчки – причина.

В соответствии с законом корня и ветви картина действительности, воспринимаемая нами, является результатом, ветвью, а ее причина находится в духовном мире. Поскольку у каждой ветви нашего мира есть свой духовный корень, то каббалисты берут названия ветвей нашего мира для того, чтобы описывать духовные корни. Используя название ветви, они ясно понимают, о каком духовном корне идет речь.

---

19 Бааль Сулам, статья «Суть науки каббала».

Язык, созданный каббалистами в соответствии с законом корня и ветви, называется языком ветвей, и именно он является языком написания каббалистических книг. В следующей части урока мы подробнее поговорим об этом.

Проверь себя:

- В чем суть закона корня и ветви?

ЯЗЫК ВЕТВЕЙ

Биологи изобрели микроскоп для того, чтобы изучать бактерии. Астрономы построили телескопы, чтобы расширить диапазон своих наблюдений. Каббалисты же развили в себе особый орган чувств, который позволяет им ощущать духовную реальность.

Постижение духовного мира ставит перед каббалистами особо сложную задачу: передать друг другу свои постижения, несмотря на то, что невозможно объяснить их словами. Чтобы одолеть это препятствие, они разработали особый язык, основанный на законе корня и ветви. Он называется языком ветвей. Следующую часть урока мы посвятим первоначальному краткому знакомству с этим языком.

Когда мы изучаем какое-то явление в нашем мире, мы не видим его духовного корня, т.к. духовный мир скрыт от нас. Каббалист, напротив, поднявшись до ощущения духовного мира, совершенно ясно видит связь между двумя мирами: между духовным корнем и его материальной ветвью. Это знание позволяет каббалистам указывать на духовные корни, из которых спускаются ветви в материальный мир, и, используя названия ветвей, давать описания духовных корней.

Итак, каббалисты описывают духовный мир с помощью названий их ветвей в материальном мире. Книги каббалистов рассказывают только о духовной реальности, хотя для описания корней и явлений, происходящих в духовном, они используют слова материального мира.

Бааль Сулам в статье «Суть науки каббала» пишет: «Каббалистами был создан обширный словарный запас, совершенно достаточный для разговорного языка (что поражает воображение), который позволил им, общаясь друг с другом, говорить о духовных корнях высших миров, даже просто упоминая название низшей ветви, четко определяемой в ощущениях этого мира. И это позволяет собеседнику понять высший корень, так как эта материальная ветвь ясно указывает на него, поскольку она, по сути, является слепком этого корня».

Необходимость толкования слов, исходя из их духовного смысла, представляет немалую проблему, т.к. из повседневно используемого языка нам известно значение большинства слов, используемых в каббалистических книгах. Очень легко поддаться искушению и увидеть за ними понятия из нашего физического мира. Таким образом, одна из основных причин, которые приводят к ошибочному пониманию науки каббала, состоит в автоматическом стремлении читателя материализовывать ее, несмотря на то, что в ней нет ни одного слова, описывающего физическую реальность нашего мира.

Многие предубеждения, связанные с наукой каббала, происходят из неправильного понимания написанного. Так, например, подробные описания в Книге Зоар различных сочетаний линий ладони и лица привели к возникновению хиромантии. На самом деле «линии ладони и лица» в Книге Зоар являются не чем иным, как описанием духовных состояний и взаимосвязей в духовных корнях, и только так к ним нужно относиться. Любое другое толкование является нарушением запрета «Не делай себе кумира и никакого изображения».

На первых этапах обучения очень важно приобрести каббалистический словарь, который поможет запомнить правильное, духовное толкование каббалистических понятий и терминов.

Приведем несколько примеров терминов языка ветвей. Все они взяты из книги Бааль Сулама «Учение Десяти Сфирот», часть 1, «Вопросы и ответы о смысле слов»:

Свет: всё то, что получают в мирах. «Сущее из сущего» (еш ми еш). Свет включает в себя всё, кроме желания получать – материала, из которого состоят получающие сосуды (келим). Свет – также сила отдачи, творящая и наполняющая все души.

Темнота: 4-я стадия нисхождения желания получать, которое не получает внутрь высший свет по причине сокращения.

Время: причинно-следственная зависимость каких-либо этапов или свойств, исходящих один из другого. Сначала, раньше, до – это причина, а после – следствие. Так же и день как цикл тьмы и света, цикл изменения состояний луны – месяц и так далее.

Место: желание получать то, что в творении; это «место» для всего наслаждения изобилия и света в нем.

Голова (рош): та часть в творении, которая в наибольшей степени совпадает со свойствами корня.

Дух (руах): свет хасадим называется дух.

Проверь себя:

- Что мы должны строго соблюдать, читая каббалистические книги? И почему это тяжело выполнить?

Итоги урока. Краткие выводы

- Все каббалистические книги написаны в состоянии постижения духовного мира, в соответствии с законом: «Все то, что не постигнуто, нельзя назвать по имени и определить словами».
- Человек постигает действительность (духовную либо материальную) через желание получать. При этом он

- познает не суть самой действительности, а только ее воздействие на себя.
- В соответствии с законом корня и ветви, каждой ветви в нашем мире соответствует один-единственный духовный корень, из которого эта ветвь развивается.
- Язык ветвей описывает духовные корни с помощью названий их ветвей в нашем мире.
- Когда мы читаем в каббалистических текстах слова, знакомые нам по обычной жизни, нужно помнить, что говорится о духовных корнях, а не о нашем материальном мире.

Термины

Корень (ивр., *шореш*) – причина.
Ветвь (ивр., *анаф*) – результат.
Мир корней – духовный мир.
Мир ветвей – материальный мир.
Язык ветвей – язык, описывающий духовную действительность с помощью названий материальных ветвей.

Ответы на вопросы

- *Вопрос*: Почему духовная действительность, постигаемая каббалистом, не менее реальна, чем материальная?
- *Ответ*: Каббалист ощущает духовную действительность в своем исправленном желании получать точно так же, как и мы ощущаем материальный мир в нашем неисправленном желании получать.
- *Вопрос*: В чем суть закона корня и ветвей?
- *Ответ*: В соответствии с законом корня и ветвей, каждой ветви в нашем мире соответствует один-единственный духовный корень, из которого эта ветвь развивается.

- *Вопрос*: Что мы должны строго соблюдать, читая каббалистические книги, и почему это тяжело выполнить?
- *Ответ*: Мы должны строго соблюдать правильное толкование слов на уровне их духовного понимания. Нам тяжело это соблюсти потому, что большая часть слов из каббалистических книг нам знакома из обыденного языка и очень легко запутаться, истолковывая их смысл в материальном понимании.

УРОК 2.
СВЕТ, ВОЗВРАЩАЮЩИЙ К ИСТОЧНИКУ

Темы урока:
- как правильно изучать науку каббала;
- свет, возвращающий к источнику;
- четыре святых языка.

НИЗШИЙ УЧИТСЯ У ВЫСШЕГО

Хорошо, что в нашем хаотичном мире есть несколько ясных и неизменных истин, помогающих человеку удержаться в этой головокружительной житейской карусели. Солнце, например, всегда встает на востоке; твоя/твой жена/муж всегда права/прав; если что-то должно пойти не так, то так и будет. Так же и человек, начинающий изучать науку каббала, сначала приходит в замешательство от множества незнакомых ему понятий и непривычных мыслей. Но он надеется, что постепенно, через некоторое время, усердно занимаясь, он начнет усваивать новые знания и поймет, о чем идет речь. Однако все не так просто...

Как бы странно это ни звучало, но науку каббала учат не умом, а с помощью желания, т.е. каббала изучается не так, как другие науки. Она не требует накопления информации и построения общей понятной картины из фрагментов приобретенных знаний. Чтобы достичь понимания в изучении каббалы, ты должен желать – желать измениться, чтобы исправиться. Духовность можно постигнуть только исправленным желанием, получившим намерение ради отдачи. Учить науку каббала – это не значит изучать теорию. Условие к ее пониманию – жить ею, то есть на практике ощущать духовную реальность.

Понять, что такое духовность, можно только ощутив ее. Мы говорили об этом на прошлом уроке.

Чтобы понять, о чем пишется в каббалистических книгах, прежде всего необходимо подняться на тот духовный уровень, о котором повествует книга. Только постигнув духовный корень, мы сможем понять язык ветвей. До тех пор, пока мы будем оставаться на уровне нашего мира, каббалистические книги останутся для нас тайной за семью печатями. Мы не поймем, о чем они говорят.

От нас скрыт не только смысл книги. До тех пор, пока мы находимся только на уровне нашего мира, духовная реальность скрыта от нас. Возьмите ручку или карандаш и напишите большими буквами следующее предложение: «НА УРОВНЕ НАШЕГО МИРА НЕВОЗМОЖНО ПОНЯТЬ, ЧТО ТАКОЕ ДУХОВНОСТЬ». Это самый главный принцип в изучении науки каббала, т.к. он четко определяет, что в наших силах сделать для достижения духовности, а что для нас невозможно. Чтобы достигнуть духовности, нужно следовать советам каббалистов, поднявшихся в духовные миры. Нет других способов. На уровне нашего мира нет никакой возможности понять, вообразить и даже угадать путь к постижению духовности.

Более того: чтобы понять процессы, происходящие в нашем мире, мы также должны подняться над ним, в мир причин. Ведь только находясь в постижении духовного, можно понять причину событий в этом мире. Как писал Бааль Сулам, «низший учится у высшего». «Сначала надо постичь высшие корни, количество которых в духовном – выше всякого воображения, и постичь на самом деле. И только после того, как сам постиг высшие корни, он может, глядя на ветви, ощущаемые в нашем мире, полностью понять все количество и качество соотношений между каждой ветвью и ее корнем в высшем мире».[20]

Такие же ограничения для понимания действуют и в нашем мире. Например, мы можем исследовать и понять

---

20 Бааль Сулам, статья «Суть науки каббала».

уровни развития ниже нашего – неживой, растительный и животный. В определенной степени нам понятна и физиология тела человека как животного организма. Но когда речь заходит о внутренней организации человечества, возникает множество вопросов. Совершенно не ясно, по каким законам, если они вообще существуют, строятся связи между нами, да и психологическое устройство человека не очень нам понятно.

Большая часть знаний скрыта от нас. Почему? Потому что исследовать нашу суть и понять ее с уровня, на котором мы находимся, невозможно. Чтобы осознать, кто мы на самом деле, мы должны посмотреть на себя со стороны. Другими словами, чтобы понять себя, необходимо подняться на ступень выше нашего существования – в духовный мир.

Проверь себя:
- Каково главное условие для понимания науки каббала?

ЧУДЕСНАЯ СКРЫТАЯ СИЛА

Как внезапный дождь при безоблачном небе, как слон в центре Манхеттена, – так же неожиданно в ходе разговора возникает естественный вопрос о языке ветвей. Вопрос простой и логичный: если мы не понимаем, что написано в каббалистических книгах, то какой смысл учиться по ним?

Это действительно очень важный вопрос, и не удивительно, что он так беспокоит нас. Ведь в ответе на него кроется ключ к входу в духовный мир, только через него лежит путь к изменению системы работы с желанием получать. Этот секрет, разделяющий нас и духовность, – та самая тайна, тот самый секрет, который каббалисты пронесли через тысячи лет.

Звучит интересно? Позвольте нам еще подержать вас в напряжении. Мы раскроем ответ несколько позже. А пока, чтобы еще больше заострить вопрос, вкратце подведем итоги предыдущей главы. Мы изучали, что духовность невозможно описать, пользуясь обычным языком. Поэтому каббалисты пишут свои книги на языке ветвей. Каждая материальная ветвь спускается в наш мир от своего, принадлежащего только ей, духовного корня. Это дает возможность каббалистам использовать имена ветвей нашего мира для описания духовных корней. И это они делают посредством языка ветвей. Отсюда становится понятно, что основным условием понимания языка ветвей является постижение духовного корня каждой ветви нашего мира.

Иначе говоря, чтобы понимать язык ветвей, нужно находиться в духовном постижении. В статье «Суть науки каббала» Бааль Сулам пишет, что язык ветвей нужно учить у каббалиста, но и «услышан этот язык может быть лишь тем, кто сам умен, то есть кто знает и понимает соотношения корней и ветвей». Тем, кто постиг духовное.

Каббалисты писали свои книги для людей, находящихся в духовном постижении. Так они передавали друг другу знания о духовном мире. Каббалист, читая написанное другим каббалистом, мог воспроизвести прочитанное в себе и точно почувствовать, что имел в виду его товарищ, так же как музыкант воспроизводит по нотам звуки музыки, написанной сотни лет назад, или как в математике мы объясняемся языком формул и цифр.

Здесь снова возникает вопрос, с которого мы начали: какой смысл человеку, не находящемуся в духовном постижении, читать каббалистические книги? Бааль Сулам сам отвечает на этот вопрос в статье «Предисловие к ТЭС»: «Кроется в этом великая и достойная оглашения вещь, поскольку существует неоценимо чудесное свойство для занимающихся наукой каббала, и хотя не понимают того, что учат, но благодаря сильному желанию и стремлению понять изучаемый материал пробуждают на себя свет, окружающий их души… который намного приближает человека к достижению совершенства».[21]

Проще говоря, в каббалистических книгах заключена особая духовная сила. Во время их чтения, желая понять написанное, мы пробуждаем заключенную в них духовную силу, которая своим воздействием на нас приближает нас к духовности, к совершенному состоянию.

Как это работает? Согласно науке каббала, изначально мы уже находимся в совершенном состоянии, абсолютно наполнены всем добром и наслаждением. Наша цель – лишь раскрыть это. Поскольку мы еще не ощущаем наше совершенное состояние, то свет не проходит внутрь, а светит снаружи. Свет, светящий нам снаружи, в науке каббала называется «Ор Макиф» – окружающий свет. И, как пишет Бааль Сулам, если мы возбуждаем на себя окружающие света, то они приближают нас к совершенству.

Как же пробуждают окружающий свет? Бааль Сулам объясняет, что мы возбуждаем эти света нашим желанием понять написанное, однако это понимание отличается от принятого в нашем мире термина. Понимание, о котором говорится в каббале – это духовное постижение. Оно происходит в результате изменений в наших собственных желаниях, что возможно только при сильном искреннем стремлении измениться. И, в конце концов, мы приходим к ощущению духовности, к пониманию, духовному постижению. Только так можно понять написанное в каббалистических книгах – исключительно из постижения чувствами духовного мира. Поэтому, читая эти книги, мы должны стремиться прийти к ощущению духовности. Это единственный способ возбудить окружающие света.

В каббале исправляющий свет называется Тора, от слова *Ора* – свет, свечение, инструкция. Учить Тору, согласно науке

---

[21] Бааль Сулам «Предисловие к ТЭС», пункт 155.

каббала – это значит учиться с намерением притянуть свет, возвращающий к источнику. Он приведет нас к ощущению духовного.

Следующий абзац посвящен тем, кому объяснение об окружающих светах и вообще о свете кажется легкомысленным, мистическим и совершенно не научным.

Наука каббала утверждает, что в основе мироздания стоят две силы: сила отдачи и сила получения – свет (*ор*) и сосуд (*кли*). Свет – желание отдачи, кли – желание получения. Отношения между ними просты: как только кли захочет получить то, что свет желает ему дать, то тут же свет воздействует на кли. Это закон природы. Поэтому, если мы читаем каббалистические книги с намерением перейти от получения к отдаче, достичь духовного постижения и наслаждения, которые свет желает внести в нас, то мы, безусловно, вызываем ответную реакцию со стороны света. Это приближает нас к духовному.

Отсюда мы можем понять смысл слова «сгула» – скрытое чудесное свойство, по выражению Бааль Сулама. Наука каббала утверждает, что все частицы творения связаны между собой жесткими законами согласно изначальному плану, поэтому нет здесь места мистике и чудесам. Но сегодня большая часть этих взаимосвязей нами ещё не раскрыта. Поэтому мы не всегда можем понять причинно-следственные закономерности событий и объяснить их. Результат действия скрытых от нас сил и их взаимосвязей мы называем сгула.

Представьте себе человека из дикого племени, который впервые оказался перед автоматически раздвигающимися дверьми супермаркета. Он тут же упадет на колени перед раскрывшейся ему сверхъестественной силой. С его точки зрения, это – необъяснимое чудо: ведь он не понимает, как это работает. Вот так и мы не понимаем связи между чтением книг и воздействием света на нас.

Это нормально. Никто не требует от нас понимания. Напротив: попытки рационально объяснить воздействие на человека окружающих светов отдаляют от цели. В завершение этой части важно повторить и подчеркнуть принцип, который Бааль Сулам вновь и вновь объясняет во многих своих трудах: науку каббала не изучают для накопления знаний, дискуссий и умственного развития. Науку каббала изучают исходя из желания – желания исправиться. Главное в каббале – желание. Запомните это.

Духовность достигается только желанием быть в духовном. Правильное желание притягивает к себе свет, возвращающий к источнику, который воздействует на желание и изменяет его. И каждый раз, когда желание изменяется, даже немного, оно еще больше нацеливается на духовность, мы приближаемся к ее пониманию. Это называется «сердце понимает».

Проверь себя:
- Что такое окружающие света, каким образом они могут приблизить нас к духовному?

ЧЕТЫРЕ ЯЗЫКА

Раньше было намного лучше, раньше можно было жить. Сегодня даже удовольствие от воспоминаний о прошлом отнято у нас. Цунами избыточной информации и сиюминутные раздражители смывают остатки воспоминаний о героях нашего детства. Но одно из них не забыто мной – это моя соседка Мария Александровна.

Она твердо настаивала на своих убеждениях. Ничто не могло сдвинуть ее с места, в частности, если речь шла о толковании библейских текстов. У нее было жизненное кредо. Ощущая недостоверность циркового представления, называемого жизнью, она не переставала заботиться о сохранении простоты восприятия и постоянства: «Что это значит, что ты не понимаешь, как кит смог проглотить человека, а тот через три дня и три ночи вышел из него невредимый?». Она вскипала каждый раз: «Это было так, как ты слышишь».

Ну, конечно, все не так просто, и мы всегда это знали. Но что действительно имеется в виду и как правильно понимать библейские истории? Вот что написано в Книге Зоар о Торе: «Горе тому человеку, который говорит, что Тора дана для того, чтобы просто рассказывать истории о событиях житейских... Если Тора призвана рассказать о происходящем в нашем мире, то взять даже правящих в мире, – случаются между ними вещи более примечательные... Если так, давайте проследим за ними и сделаем из них Тору сообразно этой. Но все события в Торе – это высшие тайны».[22]

Более того, все святые книги еврейского народа, а не только Тора – это высшие тайны. Танах, Книги праведников, Мишна, Талмуд, Агада (Сказания) и, конечно, каббалистические книги – все это написано каббалистами, имеет глубокий внутренний смысл и описывает духовную реальность. По этой причине внутренняя сила, заключенная в этих книгах, скрыта от нас, как скрыта сама духовная реальность.

Для описания духовной реальности каббалисты пользуются четырьмя «языками».

- Язык Торы – описывает Высший мир в виде исторического рассказа.
- Язык Алахи – использован при написании Мишны, Талмуда и Гмары и описывает Высший мир в законах.
- Язык Агады – очень аллегоричный, глубокий и трудный для понимания – описывает Высший мир в виде сказаний.

Язык каббалы – очень точный и рациональный, язык духовной инженерии.

Все эти языки (кроме языка Агады) используют язык ветвей, и в каждом из них есть преимущества и недостатки.

---

22   Книга Зоар с комментарием «Сулам». В вознесении своем, пункт 58.

Один представляет общую картину духовной действительности, другой более подробно описывает детали. Есть язык более понятный, есть – менее доступный для понимания.

Приведем несколько примеров внутреннего смысла, скрытого в разных языках.

ЯЗЫК ТОРЫ

«Вначале создал Творец небо и землю» (Берешит, 1-1).

Наука каббала учит, что Творец создал мироздание, состоящее из двух сил: желания отдавать и желания получать (эго). В повествовании о сотворении мира они называются «небо и земля». Чтобы достигнуть замысла создания, творение должно использовать обе силы, а не одну из них. Если бы у нас было только желание отдавать, т.е. «небо», мы были бы как ангелы, существующие в отдаче, без права выбора. А если бы было одно желание получать, т.е. «земля», то мы хотели бы только получать, как младенцы. Наука каббала на разных языках объясняет нам, как правильно пользоваться этими двумя силами.

ЯЗЫК АЛАХИ

«Два человека спорят о талите (молитвенном покрывале)… Один говорит, что он хозяин талита, другой говорит, что половина талита должна достаться ему… Один претендует на три части, а другой на четверть» (Талмуд, Бава Меция, 2-71).

Каббалисты, написавшие Гмару, дали подробную инструкцию, как пользоваться желанием получать и отдавать. На этом языке отраженный свет, или свет отдачи, называется талит. Когда человек начинает свой духовный путь, им овладевают и правят две силы – желание получать и желание отдавать. Сейчас он хочет объединиться с ближним и отдавать, но в другой момент в нем возникает желание использовать ближнего для своего наслаждения. Продвигаясь в духовном, мы учимся управлять этими двумя силами и в каждой ситуации правильно соотносить их.

ЯЗЫК АГАДЫ

«И толкались сыновья в утробе ее... Когда проходила Ривка около врат Учения, Яаков шевелился и норовил выйти, когда проходила мимо врат языческих (храмов), Эсав хотел выйти». (Комментарий Раши, Берешит, 25-22).

Каббалисты выбирают язык Агады (сказаний), чтобы в эмоциональном ключе объяснить нам духовные состояния, которые трудно описать другим языком. Яаков в этой истории – это положительная сила, помогающая творению подняться на уровень Творца и быть любящим, как Он. Эсав – сила, препятствующая творению достичь этой цели. В рассказе объясняется, как установить правильное соотношение между этими силами, т.е. какая из них в какой ситуации будет воздействовать на человека. Все зависит от сообщества людей, которое ты выбираешь. Есть окружение, которое помогает продвигаться к духовному и превратит тебя в человека, который любит ближнего. Но есть среда, отдаляющая от духовности. Она заставит тебя почувствовать, что весь мир в долгу перед тобой.

ЯЗЫК КАББАЛЫ

«Взаимодействие свойств малхут и бины… что характеризовалось появлением нового окончания на высший свет в месте нахождения бины».[23]

---

23 Бааль Сулам, «Введение в науку каббала», пункт 59.

Как и в других цитатах, здесь говорится о двух действующих в творении силах: желании получать и желании отдавать. «Малхут» на каббалистическом языке – это желание получать, «Бина» – желание отдавать.

Чтение каждой святой книги с желанием постичь духовность пробуждает воздействие окружающих светов. Однако изучать науку каббала рекомендуется на языке каббалы. Почему? Потому что другие языки создают наибольшую опасность материализовывать описанное. Чтение Танаха или Шульхан Арух, например, может ввести в заблуждение, заставив человека думать, что говорится о традициях или историях, происходивших в нашем мире. Напротив, язык каббалы описывает духовную действительность на языке сфирот, и это помогает нам удержать намерение во время учебы и пробуждать воздействие окружающих светов.

Проверь себя:

- О чем написано в святых книгах? Какие из них наиболее подходят для изучения науки каббала?

Итоги урока. Краткие выводы

- Наука каббала – это не изучение теории. Условие ее понимания – жить ею, ощущать духовную действительность.
- Низший учится у высшего. Невозможно понять духовное, находясь на уровне материального мира.
- В каббалистических книгах скрыта особая духовная сила, называемая свет, возвращающий к источнику, сила которого приближает к духовному.
- Условия притяжения света, возвращающего к источнику – чтение книг с желанием постичь духовное состояние.

- Все святые книги описывают духовную реальность.
- Каббалистические книги наиболее подходят для изучения науки каббала.

Термины

Высший – следующая ступень.

Низший – ступень, на которой ты находишься в данный момент.

Окружающий свет (ивр., *ор макиф*) – свет, светящий вне нас, пока мы не находимся в исправленном состоянии.

Свет, возвращающий к источнику – сила, исправляющая эгоистическую природу и поднимающая ее к свойству отдачи.

Тора – исправляющий свет. Тора – ивр., «*ора*» – свет, свечение, инструкция.

Ответы на вопросы

- *Вопрос*: Каково главное условие для понимания науки каббала?
- *Ответ*: Условием для понимания науки каббала является постижение духовности. Наука каббала – не теоретическое учение. Ее можно понять только при условии, что живешь ею, реально чувствуешь духовную действительность.
- *Вопрос*: Что такое окружающий свет, каким образом он может приблизить нас к духовному?
- *Ответ*: Окружающий свет – это свет, светящий снаружи на нас, пока мы проходим этапы исправления. В нем есть чудесное свойство, приближающее нас к духовному при условии, что мы читаем каббалистические книги с желанием ощутить духовную реальность.
- *Вопрос*: О чем написано в святых книгах? Какие из них наиболее подходят для изучения науки каббала?

- *Ответ*: В скрытом внутреннем смысле святых книг каббалисты описывают духовную реальность. Каббалистические книги наиболее подходят для изучения науки каббала. При их чтении уменьшается опасность проводить параллели с материальным миром.

УРОК 3.
КАББАЛИСТИЧЕСКИЕ ИСТОЧНИКИ

Темы урока:
- труды Бааль Сулама (Йехуды Ашлага);
- труды РАБАШа (Баруха Шалома Ашлага).

ОТКРОЙТЕ ЭТИ КНИГИ!

Время жесткой экономии, начало 50-х годов XX века в Израиле. В центре большой комнаты, в ветхом, готовом рухнуть здании стоит старый печатный станок. Человек лет шестидесяти склоняется над ним и вручную набирает текст. Воздух в комнате пропитан тяжелым и горьким запахом свинца. Этот человек – Йехуда Ашлаг. Он недавно закончил писать одно из главных сочинений своей жизни, которое позднее станет известно как один из самых важных источников в науке каббала – «Комментарий "Сулам" к Книге Зоар». Сейчас Йехуда Ашлаг готовит к печати эту книгу, в честь которой ему дадут почетное имя Бааль Сулам (в переводе с иврит. «Владелец лестницы» к Книге Зоар).

Придавая огромное значение публикации «Комментария» и не имея возможности платить наборщику, долгими часами Йехуда Ашлаг сидит перед наборным станком, сам набирая текст своей книги. Так трудится он день за днем в течение долгих месяцев. Многие часы, проведенные в печатном цехе, скажутся впоследствии на здоровье Йехуды Ашлага.

Огромное значение придавал Бааль Сулам изданию своих книг. Если бы мы могли понять ту великую значимость книг по каббале в целом и трудов Ашлага в частности, то, возможно, тогда бы осознали, почему Бааль Сулам считал чрезвычайно важным выпускать свои книги в свет.

Книги по каббале – это единственная связь между нашим миром и миром духовным, поэтому они – самые важные средства для постижения смысла нашей жизни. С помощью этих книг каббалисты связывают духовную систему, которую они постигли, с обычным человеком, живущим в нашем мире, которому пока еще недостает знаний и ощущений для духовного постижения.

Не только Бааль Сулам ощущал насущную потребность в публикации своих трудов. На протяжении всей истории многие каббалисты оставляли после себя книги, такие как «Книга создания», написанная Авраамом; Книга Зоар, написанная РАШБИ; «Древо Жизни» АРИ; «Путь Творца» РАМХАЛя. Ближайший урок мы посвятим разговору о книгах по каббале в общем и о книгах, предназначенных для обучения в нашем поколении в частности.

Одной из особенностей каббалистических книг является уникальность и даже иногда таинственность процесса их написания и дальнейшей судьбы. Так, немало книг, написанных каббалистами, внезапно исчезали и только спустя долгое время появлялись снова. Некоторые из только что написанных книг частично или полностью сжигались автором сразу после написания.

Многие каббалисты писали свои книги не сами, а их ученики записывали то, что слышали от своего учителя. Яркий пример тому – Книга Зоар, записал которую раби Аба, ученик рабби Шимона Бар-Йохая. Эта книга была скрыта после написания и обнаружена спустя сотни лет при обстоятельствах, неясных до сегодняшнего дня. Еще один пример – труды АРИ, записанные его учеником Хаимом Виталем, который, чтобы сберечь их, завещал захоронить вместе с ним. Но могила была вскрыта, и рукописи извлечены из тайника.

Причина такого странного явления заключается в необходимости раскрыть мудрость каббалы, одновременно скрывая ее. До тех пор, пока человечество не было готово к изучению каббалы, она раскрывалась лишь избранным, которые могли адаптировать ее к запросам своего поколения. Но одновременно каббалисты были обязаны скрывать ее от людей, еще не готовых к постижению.

Каббалисты придерживались правила: «открытие пяди, сокрытие двух», а именно: они раскрывали науку каббала на необходимом уровне и в то же время заботились о ее сокрытии – начиная от формы изложения материала в написанных ими книгах и заканчивая действиями, чтобы скрыть их: прятали или сжигали.

Как уже сказано, за всю историю человечества каббалисты написали множество книг. В статье «Наука каббала и ее суть» Бааль Сулам объясняет, почему это было необходимо: «Наука истины… должна передаваться из поколения в поколение. Каждое поколение добавляет звено к предыдущим, и так она развивается. Вместе с тем она становится все более пригодной для широкого распространения».

Мы немного говорили об этом в первой части и сейчас напомним, что наука каббала раскрывается параллельно развитию желания получать. Каббалисты пишут свои книги, чтобы приспособить науку каббала к новому уровню желания, которое раскрывается в их поколении.

Из этого понятно, почему именно труды Бааль Сулама более всего подходят для изучения науки каббала в нашем поколении. Бааль Сулам написал свои книги для того желания получать, которое созрело и раскрылось на последней стадии развития желания – в конце XX века. В наши дни каждый человек не только имеет право, но и обязан изучать науку каббала. Поэтому отличительной чертой всех произведений Бааль Сулама является то, что они содержат упорядоченную, ясную и подходящую для каждого человека методику обучения науке каббала.

Проверь себя:

- Почему каббалистам так важно писать и издавать книги по каббале?

ТРУДЫ БААЛЬ СУЛАМА

Революционная точка зрения науки каббала на мироздание, отличающаяся от остальных учений, не однажды приводила к гонениям на каббалистов или по крайней мере к откровенному пренебрежению ими в общинах, где они жили и работали. Как и все предыдущие каббалисты, Бааль Сулам тоже не был избалован отношением общества к его учению и книгам. Когда в 1954 году он умер, мало кто знал о его книгах и еще меньше было тех, кто продолжил изучать их.

В предисловии к книге «Последнее поколение» профессор Элиэзер Швейд (лауреат Государственной премии Израиля в области истории еврейской мысли) с большим волнением описывает обстоятельства, приведшие к непопулярности Бааль Сулама при его жизни:

«Не трудность понять глубину его мыслей и не тяжеловесность слога привели к этому. Напротив, Йехуда Ашлаг обладал редким даром расшифровывать тайны. Его речь ясна и понятна настолько, что каждый читатель правильно понимает написанное.

Йехуда Ашлаг прилагал усилия быть известным многим, чтобы принести освобождение миру. Однако он говорил от себя самого и обращался непосредственно к каждому из своего народа, минуя партии и посредников.

Принадлежа к определенной еврейской общине, он не стал ни ее представителем, ни представителем какого-либо государственного учреждения, а также ни одна организация не стояла за ним.

Это была цена, которую заплатил Йехуда Ашлаг за честность, открытость, свободу мыслей и мужество. Благодаря этому его труды не оказались заложником близорукой государственной идеологии тех времен, они остаются столь же актуальными и убедительными сегодня, как и тогда, и, возможно, даже более, поскольку многое из того, что он предвидел, сбылось в наше время, а его объяснения не устарели и служат надежным инструментом для того, чтобы справиться с вызовами, которые будущее бросает всему человечеству».

И действительно, начиная с 1995 года, как и предвидел Бааль Сулам, интерес к его трудам и учению начал расширяться и усиливаться. Глобальный мир, который раскрывается перед нашими глазами, и новые проблемы, стоящие перед ним, еще больше подчеркивают актуальность и важность книг Бааль Сулама. Они являются единственным путем решения всех проблем, как личных, так и общечеловеческих.

Бааль Сулам много писал. На протяжении его жизни и после смерти были опубликованы десятки написанных им статей. Он писал также комментарии к трудам других каббалистов и даже издавал каббалистическую газету «А Ума» («Народ»). Два его произведения – плоды долгих лет работы, каждое из которых состоит из более чем тысячи страниц: это «Комментарий Сулам (Пируш Асулам) к Книге Зоар» и «Учение Десяти Сфирот» (Талмуд Эсер Асфирот, сокращенно «ТЭС»), являющийся комментарием к трудам АРИ.

Огромные усилия вложил Бааль Сулам в написание комментария к Книге Зоар. Его ученики рассказывают, что каждый день долгими часами он сидел и писал, пока не засыпал с ручкой в руке, и трудно было вынуть ее из его сцепленных пальцев.

Значение, которое придавал Бааль Сулам изданию «Комментария Сулам к Книге Зоар», исходило в первую очередь от важности самой Книги Зоар. Особая духовная сила заложена в Книгу Зоар, и нет ей равных ни в одном из каббалистических источников. Это вызвано тем, что Книга Зоар предназначена для исправления желания получать на последней и самой ответственной стадии развития этого желания, которое окончательно сформировалось в наши дни. Вот почему столько сил Бааль Сулам вкладывал в написание «Комментария Сулам к Книге Зоар».

Большая часть Книги Зоар написана на арамейском языке и полна житейских историй. Поэтому очень легко неверно истолковать ее и сбить с толку других, что и случалось неоднократно в истории. Чтобы убрать это препятствие, Бааль Сулам составил комментарий к Книге Зоар на иврите, и все примеры и притчи он объяснил в соответствии с языком сфирот так, чтобы нельзя было ошибиться в их понимании.

Но работа Бааль Сулама не закончилась написанием «Комментария Сулам». Находясь на той же духовной ступени, с которой написана Книга Зоар, Бааль Сулам упорядочил свой комментарий так, чтобы влияние Книги Зоар на наши души было максимально эффективно.

Как уже было сказано, еще одним значительным произведением Бааль Сулама, кроме «Комментария к Книге Зоар», стало «Учение Десяти Сфирот» – комментарий к трудам АРИ. Так же, как Комментарий Сулам, «Учение Десяти Сфирот» – это широкая и всесторонняя работа, насчитывающая тысячи страниц. Книга в мельчайших деталях описывает строение духовных миров и их развитие от замысла творения до нашего мира. Как в «Комментарии Сулам», так и в «Учении Десяти Сфирот» Бааль Сулам скрупулезно стремился толковать источники так, чтобы не возникла опасность материализовать описанное в них.

Книга «Учение Десяти Сфирот» написана как учебник. Она состоит из 16 частей, разделенных на главы и параграфы. В конце каждой части есть особая глава, обобщающая весь изученный материал, а также словарь терминов, вопросы по пройденному материалу и ответы на них. Построение «Учения десяти сфирот» в форме учебника указывает на научный подход Бааль Сулама к изучению каббалы.

Кроме «Комментария Сулам» и «Учения десяти сфирот», Бааль Сулам написал еще десятки статей. Важнейшие из них – это статьи, собранные в книгу «Дарование Торы», четыре предисловия к «Комментарию Сулам к Книге Зоар», «Введение в науку каббала», «Введение в Книгу Зоар», «Предисловие к Книге Зоар», «Введение в комментарий Сулам». В статье «Дарование Торы» и других опубликованных работах

Часть 2. Язык каббалы

он объясняет духовный путь человека от начала и до конца. В своих сочинениях Бааль Сулам описывает ясную, действенную, доступную каждому методику духовного постижения.

Проверь себя:

- Каковы три главные характеристики «Комментария Сулам к Книге Зоар»?
- О чем идет речь в «Учении десяти сфирот»?

ПОСЛЕДНИЙ ИЗ МОГИКАН

Барух Шалом Ашлаг (РАБАШ) (1907 – 1991 гг.), сын и последователь Йехуды Ашлага (Бааль Сулама), был скрытым каббалистом в полном смысле этого слова. Несмотря на его огромную духовную высоту, он был очень скромным человеком, ненавидевшим публичность и все свое время проводившим в чтении и написании книг. Вместе с тем трудно переоценить значение трудов этого большого каббалиста для нас и поколений людей, следующих за нами.

В определенном смысле Барух Ашлаг был «последним из могикан». Он был последним звеном в величественном ряду великих каббалистов, которая началась с первого каббалиста Авраама и продолжалась до Йехуды Ашлага. Роль РАБАШа среди них была, возможно, самой значительной для наших дней – соединить величайших каббалистов с человеком в нашем мире и приспособить методику каббалы к душам, проявляющимся в нашем поколении.

Хотя сам РАБАШ находился на вершине духовной лестницы, он ни на секунду не отрывался от земной рутины, и все его труды обращены к простому человеку, стремящемуся постичь нечто более высокое, чем то, что может предложить этот мир. С высоты своего духовного постижения Барух Ашлаг понимал, что в конце XX века в человеке проявится потребность понять, в чем заключается смысл жизни. В соответствии с этим он сумел придать науке каббала простую и удобную для постижения форму.

В 1983 году произошел перелом в жизни РАБАШа. До этого времени у него было небольшое число учеников, которые находились с ним долгие годы. И вдруг из разных концов Израиля в его группу пришли 40 новых учеников, молодых и светских, стремившихся раскрыть тайну жизни. Они пришли из разных слоев израильского общества и очень отличались от прежних учеников РАБАШа.

В процессе уникальной работы с новыми учениками РАБАШ развил духовную методику, наиболее подходящую для нашего поколения. Каждую неделю он писал для них статью, в которой простым языком и в мельчайших деталях ступень за ступенью описывал внутреннюю работу человека на его пути к духовному. Статьи, написанные РАБАШем, являются основой изучения науки каббала нашим поколением. В последнее время все эти работы собраны в серии книг «Труды РАБАШа».

Проверь себя:

- Какова роль РАБАШа в цепочке великих каббалистов?

Итоги урока. Краткие выводы

- Книги каббалы – это единственная связующая нить между нашим и духовным мирами.
- Большое число книг по каббале было написано и немедленно скрыто, так как желание получать не было еще развито в степени, достаточной для раскрытия науки каббала.
- Труды Бааль Сулама более всего подходят нашему поколению, так как он писал их для желания получать, которое раскрывается в нашем поколении.

Часть 2. Язык каббалы

- Два наиболее важных сочинения Бааль Сулама – это «Комментарий Сулам к Книге Зоар» и «Учение Десяти Сфирот».
- Сочинения Баруха Ашлага – РАБАШа (сына Бааль Сулама) являются звеном, соединяющим нас с цепочкой великих каббалистов, которая начинается с Авраама и заканчивается Бааль Суламом.

Термины

Открытие пяди, сокрытие двух – раскрытие науки каббала на желаемом уровне и соответственное тому сокрытие ее на желаемом уровне.

Комментарий Сулам к Книге Зоар (*Пируш Асулам ле Сефер Азоар*) – комментарий Бааль Сулама к Книге Зоар, которую написал рабби Шимон Бар-Йохай.

Учение Десяти Сфирот (*Талмуд Эсер Асфирот*) – комментарий Бааль Сулама к сочинениям АРИ.

Ответы на вопросы

- *Вопрос*: Почему каббалистам так важно писать и издавать книги по каббале?
- *Ответ*: Книги по каббале – это единственная связь между материальным и духовным мирами. С помощью этих сочинений каббалисты связывают духовную систему, которую они постигают, с обычным человеком, живущим в этом мире.
- *Вопрос*: Каковы три главные характеристики «Комментария Сулам к Книге Зоар»?
- *Ответ*: а) перевод с арамейского языка на иврит; б) объяснение внутреннего смысла житейских примеров так, чтобы нельзя было связать их с физическим миром; в) «Комментарий Сулам» выстроен так, чтобы

максимально усилить влияние Книги Зоар на наши души.
- *Вопрос*: О чем идет речь в «Учении десяти сфирот»?
- *Ответ*: Он выясняет строение духовных миров.
- *Вопрос*: Какова роль РАБАШа в цепочке великих каббалистов?
- *Ответ*: Осуществить соединение между великими каббалистами и простым человеком в нашем мире и приспособить методику каббалы к душам, раскрывающимся в нашем поколении.

Логический порядок. Последовательность изучения курса

- Наука каббала – это методика раскрытия Творца творениям в нашем мире.
- Чтобы раскрыть Творца, мы должны изменить намерение с получения на отдачу.
- В каббалистических книгах содержится особая духовная сила, которая называется «свет, возвращающий к источнику». Он способен изменить наше намерение с получения на отдачу.
- В следующей части поговорим более подробно об условиях изучения каббалистических книг.

РАЗДЕЛ II
СВОБОДА ВЫБОРА

ПРЕДИСЛОВИЕ К РАЗДЕЛУ «СВОБОДА ВЫБОРА»

Свобода выбора – одна из самых важных тем в изучении науки каббала. Она играет важную роль в жизни каждого человека. Во время изучения этой темы выясним, есть ли у нас свобода выбора, и если да, то что лежит в основе нашей свободы выбора.

Учебный курс разделен на 3 части:

- Получение и отдача – связь между человеком и его окружением как условие проявления Творца.
- Свободный выбор – влияние окружения на человека и выбор окружения.
- Миры и души – духовные корни связи человека с его окружением.

Цели курса:

- Познакомить учащихся с начальными знаниями о свободе выбора.
- Показать, насколько велика важность окружения для духовного развития.
- Дать начальное объяснение системы исправления в соответствии с наукой каббала.
- Продолжить изучение основных терминов науки каббала.
- Повторить основные понятия, пройденные в первом разделе.

Во время учебы мы выясним, что такое провидение, Тора и заповеди, природа, отдача, получение, любовь, любовь Творца, ангел смерти, душа Адам, миры и разбиение.

ЧАСТЬ 1
ПОЛУЧЕНИЕ И ОТДАЧА

Содержание:
- УРОК 1. ДОБРО, ЗЛО И ТВОРЕНИЕ
  - Чем каббала отличается от других наук?
  - Добро, зло и творение
  - Законы нарушать нельзя
  - Какая связь?

- УРОК 2. ОТ ЛЮБВИ К ЛЮДЯМ ДО ЛЮБВИ К ТВОРЦУ
  - Ложная картина
  - Путь к правде
  - «Ну-ну-ну!»

УРОК 1.
ДОБРО, ЗЛО И ТВОРЕНИЕ

Темы урока:
- каббала – это наука;
- добро, зло и творение;
- закон получения и закон отдачи;
- глобализация и необходимость отдачи.

ЧЕМ КАББАЛА ОТЛИЧАЕТСЯ ОТ ДРУГИХ НАУК?

Наука каббала предоставляет возможность познакомиться с новой непривычной точкой зрения на устройство мира. Всякий раз каббала поворачивается к тебе неожиданной стороной, чему ты не перестаешь удивляться. Каждая тема дает новое направление мысли. Это немного напоминает состояние зрителя при просмотре фильмов Хичкока: разные повороты сюжета – и чувства каждый раз меняются, страх и беспокойство оборачиваются радостью и спокойствием.

Возьмите, например, вопрос «каббала и наука». Те, кто уже завершил начальный курс изучения каббалы, конечно, отметили в процессе учебы, что каббалистический подход ближе к науке, чем к религии. Однако если спросить человека, не знакомого с каббалой: «Каббала – это религия или наука?», – он выберет первое без колебания. Прав ли он? Нет, ошибается.

Каббала – это наука. Более того, каббала – это основа всех наук. Бааль Сулам пишет об этом в нескольких статьях. Так, например, в одной из важнейших из них «Шалом» («Мир») он утверждает, что «научное исследование, основанное на анализе опытных данных, – это и есть работа на Творца». Хотя предмет исследования (необходимость работы на Творца) не популярен, мягко говоря, среди ученых, однако метод превосходен: проверка опытом. Более того: исследование является не философско-теоретическим; оно, как писал Бааль Сулам, основано на собственном опыте.

На этом уроке мы постараемся понять, что значит исследование как часть необходимой работы на Творца (по статье Бааль Сулама «Шалом»). Постараемся удостовериться, что понятие «работа Творца» является законом природы относительно всех объектов мироздания. Наличие этого закона необходимо так же, как существование других законов природы.

Каббала – это наука, которая исследует скрытую часть действительности. Ученые изучают окружающий мир посредством пяти органов чувств (ощущений) и с помощью приборов, увеличивающих диапазон чувствительности. Каббалисты изучают духовный мир посредством дополнительного органа чувств, который называется «экран», или «душа». Это чувство является исправленным желанием – с получения на намерение получать ради отдачи.

Каббала – это наука, указывал р. Кук в своей книге «Сборник доказательств существования Творца» («Сокровища жизни»): «Как человек должен привыкнуть к материальной природе, так еще больше этого он обязан приспособиться к духовным законам природы, которые еще больше властвуют в действительности, т.к. человек – часть природы».

В статье «Наука каббала и ее сущность» Бааль Сулам писал: «Так же, как раскрытие животного мира в этом мире и порядок его существования, – это удивительная наука, так и раскрытие света Творца в мире, как действительность ступеней, так и способов ее воздействия, вместе составляют чудесную науку, чудо из чудес; науку, бесконечно более ценную, чем физика».

Каббала, таким образом, – это наука, которая исследует духовную реальность. В процессе её изучения каббалисты открыли, что на всю действительность влияет только один закон – закон отдачи и любви. Этот закон связывает вместе все части творения и управляет ими как единым телом, так что каждое действие любой части организма (тела) влияет на каждый орган в отдельности и на весь организм в целом. И более других влияют на все действия людей, ибо они являются *наиболее* развитыми частями творения.

Согласно закону отдачи, каждый из нас обязан работать на отдачу в пользу всех, т.е. установить правильный баланс между собой и другими частями творения так, чтобы его действия не вредили всему организму. Работа, которую обязан выполнять каждый из нас (и которую между тем не выполняет, потому что необходимость ее скрыта от нас) называется в каббале «служение Творцу». Бааль Сулам в статье «Мир» («Шалом») доказывает необходимость этой работы. Каббала на деле является научным доказательством обязанности служить Творцу, которая проявляется в отдаче ближнему.

ДОБРО, ЗЛО И ТВОРЕНИЕ

С точки зрения футбольных фанатов, конечно, есть Бог на небе, если их команда выигрывает, а если проигрывает – его наличие ставится под сомнение. Во все времена человечество искало формулу связи между «добром», «злом» и существованием высшей силы или, по крайней мере, какого-то порядка и справедливости. Люди хотели понять, почему нас вознаграждают или, наоборот, почему мы получаем наказание. Мы так устроены, что хотим знать о существовании определенного порядка и хотим получить четкий ответ на свой вопрос: почему добро и зло существуют рядом друг с другом? Однако понять эту взаимосвязь очень трудно.

Человек тщательно всматривается в действительность и открывает два противоречия. Первое указывает на то, что природа – хорошая и постоянно всем управляет в соответствии с необыкновенно идеальным порядком. Возьмем, например, это чудо – создание жизни. Из одной крошечной клетки создано тело, содержащее миллиарды клеток; сотни компонентов составляют бесконечно сложные системы; все вместе действуют в полной гармонии, чтобы обеспечить существование организма.

Каждый, кто изучает, как происходит формирование организма, начиная от яйцеклетки и до момента рождения, без сомнения, удивится потрясающему порядку, согласно которому развивается организм в соответствии с четкой программой, изначально учитывающей все потребности плода, и до передачи его в руки любящих родителей.

И напротив: после того, как это «сокровище» вырастет и повзрослеет, его безжалостно выбрасывают из-под опеки, и ему приходится бороться за выживание в мире, где нет порядка и справедливости. И, на первый взгляд, не существует никаких законов. Каждый строит свое благополучие за счет другого, грешники наслаждаются, а праведники попираемы.

В истории существовали различные объяснения противоречия между милосердной заботой природы на начальном этапе развития творения и безжалостными условиями выживания после его взросления. В каждом поколении люди пытались понять, как может быть, что от хорошего Творца исходит нечто плохое. Ведь Творец может создать из себя только то, что есть в Нем. Следовательно, если Он – это абсолютное добро, то и в Его действиях нет ничего плохого.

Были такие, кто решил проблему, выдвинув теорию двоевластия, согласно которой существует два управляющих Творца: один – творящий добро, а другой – творящий зло. «Элоким» – от него исходит все доброе. «Сатана» – источник всего злого.

Другие расширили эту систему и назначили высшего управителя над каждым действием: одна сила ответственна за богатство, вторая – за красоту, третья – за еду, другим силам подвластны смерть, ложь и т. д. Самый удачный пример этого подхода – греческая мифология.

Все время, пока знакомство людей с окружающим их миром было ограниченным, они верили в то, что есть несколько «хозяев дома», которые руководят всеми делами. Однако наука развивалась, и выяснилось, что все существующее действует как один организм в соответствии с программой, связывающей каждую часть творения в единое целое. И тогда пришлось отказаться от идеи многобожия.

Возникла необходимость нового объяснения противоречия между добром и злом. И найти его оказалось не так просто. Признание того, что создание действует как один организм, привело людей к выводу, что единая сила, создавшая творение, есть абсолютное добро, и с великой мудростью эта сила создала наш мир. Однако с высоты Его величия наш мир представляется Ему чесночной шелухой, и нет Ему интереса заниматься такими мелкими делами. Зло происходит от того, что Творец оставил нас, и каждый человек действует только в своих собственных интересах. Эти идеи воплотились в учении немецкого философа Фридриха Ницше.

Вместе с тем, несмотря на безуспешность всех попыток объяснить противоречие между добром и злом, «мир все же действует, как заведено, – пишет Бааль Сулам в статье «Шалом», – и этот огромный и страшный разрыв (между добром и злом) не только не уменьшается, а, наоборот, превращается в ужасную бездну, без видимого выхода из нее и без надежды на спасение».

Этот разрыв увеличивается по причине того, что мы ищем решение вдали от себя, в то время как оно находится «под нашим носом». Человечество безуспешно пытается разрешить противоречие между добром и злом, стремясь понять природу провидения. Вместо этого следует усвоить, что корень проблемы находится внутри нас, в нашей природе, поэтому там же лежит и решение проблемы. Дело не в высшей силе. Причина глубокого противоречия между добром и злом лежит в человеческой природе. Исправление этого огромного несоответствия находится в наших руках.

Часть 1. Получение и отдача

Проверь себя:
- Чем отличаются друг от друга различные теории, которые пытаются объяснить существование добра и зла в нашем мире, и подход, принятый в науке каббала?

ЗАКОНЫ НАРУШАТЬ НЕЛЬЗЯ

Законы должны быть взвешенными. Люди, которые их принимают, зачастую гораздо серьезнее, чем это необходимо. И тут иногда происходят забавные истории. В штате Теннесси в США, например, издали закон, запрещающий из движущегося транспортного средства стрелять в любых животных, кроме кита. Запрет очень интересен, так как названный штат не находится на берегу моря. Другой пример. Во Франции привлекут к ответственности человека, если он назовет поросенка именем Наполеон. В Калифорнии, согласно закону, каждый гражданин имеет право наслаждаться солнцем. Словом, хорошо, что есть законы.

До сих пор мы говорили о государственных законах. Законы природы — это совсем другая история. Они просты и конкретны, и по механизму своего воздействия гораздо эффективней. Например, любая попытка выйти наружу через окно на пятом этаже закончится плохо вследствие действия закона земного притяжения. Любое действие, направленное против законов природы, автоматически вызывает отрицательные последствия. И ни один адвокат не возьмется защищать ваши интересы в делах такого рода.

Как мы уже говорили, наука каббала формулирует главный, основополагающий закон природы — закон отдачи и любви, из которого в наш мир исходят все законы. Основной закон природы — закон отдачи и любви — в науке каббала называется «Элоким» (одно из имен Творца). Следование закону отдачи и любви называется «выполнением заповеди». Заповедь — на иврите «мицва», от слова «цивуй» — приказ, порядок. Работа по соблюдению закона отдачи и любви называется, как уже было сказано, служением Творцу.

«...нам лучше прийти к более глубокому сопоставлению, – пишет Бааль Сулам в статье «Мир» (Шалом), – и принять мнение каббалистов о том, что числовое выражение слов «природа» (ивр. «а тэва») и «Элоким» одинаково и составляет 86. И тогда законы Творца можно называть заповедями природы, и наоборот, так как это одно и то же».

Как любая академическая наука, так и наука каббала исследует мир, управляемый законами, которые мы обязаны выполнять. Отличие заключается в том, что, согласно академической науке, мы следуем законам природы неосознанно, без какой-либо цели. Наука каббала, напротив, говорит, что мы обязаны выполнять законы природы, чтобы достигнуть определенной цели – реализовать замысел творения.

В любом случае хорошо знать законы, по которым живем, потому что если мы действуем против них, то получаем наказание. Законы окружающего нас физического мира мы знаем. Нам известно, как жить в соответствии с ними и даже как использовать их в своих интересах. Однако, подобно материальным законам природы, отношения между нами, между людьми в нашем мире, также регулируются жесткими законами. Проблема в том, что мы не осознаем этого.

В статье «Шалом» Бааль Сулам отметил три основных закона (заповеди), по которым живет человеческое общество. Вот их краткое содержание.

Заповедь 1. Человек обязан жить жизнью общества.

Каждый вид в природе имеет свое, характерное только для него общественное устройство. Есть представители животного мира, существующие поодиночке, есть такие, кто живет парами, и те, чья общность насчитывает миллионы особей. Так и люди: природой заложено в них жить внутри общества. Существует устройство, данное природой и соответствующее определенному виду сообщества.

Закон природы предписывает, что люди обязаны жить среди людей. Мы постоянно стараемся поднять наш материальный и социальный статус, быть счастливыми и успешными. Все это возможно только при условии, что люди живут и взаимодействуют друг с другом. Если человек предпочитает одиночество, он обрекает себя на бедность, на тяжелый труд и скуку. Это – наказание человеку, который идет против природы творения, против закона, который обязывает человека жить жизнью общества.

Заповеди 2 и 3. В обществе на нас возложено выполнение двух дополнительных законов, которые можно определить, как получение – «каббала» и отдача – «ашпаа».

В соответствии с законом получения, природа обязывает каждого получать все необходимое ему для жизни от общества, в рамках общества он обязан побеспокоиться о своем благополучии. Закон отдачи, который называется «закон ашпаа», напротив, обязывает каждого позаботиться о процветании общества.

Соблюдение закона получения (каббалы) обусловлено нашей природой. Доказательством является то, что люди готовы потратить большое количество времени и сил для достижения своего процветания. Если не соблюдается закон получения, то наказание последует сразу же. Например, человек, прекративший работать, очень быстро столкнется с материальными трудностями, что заставит его задуматься о средствах к существованию. Или наоборот: человек, присвоивший то, на что не имеет права, тоже сталкивается с наказанием (например, вор или мошенник). Таким образом жизнь обязывает нас выполнять закон получения в правильной мере.

Наша проблема – и это известно – в том, что мы не соблюдаем закон отдачи (ашпаа). У нас нет мотивации и сильного желания беспокоиться о процветании и благоденствии общества, так как наказание за невыполнение этого закона приходит к нам не сразу и косвенным путем. Желание получать, заложенное в нас природой, скрывает от нас закон отдачи. Наоборот, кажется, что если нам удастся уклониться от отдачи обществу, это приумножит наше состояние. Из всех законов природы закон отдачи (ашпаа) более других скрыт от нас.

Почему необходимо сокрытие от нас закона отдачи, мы говорили в предыдущей главе. Расширим понимание этого. Вкратце сказано, что, в отличие от других законов природы, закон отдачи мы должны соблюдать не только потому, что нужно, но и потому, что нам вменяется в обязанность походить на Творца, быть действительно таким, как Он. Стать подобным закону отдачи можно только при условии, что есть свое собственное, очень сильное желание к отдаче. Собственное желание отдавать может пробудиться в нас только в реальном мире, где необходимость отдачи скрыта.

Как бы то ни было, незнание закона не освобождает от наказания. «И потому, – как пишет Бааль Сулам, – человечество поджаривается на сковородке на страшном огне, а разрушения и голод не оставили его до сих пор».[24]

Причина зла в мире – это результат невыполнения нами закона отдачи обществу. Вот истинная причина. В этом же скрывается и суть противоречия между добром и злом, о чем говорилось в начале урока.

Теперь нам становится понятно, почему необходимо служить Творцу, или, другими словами, почему на нас возложена обязанность следовать закону отдачи. Если мы научимся отдавать, то избежим страданий и боли. Мы не только наладим отношения друг с другом в нашем мире, но это поможет нам подняться в духовный мир.

Одна из сил, которые воздействуют на нас, чтобы раскрыть в конечном итоге закон отдачи, – это глобализация. Подробнее о ней мы поговорим в следующей части нашего урока.

---

24 Бааль Сулам, статья «Мир».

Проверь себя:
- Назови три закона, по которым живет человеческое общество?

КАКАЯ СВЯЗЬ?

Молодой парень из Туниса Мохаммед Буазизи зарабатывал на жизнь, продавая фрукты и овощи на рынке. В один из декабрьских дней 2010 года власти закрыли лоток Мохаммеда. В ответ Буазизи облил себя бензином и поджег. Его смерть положила начало волне массовых беспорядков в Тунисе, что привело к революции в стране. Свержение власти в Тунисе вызвало цепную реакцию в других арабских странах. В Йемене, Бахрейне, Египте, Сирии, Ливии начались мятежи против действующей власти.

В результате политической нестабильности в арабских странах выросли цены на нефть. Повышение цен на нефть привело к резкому скачку цен на базовые продукты и нанесло экономический ущерб миллионам людей по всему миру. Это отразилось и на кошельке каждого из нас. Поднятие цен стало последней каплей, переполнившей чашу терпения тысяч молодых людей в Испании. Вдохновленные переворотами в арабском мире, они покинули свои дома и разбили палаточные лагеря протеста на площадях крупных городов Испании.

Как снежный ком, волнения покатились по миру. Начавшись с базарного лотка в Тунисе, через арабские страны оказавшись на площадях Испании, они продолжают распространяться все дальше и дальше, и конца им не видно. Это только один пример из множества проявлений глобального мира, в котором мы живем. В начале XXI века культурные и экономические связи между странами, между общественными организациями и движениями, между всеми людьми стали совсем другими. Отношения настолько изменились, что иногда нам кажется, что мы действительно физически ощущаем зарождение тысяч новых взаимосвязей.

Социологи, изучая проявления глобализации, главными причинами ее возникновения считают развитие технологий, экономики и политики. Каббала указывает причину, абсолютно противоположную. Согласно науке каббала, расширяющиеся связи между странами и людьми во всем мире не зарождаются сейчас, – они были всегда. В наше время они просто начали проявляться.

Каббалисты пишут, что мир по сути своей глобален и интегрален, т.е. действует как единое целое таким образом, что все его части взаимосвязаны друг с другом крепкими узами. До сих пор мы наблюдали эту взаимозависимость на неживом, растительном и животном уровне развития. Дисбаланс между различными частями на этих уровнях ведет к тяжелым последствиям. Наглядный пример тому – глобальное потепление. Сегодня эти связи начинают открываться на человеческом уровне, этапы развития которого также предопределены заранее и соответствуют этапам исправления желания.

Каббала объясняет, что усиление интегральных и глобальных связей, которые объединяют нас в единое человеческое общество, – это в действительности действие закона природы. Глобализация является лишь внешним проявлением законов, описываемых в предыдущей части урока: жить жизнью общества, обязанность получать от общества и отдавать ему.

Мы уже говорили, с желанием получать у нас нет проблем. Каждый из нас умеет получить то, что ему требуется. Но мы не умеем отдавать. И проявление неправильных взаимосвязей между нами в глобальном мире только обостряет эту проблему. Это продемонстрировал, например, мировой финансовый кризис, начавшийся в 2008 году. Тесная экономическая взаимозависимость разных стран друг от друга с одной стороны и эгоистический интерес экономистов каждого отдельного государства с другой разваливают мировую экономику, как карточный домик.

Наше существование в рамках всемирной глобальной деревни обостряет две равноценно важные тенденции. С одной стороны, становится все яснее, что все мы во всем мире зависим друг от друга. С другой – рост эгоизма показывает, что мы не можем терпеть друг друга.

Эти две противоборствующие силы проявляются все сильнее и указывают на необходимость найти систему, которая поможет нам установить правильные отношения между людьми. Надо понять одно: мы уже находимся внутри этой системы, уже связаны между собой, однако из-за того, что каждый заботится только о себе, мы чувствуем взаимную неприязнь.

До настоящего времени мы могли позволить себе пренебрегать законом отдачи и развиваться только в соответствии с законом получения. Сейчас в условиях интегрального мира стало ясно, что каждый является частью единого организма и все зависят друг от друга. Сегодня уже невозможно пренебрегать законом отдачи. В прошлом ущерб, причиненный какому-то региону, был ограничен этим местом. Сегодня любая локальная проблема может спровоцировать глобальную цепную реакцию. Мы зависим друг от друга и стали неразрывными.

У нас нет выбора. Природа сильнее нас. Она устроена так, что мы не можем пренебречь ее законами. У нас нет альтернативы, кроме как подчиниться закону отдачи. Все мировые кризисы, которые испытывает человечество: в образовании, в экономике, увеличение потребления, приводящее к бесконтрольной эксплуатации природных ресурсов, – все это исчезнет, если мы будем строго соблюдать законы природы, если научимся гармонично следовать законам получения и отдачи.

Проверь себя:

- Существует ли взаимосвязь между законом отдачи и проявлением глобально-интегральной зависимости друг от друга?

Итоги урока. Краткие выводы

- Для поддержания нормальной жизни общества нам следует выполнять две основные заповеди (законы): получать от общества все необходимое для жизни и отдавать обществу, работая на его благо.
- От человека скрыта необходимость отдавать обществу, чтобы обеспечить его существование.
- В этом мире причиной всего зла является то, что мы не выполняем заповедь отдавать обществу то, что необходимо ему. Другими словами, мы не выполняем закон отдачи.
- Обнаружение глобально-интегральных связей между нами – это в действительности раскрытие закона отдачи в нашем мире. Проявление этих связей указывает на необходимость науки каббала и ее методики создания правильной системы связей между нами.

Термины

Мицва (с ивр., заповедь) – приказ, указание, выполнение закона отдачи и любви.

Ответы на вопросы

- *Вопрос:* Чем отличаются друг от друга различные теории, которые пытаются объяснить существование добра и зла в нашем мире, и подход, принятый в науке каббала?

- *Ответ:* Ответ на вопрос о существовании добра и зла в нашем мире наука каббала ищет в человеческой природе, в то время как другие теории, о которых мы говорили в этой части, ищут ответ в природе высшей силы.
- *Вопрос:* Назови три закона, по которым живет человеческое общество.
- *Ответ:* а) человек обязан жить жизнью общества; б) человек имеет право получать от общества все необходимое для себя; в) человек обязан служить (отдавать) обществу, чтобы гарантировать его существование.
- *Вопрос:* Существует ли взаимосвязь между законом отдачи и проявлением глобально-интегральной зависимости друг от друга?
- *Ответ:* Глобально-интегральная зависимость – это в действительности обнаружение закона отдачи в нашем мире. Проявление этих связей указывает на необходимость науки каббала и ее методики создания правильной системы связей между нами.

УРОК 2.
ОТ ЛЮБВИ К ЛЮДЯМ ДО ЛЮБВИ К ТВОРЦУ

Темы урока:
- трудности в работе напрямую против Творца;
- преимущества работы с окружением;
- отличия науки каббала и этики.

ЛОЖНАЯ КАРТИНА

Известно выражение: если хочешь рассмешить Творца – расскажи Ему о своих планах. И я вполне допускаю, что крупица правды в этом есть, – и Творцу действительно будет смешно. Большинство моих планов смешат и меня, когда я оглядываюсь назад. Вопрос в том, как я расскажу Ему о них?

Наука каббала утверждает, что мы должны прийти к связи с Творцом. Как сделать это? На предыдущем уроке мы учили, что исправление связи между человеком и окружением, в котором он живет, – а именно возможность человека в сбалансированном виде получить от общества и давать обществу – ведет к решению всех проблем в мире.

Кроме того, на ближайшем уроке мы поймем, почему исправление отношения человека к обществу является не только единственным лекарством от страданий и мучений, но также условием раскрытия связи с Творцом.

Откровенно говоря, наша связь с Творцом не «ахти». Каждый раз, когда мы пытаемся поговорить с Ним, Он не отвечает, а в тех редких случаях, когда нам удается немного понять Его, выясняется, что у Него совершенно другие планы насчет нас. По правде говоря, непонятно, чем мы заслужили такое отношение. В конце концов, чего мы хотим? Немного денег, чтобы безбедно содержать семью, хороших отношений с соседями и, если возможно, чтобы люди считались с нами. Немного, не правда ли?!

Непонятно, почему бы не удовлетворить эти скромные требования? Разве Творец не должен быть приятным и понимающим? По крайней мере, пусть придет и объяснит, почему и как, что Он хочет взамен, – мы в свою очередь тоже проявим гибкость.

Барух Ашлаг, старший сын Бааль Сулама и продолжатель его учения, в одной из своих статей[25] рассказывает притчу, которая хорошо иллюстрирует наше положение.

Отец со своим маленьким сыном идут по улице. Сын горько плачет, и его плач разрывает отцу сердце. Время от времени малыш падает на землю и отказывается подняться. По какой-то причине отец не обращает внимания на слезы сына, крепко держит его за руку и тащит за собой. Один из прохожих, который не может вынести жестокости отца, приблизился к ним, чтобы выяснить, в чем дело.

«Почему ты так жесток со своим сыном?» – спрашивает он.

«Мой любимый сын просит булавку, а я отказываюсь дать ему ее, поэтому он плачет», – объясняет отец.

«Если так, дай ему булавку, чтобы он тотчас же успокоился», – предлагает прохожий.

«Проблема в том, что он хочет булавку, чтобы почесать глаз».

Такова притча, а вот – мораль: Творец добр и совершенен. Так постигают Его каббалисты. Самое главное, что Творец хочет дать нам, – это уподобить нас себе, доброму и совершенному, чтобы мы знали всё, что знает Он, чувствовали, хотели и могли всё то, что чувствует, хочет и может Он. И Он хочет всё это передать нам абсолютно безвозмездно. Но проблема в том, что Творец хочет отдавать, а мы – совсем наоборот: хотим получать. Поэтому все, что нам кажется хорошим, со стороны Творца выглядит «булавкой, чтобы поковырять в глазу». Мы и Он работаем на двух разных частотах. Чтобы установить связь

---

25 РАБАШ, статья «Да продаст человек крышу дома своего», 1984 г.

с Ним, чтобы хоть немного понять Его и почувствовать добро, которое Он хочет дать нам, мы должны научиться отдавать, быть хоть немного подобными Ему.

Именно здесь в программе нашего изучения того, как уподобиться Творцу, скрыта западня, которая может отодвинуть нас от цели. И очень важно разобраться в ней.

Если есть цель – уподобиться Творцу, то нам необходимо определить некие критерии, исходя из которых, можно проверить, насколько мы подобны Ему, если вообще подобны.

На первый взгляд, все, что нам надо сделать – это представить себе Творца, свойство отдачи, и проверить, насколько мы соответствуем Ему. Но в этом-то и проблема! Если поставить перед собой образ Творца, свойство отдачи, так, как мы это себе представляем, и попытаться проверить себя прямо по отношению к ней, то мы неизбежно ошибемся. Наши критерии будут неверными.

Мы не можем проверить себя прямо по отношению к Творцу и войти с ним в прямую связь. Почему? Творец скрыт от нас. И кто может гарантировать, что мы правильно представляем себе Его? Именно потому, что Он скрыт, очень легко ошибиться и представить себе, что мы уже находимся в связи с Ним, в то время как в действительности мы вовсе не знаем, кто Он. Это утверждение подтверждается тем, что в мире много людей, убежденных в своей тесной связи с Творцом.

В нашей реальности нет Творца, поэтому ничто не мешает нам представить Его себе, как нам заблагорассудится, и думать, что мы находимся в контакте с Ним. Тем самым вместо того, чтобы приблизиться к Нему, мы отдаляемся от Него.

Где выход? Есть ли у нас возможность правильно проверить себя по отношению к свойству отдачи? Об этом поговорим в следующей части урока.

Проверь себя:

- Почему мы не можем правильно представить себе Творца (свойство отдачи)?

ПУТЬ К ПРАВДЕ

Спрашивали ли вы себя, где проходит граница между правдой и ложью? Вопрос хороший. Подумайте пару минут: что это за место, в котором ложь еще продолжается, но уже начинается и правда; до какого момента мы живем во лжи и с какого – вступаем на путь истины? Каждый из нас, конечно, будет рад узнать ответ. А может быть, и нет...

Барух Ашлаг (РАБАШ) на этот вопрос отвечает просто и понятно. «Граница между правдой и ложью, – пишет он, – проходит в месте, где человек начинает осознавать, что он находится во лжи». Другими словами, осознание лжи является и началом выхода из нее. С того момента, как человек начинает понимать, что он находится во лжи, он вступает на путь, ведущий к правде.

Сейчас, после того, как мы немного поговорили о правде и лжи, прочитайте, пожалуйста, следующий отрывок из статьи РАБАШа:

«Надо знать, что в любви товарищей есть преимущество, ибо человек не может себя обмануть, сказав себе, что любит общество. В отличие от любви к Творцу, где человек не может контролировать себя, любит ли он Творца по-настоящему, т.е. хочет отдавать ему, или хочет получать ради себя».[26]

Помните тот вопрос, которым мы закончили первую часть урока: как мы узнаем, что находимся в отдаче? Ответ на этот вопрос содержится в статьях РАБАШа.

Чтобы понять слова РАБАШа, вначале нам необходимо остановиться на каббалистическом объяснении понятия

---

26 РАБАШ, статья «Идем к фараону» 2, 1986 г.

«любовь». Любовь, согласно науке каббала, – это отдача, отдача без намека на личную выгоду. Когда РАБАШ пишет о любви к Творцу, он подразумевает отдачу Творцу. И на эту высокую ступень должен подняться каждый из нас. Однако, как мы уже учили, проблема заключается в том, что в своей работе напрямую против Творца мы не можем проверить себя. Если мы попробуем работать в отдаче прямо на Творца, неизбежно обманем себя: мы будем думать, что уже находимся в связи с Ним.

Ложь – вовсе не бесполезная вещь. И вообще в нашем мире нет лишних вещей: все, что есть, создано с большой мудростью, чтобы привести нас к достижению цели нашей жизни. Ложь, как мы только что учили, – необходимый этап на пути к истине. Для того, чтобы ложь привела нас к правде, мы должны осознать ее.

Основная проблема в работе человека прямо напротив Творца в том, что человек может думать, что он уже установил связь с Творцом, и не осознавать, что на самом деле он находится во лжи. Это одна из разновидностей сладкой ловушки. Все выглядит так чудесно, что нет шанса выйти из этого состояния.

Поскольку мы еще не исправили себя и не получили способность к отдаче, для нас Творец остается понятием абстрактным. Поэтому мы не можем осознать и проверить себя. Действительно ли мы находимся в отдаче Ему? Каково наше отношение к Нему? Чисты ли мы в каждом личном обращении к Нему, в отдаче Ему?

Напротив, в «любви к товарищам», а именно в отдаче товарищам, есть большое преимущество: мы не можем обмануть себя. В отличие от Творца, люди из нашего окружения реально ощутимы, они находятся рядом. У них есть свои желания, свое мнение и свое восприятие. В своих действиях мы можем проверить, действительно ли мы работаем с их желанием, как будто это наше желание, чисто ли наше намерение в отношении их и хотим ли мы только добра для них. И, как писал РАБАШ, мы не можем обманывать себя и думать, что мы отдаем им, если это не является нашим истинным состоянием.

Важный принцип в духовной работе человека – проверка отношения к окружающим как мерило нашего отношения к Творцу, к свойству отдачи. Этот принцип называется «от любви к ближнему до любви к Творцу». Только из действий по отдаче товарищам можно прийти к раскрытию Творца. Невозможно раскрыть Творца напрямую. Для того, чтобы научить нас отдавать Ему, Творец скрыл себя и оставил нас в группе людей, подобных нам, чтобы в исправлении отношений между нами мы раскрыли Его.

Здесь важно подчеркнуть, что исправить наше отношение к ближнему не означает раздавать улыбки всем подряд, помогать нуждающимся или вовремя платить налоги. Исправление, о котором говорит наука каббала, – это внутреннее исправление намерения. Любое внешнее действие не принесет пользы, если неверно намерение, стоящее за действием.

Только по нашему отношению к окружению мы можем проверить, насколько в действительности мы находимся в отдаче. И если выясняется, что мы вовсе не в отдаче, что до сих пор работаем с намерением для себя, то это значит, что уже осознана ложь, в которой мы находимся. И, следовательно, уже можно обратиться к свету, возвращающему к источнику, с сильной и ясной просьбой, направленной на исправление, на приобретение свойства отдачи, связи с Творцом.

Отсюда и дальше начинается путь к истине.

Проверь себя:

- В чем заключается преимущества работы с окружением по сравнению с работой прямо напротив Творца?

«НУ-НУ-НУ!»

Исправление отношения к ближнему является главным условием раскрытия Творца. Отсюда многие студенты, которые только начинают изучать основы каббалы, приходят к отождествлению науки каббала и этики. В последней части урока попытаемся выяснить, чем отличаются друг от друга этика и наука каббала.

Мир – опасное место, чтобы жить в нем. Не нужно быть Альбертом Эйнштейном, чтобы понять это. Все же, если мы спросим известного физика, почему, по его мнению, мир – это опасное место, то ответ будет мгновенным и ярким, как вспышка молнии: мир опасен не из-за людей, совершающих зло, а из-за тех, кто видит это, но проходит мимо, как будто не видит.

С этими простыми и мудрыми аксиомами не стоит спорить. Ясно всем: чтобы покончить со злом, необходимо уметь противостоять ему. Неважно, какой высоты забор мы построим вокруг своего жилища или насколько крепко задвинем ставни на окнах. Если мы ничего не сделаем против зла, буйствующего снаружи, в конечном итоге оно придет и в наши дома.

Итак, с этим все понятно. Вопрос в том, что делать?

На первый взгляд, ответ прост: необходимо научиться обуздывать свое эго (желание получать). Каждый разумный человек согласится с этим. И действительно: на протяжении всей истории развития человечества многие считали, что именно эго является источником зла. На этой концепции базируются все нравственные законы, действующие в обществе. По мере того, как эго растет и все больше проявляет себя, становится яснее, что оно является причиной всех бед. Нам кажется, что если обуздать и ограничить эго, то можно построить здоровое общество, и тогда мы будем жить в лучшем мире.

Однако исторический опыт свидетельствует, что нравственные законы, выработанные человечеством, попросту не работают. Наука каббала говорит о системе исправления, а не о принципах, устанавливающих этические нормы. Если мы разберемся в ее особенностях, то избежим ненужных ошибок и будем точно знать, что делать, чтобы избежать опасности, нарастающей в мире.

Правила морали предписывают, что обуздать растущее эго можно только путем его подавления (в основном при помощи наказания и порицания со стороны общества) или самодисциплиной, чтобы не входить с обществом в ненужные трения. Это начинается почти со дня нашего рождения – с неизбежных «ну-ну-ну!» от папы и мамы – и продолжается до нашей смерти. Вор, мошенник, убийца – любой, кто нарушает законы общества, получает наказание и отрицательное отношение со стороны окружающих. Так действует тот самый, попросту говоря, здравый смысл, который лежит в основе всех этических норм.

Но дело в том, что любые наши попытки обуздать свой эгоизм оканчиваются ничем. Наоборот: со временем эго только увеличивается и, как бы мы ни старались ограничить его, оно растет. Точно мифическое чудовище, у которого на месте одной отрубленной головы вырастает две.

Причина проста: согласно замыслу творения, желание получать имеет свою программу развития, и не в наших силах приостановить ее действие. Поэтому наука каббала, которая объясняет нам замысел творения, не занимается исправлением самого желания получать. Согласно каббале, невозможно исправить желание получать, да и нет в этом необходимости. Проблема заключается не в нашей природе получать, а в нашем стремлении получать только для личной выгоды. Другими словами, проблема не в желании, а в намерении – его-то мы и должны исправить.

Фактически каббалистический подход к работе с желанием человека получать в корне отличается от подхода, который определяется законами этики. Если последние считают, что следует подавлять или уменьшать желание получать, то каббала, наоборот, говорит именно о необходимости его увеличения. Человек, изучающий каббалу, чувствует, что его желание получать развивается и растет. Он учится познавать его на всех стадиях роста, преодолевает его и параллельно учится правильно пользоваться им, получать внутрь него наслаждение, обещанное ему замыслом творения (см. схему 2.1). Поскольку чем больше человек раскрывает в себе желание получать с целью его исправления, тем быстрее продвигается его духовное развитие. Как сказано: «Тот, кто более возвышен над своим товарищем, его злое начало возвышено над ним».[27]

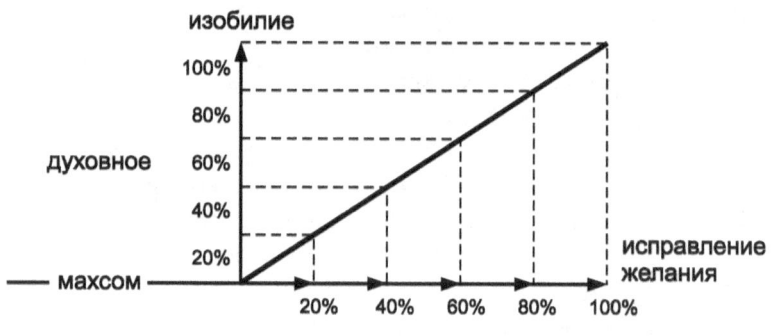

Схема 2.1.

Итак, несмотря на то, что и каббала, и этика говорят о необходимости исправления отношений между нами, каббалистическая система исправления в корне отличается от методов, установленных законами этики. Каббала не верит в результативность наказания или подавления. Согласно науке каббала, отношения между нами можно исправить, только

---

27 Вавилонский Талмуд. Сукка 52, 71.

изменив намерение. Ради этого и дана нам эта наука. Никакое другое решение не поможет.

Есть дополнительное отличие между наукой каббала и этикой. Наука каббала – это метод раскрытия Творца творениям в этом мире. В отличие от законов этики, каббала не предполагает исправление человеческого сообщества. Эта наука дана нам для того, чтобы приподнять нас на более высокий уровень по сравнению с тем, на котором мы находимся в нашем мире. По каббале, исправление отношения к «ближнему» – это не цель, а средство раскрытия духовного мира.

Существуют также и другие различия. О них поговорим дальше.

Проверь себя:

- Каково основное различие между законами этики и наукой каббала?

Итоги урока. Краткие выводы

- Творец (свойство отдачи) скрыт от нас. Мы не имеем возможности представить себе свойство отдачи и уподобиться ему. Учитывая это, мы нуждаемся в приобретении других свойств, которые доступны нашему восприятию.
- Единственный путь проверить, насколько мы соответствуем свойству отдачи, – это наше отношение к «ближнему». Люди из нашего окружения реально присутствуют в нашей жизни со своими желаниями, мыслями и чувствами. Мы на деле можем проверить, работаем ли мы с их желаниями как со своими.
- Выражение «От любви к творениям до любви к Творцу» представляет собой условие раскрытия Творца. Только в исправлении отношения человека к окружающим раскроется Творец.

Термины

Любовь – полная отдача, без учета собственной выгоды.

Любовь к Творцу – отдача Творцу (уподобление с Ним – свойством отдачи).

Ответы на вопросы

- *Вопрос*: Почему мы не можем правильно представить себе Творца (свойство отдачи)?
- *Ответ*: Творец скрыт от нас, поэтому мы можем представлять его себе так, как нам вздумается. У нас нет никакой возможности проверить, правильно ли мы себе его представляем.
- *Вопрос*: В чем заключается преимущества работы с окружением по сравнению с работой прямо напротив Творца?
- *Ответ*: Работая с окружением, мы не можем обмануться. В отличие от Творца, мы реально ощущаем людей из нашего окружения. У них есть свои желания, мысли и чувства. Мы можем проверить, действительно ли мы работаем с их желанием как со своим, действительно ли мы любим их и хотим для них лишь добра.
- *Вопрос*: Каково основное различие между законами этики и наукой каббала?
- *Ответ*: Законы этики подавляют наше эго (желание получать) и пытаются обуздать его. При изучении науки каббала мы познаем эго, преодолеваем его и строим над ним наши исправленные отношения с окружением.

Логический порядок. Последовательность изучения курса

- Наука каббала – это метод раскрытия Творца творениям в этом мире.
- Чтобы раскрыть для себя Творца, нам необходимо изменить намерение: от намерения получать для себя к намерению на отдачу.
- В книгах по каббале скрыта особая духовная сила, называемая «Свет, возвращающий к источнику», у которой есть возможность изменить наши намерения с получения на отдачу.
- Только путем проверки нашего отношения к окружению мы можем создать внутри себя истинный призыв к «Свету, возвращающему к источнику».
- В следующем разделе мы выясним, как проверить наше отношение к окружению.

ЧАСТЬ 2
СВОБОДА ВЫБОРА

Содержание:

УРОК 1. ЕСТЬ ЛИ У НАС СВОБОДА ВЫБОРА?
- Совсем запутался
- Счетовод
- Скажи мне, кто твои друзья, и я скажу тебе, кто ты
- Насмешка судьбы

УРОК 2. ВЫБОР ОКРУЖЕНИЯ
- Четыре фактора
- Путь к наслаждению
- Потому, что мы живем в обществе
- О жизни и смерти

УРОК 1.
ЕСТЬ ЛИ У НАС СВОБОДА ВЫБОРА?

Темы урока:
- свободны ли мы в своем выборе;
- «программное обеспечение» желания получать;
- влияние окружения на человека.

СОВСЕМ ЗАПУТАЛСЯ

Маркус Петер Франсис дю Сотой (Marcus Peter Francis du Sautoy), профессор математики Оксфордского университета, в 2008 году принимал участие в телевизионной программе «Познать себя». Телевизионные камеры канала BBC засняли эксперимент, целью которого являлось наблюдение за мозгом человека в ходе принятия решения. Профессору было важно исследовать процессы сознательного «я» и ответить на, казалось бы, простой, но необъяснимый вопрос: «Что такое я, профессор Маркус дю Сотой, внутри?».

Профессора подключили к сканеру, в каждую руку ему дали по датчику с кнопкой. В ходе эксперимента он без предварительных размышлений моментально должен был нажать на правую или левую кнопку. Сканер зафиксировал, когда мозг профессора принял решение нажать на кнопку, а компьютер записал, когда произошло действие. Цель эксперимента: проверить, сколько времени пройдет (если вообще будет существовать какой-либо промежуток времени) между моментом, когда мозг принимает решение, и самим действием.

Результат ошеломил профессора. С момента принятия решения мозгом проходило по несколько секунд(!) до того, как его рука нажимала на кнопку. «Джон (исследователь, проводивший эксперимент), наблюдает за моим мозгом и на 6 секунд раньше, чем я, знает, что я сделаю. Он знает это даже прежде, чем я осознал, что намерен делать, – удивился Маркус дю Сотой. – Это просто потрясающе».

Не менее, а, пожалуй, еще более любопытным является следующий вопрос, также вытекающий из эксперимента: если мое личное сознательное решение нажать на определенную кнопку является вторичным по отношению к мозговой активности, то кто, собственно говоря, нажал на кнопку? Другими словами, наши решения – это результат нашего сознательного выбора или всего лишь нейрологическая реакция на бессознательную активность нашего мозга?

СЧЕТОВОД

Во второй части урока поговорим о свободе выбора. Это одна из самых важных тем не только в изучении науки каббала, но и в жизни каждого человека. Даже если на первый взгляд она кажется слишком отвлеченной или не связанной с нашей жизнью, то очень скоро мы убеждаемся, что все как раз наоборот.

У младенца нет свободы выбора. Он способен только на простые действия, такие как еда, сон и так далее, которые происходят автоматически. Если голоден, он плачет; если устал, он засыпает. Он постоянно неосознанно управляется заранее заданной внутренней программой, с которой появился на свет.

Подрастая, ребенок приобретает новые умения. Он начинает ползать, потом ходить; он играет одними игрушками и не интересуется другими. Создается впечатление, что у него уже возникает осознанный выбор. Но более глубокий взгляд на эти процессы показывает, что положение не изменилось. Ребенок продолжает управляться системой внутренних свойств, с которыми родился без учета его собственного выбора. И далее, вырастая, он развивается под влиянием своего окружения. И это тоже не является его выбором.

А что происходит со взрослым человеком? Интуитивно мы склонны считать, что у взрослого есть свобода выбора, что он имеет свои желания и свои мысли. Но и здесь, если мы заглянем поглубже, то выясним, что взрослый управляется таким же образом, как и младенец. Вся разница в том, что система принятия решений у взрослого шире и это расширение создает у него иллюзию свободного выбора.

Никто из нас не выбирал, когда ему родиться и у кого. Никто из нас не выбирал свои гены, благодаря которым формируются наши внутренние свойства, определяющие характер и наклонности и влияющие в конечном счете на наши решения. Никто из нас не выбирал окружение, в котором он рос и воспитывался, окружение, которое практически выстроило его как взрослого человека согласно его внутренним свойствам. Выходит, что нет конкретного ответа на вопрос, в чем проявляется наша свобода выбора?

Кроме того, есть еще одно дополнение: никого из нас не спрашивали, хотим ли мы родиться с желанием получать, которое, в сущности, полностью управляет нами, следуя простому расчету: получить максимум удовольствия с приложением минимума усилий. Наши взаимоотношения с желанием получать подобны перчатке, надетой на руку. Мы в данном случае находимся в роли перчатки. Согласно природе, желание получать хочет наполниться удовольствием и, не спрашивая никого, выбирает действие, которое обеспечивает ему максимум наслаждения при минимальных затратах.

Мы не раз слышали: «Дают – бери, бьют – беги». Верно: это – клише, но, как и любой другой речевой стереотип, содержит в себе простую истину. Получить удовольствие и избежать страданий – вот два основных стремления, присущих каждому человеку. Иногда кажется, что есть люди, которые словно ищут страданий и ни в каком удовольствии не заинтересованы. На самом деле это только видимость.

В каждом из нас сидит маленький бухгалтер-счетовод, который называется «желание получать», и ведет свои подсчеты. Каждое действие, даже самое маленькое, рассчитывается по показателям дебет и кредит (приход и расход) по формуле: необходимые вложения (усилия, страдания) по отношению к ожидаемой прибыли (удовольствие). При наличии активного счета (прибыльного) выдается указание выполнить действие; когда счет пассивный, поступает приказ действие не производить.

Иногда наш внутренний счетовод производит сложные расчеты. Он принимает в расчет временные убытки с тем, чтобы получить выгоду в дальнейшем. Например, он посылает кого-то на четыре года в институт учиться на инженера, перебиваясь случайными приработками и живя в студенческом общежитии. Несмотря на трудности, по завершении учебы у этого человека будет достойная профессия, а в дальнейшем – высокий статус и материальный достаток. При окончательных подсчетах выясняется, что дело того стоило.

Подведем некоторые итоги. Итак, мы не выбираем наши внутренние свойства и окружение, в котором растем и воспитываемся. Мы не выбираем нашу природу с ее желанием получать, которая изнутри руководит нами. Таким образом, возникает большое сомнение насчет существования свободы выбора. Как пишет Бааль Сулам в своей статье «Свобода воли», «...наше представление о понятии, выражаемом словом «свобода», очень туманно, и если мы углубимся во внутреннее содержание этого слова, от него почти ничего не останется».

И все же человек без права выбора – как птица без крыльев. Должна быть какая-то точка выбора, иначе какой смысл во всем этом гомоне, называемом «жизнью»?! Если нас создала добрая, созидательная сила, как об этом пишут каббалисты, познавшие ее, то не может быть, что она создала нас марионетками, куклами на ниточках, без возможности обрести свободу. Если так, то добрым это дело не назовешь.

Короче, история вовсе не простая. Как верно заметил знаменитый еврейский писатель Исаак Башевис Зингер,

«...мы должны верить в свободу выбора – у нас просто нет выбора».

Проверь себя:
- Назови три фактора, которые на уровне подсознания влияют на принятие нами решений.

СКАЖИ МНЕ, КТО ТВОИ ДРУЗЬЯ, И Я СКАЖУ ТЕБЕ, КТО ТЫ

Уличные музыканты – явление распространенное. Обычно мы не слишком обращаем на них внимания; иногда благодарим, бросая им монетку. Но вот история, которая произошла январским утром 2007 года на одной из станций метро в Вашингтоне. Молодой человек в бейсболке стоял в переходе метро и играл на скрипке. Сотни людей проходили мимо, спеша на работу и не обращая на него никакого внимания. Лишь некоторые приостанавливались, прислушиваясь к звукам. Кое-кто из них доставал из кармана монету и бросал в раскрытый футляр от скрипки, стоявший рядом с музыкантом.

Более тысячи человек прошли мимо, и никто из них не знал, что молодой скрипач, игравший в переходе, – это Джошуа Белл, один из лучших классических музыкантов в мире. Годовой доход от его концертов составляет десятки миллионов долларов. Скрипка, которую он держал в руках, стоит три с половиной миллиона долларов.

Незадолго до эксперимента на станции метро в одном из престижных концертных залов города состоялось выступление Белла. На протяжении концерта восторженная публика несколько раз поднималась, чтобы стоя поприветствовать великого музыканта.

Отношение к Беллу в метро было совершенно другим. Почти час играл скрипач и заработал всего 32 доллара и несколько центов. Никто не аплодировал ему и ни один человек не обратил внимания на мастерское исполнение музыкальных шедевров.

Выступление Джошуа Белла в метро было частью эксперимента, проводимого газетой «Вашингтон пост», чтобы выявить, как общественное мнение влияет на наше отношение к высокому искусству. Ответ понятен: мнение общества является решающим. Выступление Белла на станции метро является наглядным примером для рассмотрения темы «Влияние окружения на человека в связи со свободой выбора».

В предыдущей части урока мы учили, что на человека оказывают влияние свойства, с которыми он родился, и окружение, в котором он рос и воспитывался. Мы также знаем, что желание получать определяется внутренней программой, которая управляет человеком согласно простому расчету: максимум удовольствия при минимальных затратах.

Человек не может выбрать свои свойства и окружение, в котором родился. Конечно же, нет у него и возможности выбрать, будет ли им управлять желание получать, всегда предпочитающее получить максимум удовольствия при минимальных усилиях. Раз у нас нет возможности выбора, то по крайней мере мы можем сами решить, что для нас является наслаждением, что хорошо и что плохо. Это и есть наша свобода выбора?

Для того, чтобы получить ответ, вновь вспомним, как растет младенец.

Родители кладут его на животик, чтобы развивался мышечный тонус. Они привлекают его внимание всевозможными игрушками, чтобы научить ползать. Когда ребенок встает, они весело хлопают в ладоши, чтобы поощрить его. Родители все время используют различные приемы, чтобы развить своего малыша. Без помощи и влияния взрослых младенец не смог бы сформироваться.

Родители решают, что для младенца хорошо и что плохо. Конечно, ребенок сам прилагает усилия: учится ползать, стоять на ногах и потом ходить. Но без вмешательства окружения, без его участия и поддержки не было бы у него возможности достойно развиться.

Как развивается взрослый человек? Как он определяет критерии добра и зла? Точно так же – при помощи окружения. Если общество определяет, что это хорошо, то и мы считаем, что это хорошо. Если окружение не признает это хорошим (даже если это будет то же самое), мы также не воспринимаем его хорошим. Одним из доказательств этого утверждения (одним из многих) является отношение пассажиров метро к игре скрипача Джошуа Белла.

Бааль Сулам объясняет, что роль общества по отношению к человеку можно сравнить с соотношением почвы и зерна пшеницы. «Человек со своими врождёнными качествами находится в окружающей среде, то есть в обществе. И он обязательно подвержен его влиянию, как пшеница подвержена влиянию окружающей ее среды».[28]

Зерно содержит в себе свойства растения, земля питает его и определяет, как расти. Так и генетическая основа человека включает в себя все человеческие свойства, и окружение, или, точнее, шкала общественных ценностей определяет, как он разовьет свои качества. Например, если человек со способностями к рисованию родился в обществе, где не относятся с уважением к художникам, то, вероятнее всего, и он не захочет быть художником. Человек развивает свои способности в соответствии с понятиями хорошего и плохого, принятыми в его окружении.

Но раз так, то значит, что даже при определении добра и зла нет у человека выбора. Общество, в котором он живет, определяет сущность добра и зла (см. схему 2.2). Бааль Сулам хорошо описал это в статье «Свобода воли»: «Например, я сижу, одеваюсь, говорю, ем – все это не потому, что я хочу так сидеть, или так одеваться, говорить, или так есть, а потому,

---

28 Бааль Сулам, статья «Свобода воли».

Часть 2. Свободa выбора 147

что другие хотят, чтобы я сидел, или одевался, или говорил, или ел таким образом. Все это происходит в соответствии с желаниями и вкусами общества, а не моего свободного желания. Более того: все это я делаю, подчиняясь большинству, вопреки моему желанию. Ведь мне удобнее вести себя просто, ничем не обременяя себя, но все мои движения скованы железными цепями вкусов и манер других, то есть обществом».

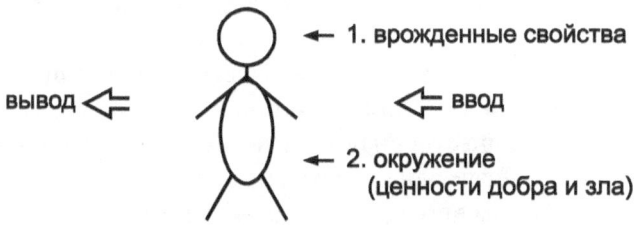

Схема 2.2.

Новые исследования показывают, что влияние общества на человека намного больше, чем мы предполагаем. В книге «Связанные одной сетью»[29] профессор Николас Кристакис (Nicholas Christakis) из Гарварда и профессор Джеймс Фаулер (James Fowler) из Калифорнийского университета описывают систему тесной и широкой связи между всеми людьми в мире. Систему, которая обязывает нас без нашего ведома руководствоваться, думать и действовать в определенной форме.

---

[29] Nicholas A. Christakis, James H. Fowler «Connected: The Surprising Power of Our Social Networks and How They Shape Our Lives».

Два исследователя изучали поведение человека в социальных сетях и его влияние на здоровье. Они обнаружили, что вероятность того, что человек прибавит в весе, возрастает, если его близкий друг поправился. Ученые утверждают, что решение начать курить, которое принял друг друга его друга, то есть человек, с которым мы даже не знакомы, дает более 10% вероятности того, что мы также начнем курить. Кристакис и Фаулер открыли, что все, в том числе и счастье, распространяется подобно инфекции: когда человек находится среди счастливых людей, он также чувствует себя счастливым.

Продолжая изучать социальные сети, включающие в себя миллионы людей, исследователи пришли к выводу, что человечество как общественная сеть ведет себя как единый супер-организм. Если одна из его частей растет и развивается, то она влияет и на весь организм в целом, то есть на всех членов данной социальной сети. Таким образом и наше окружение играет решающую роль в нашем развитии и влияет на принятие нами решений.

Подведем итоги: на первый взгляд кажется, что у человека в нашем мире нет выбора. Мы не выбираем, с какими свойствами нам родиться, не выбираем окружение, в котором растем и развиваемся, не выбираем желание получать, которое управляет нами по расчету: максимум удовольствия при минимуме усилий (см. схему 2). Более того: даже в нашем определении сущности добра и зла мы не вольны. Окружение делает это за нас.

Проверь себя:

- С чем Бааль Сулам сравнивает влияние окружения на человека в статье «Свобода воли»? Почему?

НАСМЕШКА СУДЬБЫ

Прежде чем дать углубленное объяснение тому, где в действительности находится свобода выбора, проясним еще один важный вопрос о свободе выбора в нашем мире – поговорим о судьбе.

С самого начала своего существования человек ощущал, что все события его жизни определены изначально. О судьбе рассуждали философы, мыслители и священнослужители во всех поколениях, многие писали о ней. Были такие, кто утверждал, что судьба каждого человека определена заранее, и у него нет возможности изменить ее. Другие считали, что человек – хозяин своей судьбы (во всяком случае, каких-то определенных ее этапов).

Что говорит об этом наука каббала? По большому счету, просто: «Все предопределено, но свобода дана».[30] Многие из нас считают, что это известное высказывание раби Акивы выражает противоречие между судьбой, определенной изначально, и свободой выбора. Но это не так. Наука каббала объясняет, что выражение великого каббалиста раби Акивы точно определяет правильное соотношение предопределения и свободы.

Чтобы понять, о чем идет речь, вначале объясним каббалистическое значение выражения «все предопределено», а после этого выясним, что имел в виду раби Акива, говоря «свобода дана».

Согласно науке каббала, к созданию творения, включая и наш мир, привела одна-единственная мысль: цель создания – насладить творение. Каждое творение, мысль или случай, который произошел, происходит или произойдет в нашем мире и в высших мирах, – все развивается и нисходит из цели творения, и все направлено на выполнение заложенной программы.

---

30 Вавилонский Талмуд. Поучения отцов (пиркей авот), 3, 15.

Все этапы развития желания, от замысла творения и до нашего мира, предопределены изначально. Все стадии развития желания в нашем мире на протяжении миллиардов лет известны заранее так же, как все этапы подъема снизу вверх и все стадии исправления намерения до окончательного исправления. Нельзя пропустить ни один из них. Из этого понятно, что конечная цель также известна изначально и другой цели нет (см. схему 2.3).

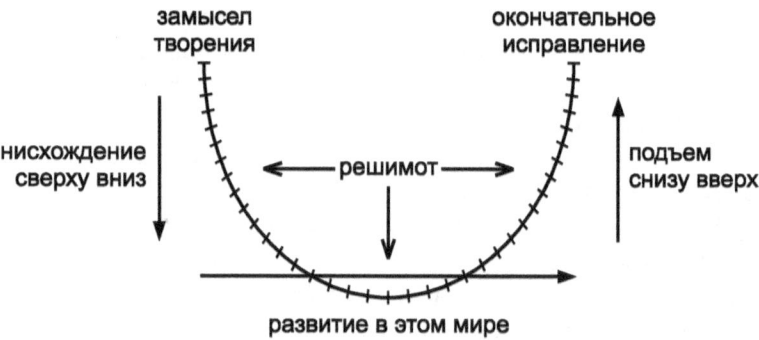

Схема 2.3.

Творцу, в отличие от нас, не нужно время, чтобы выполнить свою программу. Поэтому, как бы странно это ни звучало, но как только возник замысел Творца насладить творение, он тут же и осуществился. Каббалисты пишут, что мы уже находимся в состоянии конечного исправления и все, что нам надо сделать, – это раскрыть его для себя. И речь идет не только об окончательном исправлении. Стадии его реализации также уже осуществлены – нам остается лишь раскрыть и осознать их.

Вот объяснение того же явления с другой точки зрения: мы привыкли думать, что наши папа и мама познакомились, поженились, решили родить ребенка – и вот мы здесь. Наука каббала говорит, что наше состояние в этом мире как детей своих родителей уже существует, и необходимость его реализации заставляет наших папу и маму встретиться, жениться и привести нас в мир.

Все состояния развития, от замысла творения до окончательного исправления, известны заранее. Нам только кажется, что мы можем повлиять на что-то. В действительности программа развития известна изначально, и именно она ведет к различным ситуациям, возникающим друг за другом.

Итак, все стадии нашего развития выстроены, раскрываются одна за другой в соответствии с заранее намеченной программой и называются в науке каббала «решимо» – запись. Другими словами, «решимо» являются базисными информационными данными, в которых заложена индивидуальная программа развития каждого из нас. Каждое «решимо» определяет некое положение, которое мы обязаны пройти в процессе своего развития. Каждую минуту в нас пробуждается новое «решимо», которое приводит к новому ощущению. Вся наша жизнь, вся окружающая нас действительность – это «решимо»; они проходят через нас и реализуются в соответствии с замыслом творения.

Подведем итоги. Все проявления действительности известны заранее как этапы программы, которая должна осуществиться. Фактически они уже существуют, мы должны лишь раскрыть их. Все, что происходит в нашей жизни и в жизни любого другого человека, мысли и желания, которые пробудились в нас или в любом другом человеке, – все это известно заранее и осуществляется в обязательном порядке как часть программы реализации «решимо». Как сказал раби Акива: «Все предопределено».

Если так, тогда что означает: «Но свобода дана»? Ответ прост: несмотря на то, что все этапы нашего развития до окончательного исправления изначально известны, неизвестно одно: каким образом мы пройдем эти этапы – медленно и со страданиями или быстро и с радостью. Это право, которое дано нам. В этой точке и находится наша свобода выбора.

Как именно осуществить это развитие и превратить его в увлекательное путешествие? Об этом мы поговорим на следующем уроке.

Проверь себя:

- В соответствии с наукой каббала, что предопределено заранее и в чем мы имеем право выбора?

Итоги урока. Краткие выводы

- Врожденные свойства, окружение, в котором мы родились и воспитывались, желание получать, которое всегда руководствуется принципом: максимум удовольствия при минимальных затратах, – вот факторы, которые на неосознанном уровне влияют на принятие нами решений.
- Шкала ценностей, принятая обществом, воздействует на человека независимо от осознания им собственных установок и поэтому также влияет на принятие решений.
- Все этапы развития желания известны изначально. Все мысли, желания или явления, которые происходят в нашем мире, записаны в программе развития желания получать и раскрываются согласно постоянной, известной заранее программе развития в соответствии с постоянным, изначально установленным порядком. Единственное право выбора, данное нам, – это выбрать, каким образом осуществятся этапы нашего развития в процессе подъема из нашего мира в мир духовный: медленно и в страданиях или быстро и в радости.
- Все состояния нашего развития, упорядоченные и раскрывающиеся одно за другим в соответствии с

программой, известной изначально, в науке каббала называются «решимо».

Термины

Решимо – информационные данные, духовные гены, записи-воспоминания о бывших, исчезнувших состояниях, в которых сформулирована личная программа развития каждого из нас. Каждое решимо определяет некое состояние развития, которое мы должны пройти.

Ответы на вопросы

- *Вопрос*: Назови три фактора, которые на уровне подсознания влияют на принятие нами решений.
- *Ответ*: 1. врожденные свойства; 2. окружение; 3. расчет желания получать максимум удовольствия при минимальных усилиях.
- *Вопрос*: С чем Бааль Сулам сравнивает влияние окружения на человека в статье «Свобода воли»? Почему?
- *Ответ*: Бааль Сулам говорит, что окружение влияет на человека подобно влиянию почвы на рост саженца. Как качество почвы определяет развитие саженца, так шкала ценностей, принятая в обществе, определяет, как разовьет человек свои врожденные свойства и реализует свои желания.
- *Вопрос*: В соответствии с наукой каббала, что предопределено заранее и в чем мы имеем право выбора?
- *Ответ*: Все этапы развития желания получать известны изначально: в развитии сверху вниз, далее – в развитии нашего мира и, наконец, при подъеме снизу вверх до состояния окончательного исправления. Нам дано право выбора пути развития снизу вверх: медленно и в страданиях или быстро и в радости.

УРОК 2.
ВЫБОР ОКРУЖЕНИЯ

Темы урока:

- факторы, определяющие наше развитие;
- важность выбора окружения для духовного развития человека;
- как выбрать правильное окружение;
- что такое «свобода от ангела смерти».

ЧЕТЫРЕ ФАКТОРА

Мы уже говорили о том, что человек сам выбирает, каким будет его развитие: медленным и наполненным страданиями либо быстрым и радостным. Пришло время выяснить, в чем именно заключается свобода выбора человека и каким образом можно ускорить процесс нашего развития, превратив его в захватывающее приключение.

Для того, чтобы как можно точнее определить, в чем именно заключается свобода выбора, вначале выясним четыре фактора, определяющих развитие каждого творения, как их описывает Бааль Сулам в статье «Свобода воли». Приведенная ниже модель верна для всех форм существования в нашем мире: неживого, растительного, животного и человека. Знакомство с четырьмя факторами развития поможет нам лучше понять, в чем именно нам оставлена свобода выбора.

Первый фактор – основа

В нашем мире ничто не рождается «из ничего». Наш мир – это мир результатов; корни же всего происходящего находятся в духовном мире. Поэтому любой предмет или явление нашего мира являются следствием предшествующих процессов, скрытых или явных. Например, лед образуется из воды, растение развивается из семени, а мы являемся продолжением своих родителей.

В процессе возникновения одного явления из другого одна и та же сущность теряет свою предыдущую форму и принимает новую. Так, например, молекулы воды (суть) могут принимать форму жидкости (воды) или форму твердого тела (льда). Суть, которая оставляет прежнюю форму и приобретает новую, содержит в себе информацию обо всех этапах, которые должно пройти развивающееся из нее творение, пока не дойдет до конечной формы. Например, семена помидора содержат в себе всю информацию о развитии растения и созревании плода. Эта сущность, лежащая в основе всего процесса развития и определяющая его, называется «основой».

Основой человека является наследственная информация, которую каждый из нас получает от предыдущих поколений. Тот комплекс свойств, который мы получаем «в подарок» от наших предков, включает не только внешние формы, но и личностные качества. Все, что было постигнуто предыдущими поколениями: идеи, мысли, мнения, – все это теряет свою предыдущую форму и переходит к нам в виде предрасположенности, внутренних свойств, то есть как потенциал, ожидающий своей реализации. Из всего этого со временем также складывается наше восприятие мира.

Второй фактор – программа развития неизменных свойств основы

Каждая основа содержит в себе набор свойств, которые могут реализоваться на практике. Часть этих свойств неизменна, они развиваются по определенной программе, в соответствии с ней заранее известна будущая форма основы. Например, из семени пшеницы может развиться только пшеница, а не овес, а у жирафа родится жираф, который никогда не станет львом.

Как все неживое, растительное и животное, так и наши внутренние качества, которые мы получаем по наследству от родителей, неизменно развиваются в соответствующее им восприятие мира, и никак иначе. Например, если человек родился с талантом композитора, то он не будет стремиться стать политиком. Есть вероятность, что он может быть музыкантом или талантливым композитором, хотя и не обязательно. Не вызывает сомнения одно: склонность к музыке не будет подталкивать его к политической карьере.

Развитие природных свойств человека в течение его жизни зависит в основном от окружения, в котором человек растет. И это похоже на развитие семени пшеницы, посаженного в почву: понятно, что из зерна пшеницы может вырасти только пшеница. Но ее качество и количество зависит от среды, в которой она будет расти, например, от качества почвы. Так же и мы. Наши врожденные свойства неизбежно будут двигаться только в одном направлении. Склонность к уступчивости, например, будет способствовать формированию мягкого, покладистого характера. Но развитие этого качества напрямую зависит от окружения, в котором человек растет и воспитывается. И эта зависимость приводит нас к третьему фактору.

Третий фактор – изменения основы под влиянием среды или окружения

Помимо свойств, развитие которых определено заранее заданной программой (и они неизменны), в каждой основе также есть качества, которые способны изменяться под воздействием окружающей среды. Их реализация не предопределена заранее в самой основе. Например, высота или качество пшеничных колосьев, которые вырастут из семян, будут меняться в зависимости от свойств почвы, количества воды, света и т. д.

Так же и наши внутренние свойства, полученные от родителей, могут или развиться в той или иной степени, или не развиться вообще. И это происходит в результате влияния окружающей среды. Например, человек от рождения склонен быть скупым. Окружение, в котором он растет, будет влиять на большее или меньшее развитие в нем этого качества.

Вместе с тем человек обладает определенным преимуществом. В отличие от других творений он может полностью изменить в себе определенные характеристики. Например, та же склонность к скупости может никогда не проявляться в том случае, если общество даст человеку полную уверенность в благополучии его существования. И при этом окружающие не будут оценивать скупость как положительное качество.

Четвертый фактор – изменение во внешней среде

Еще один фактор, определяющий все стадии развития творения, – это изменение в качествах внешних воздействий, влияющее на первооснову. Каждая основа развивается в определенной среде и находится под прямым воздействием этой среды. Мы изучали это, когда подробно рассматривали первые три фактора. Но и ближайшая среда, в которой развивается основа, тоже находится внутри более широкой среды. И она также неизбежно влияет на ближайшее окружение и в конечном счете на саму первооснову. Так, например, изменение климата в результате глобального потепления может негативно сказаться на развитии пшеницы.

Мы, люди, также находимся, безусловно, под влиянием нашего ближайшего окружения; на него в свою очередь воздействует более широкая среда, которая косвенным образом влияет и на нас. Например, состояние мировой экономики или веяния моды могут определенным образом способствовать развитию в человеке его природных качеств. Скажем, та самая склонность к скупости может углубиться в условиях экономического кризиса.

Итак, четыре фактора определяют все стадии развития любого творения. Первый из них – основа. Он характеризуется отсутствием у нас возможности выбора. Это то, что вложено в нас еще до нашего рождения и без нашего на то согласия. Программа развития основы тоже не оставляет нам выбора выйти за ее рамки. В отношении остальных факторов, суть которых состоит во влиянии окружающей среды, нам предоставлен выбор. Выбирая правильное для нашего развития окружение, мы можем изменить свою жизнь, обратив ее из тяжкого пути, наполненного страданиями, в увлекательное путешествие.

Как выбрать окружение? Какие условия необходимы для этого? Поговорим в следующей части урока.

Проверь себя:

- Перечислите четыре фактора, определяющие развитие каждого творения.

ПУТЬ К НАСЛАЖДЕНИЮ

Это было ранним вечером, когда темнота только начала спускаться на восточное побережье Соединенных Штатов. Время «золотого века» радио – конец 30-х годов XX века. В эфире радиостанции CBS звучал обычный выпуск новостей, только голос диктора был несколько драматичнее, чем всегда. Казалось, начинается ничем не примечательный вечер, но чем дольше диктор продолжал читать текст, тем большие страх и паника охватывали Соединенные Штаты. И невинный вечер превратился в одно из самых запомнившихся событий в истории американского народа.

Что же случилось тогда? CBS транслировала радиопостановку о вторжении на Землю пришельцев с планеты Марс. События излагались как серия новостных выпусков и выглядели настолько убедительно, что слушатели поверили в реальность происходящего. В результате началась массовая паника, и многие граждане, охваченные страхом перед нежданными пришельцами, стали покидать свои дома. Женщины теряли сознание. Люди выбегали на улицу и звали на помощь. В Нью-Йорке распространился слух, что иностранцы готовят газовую атаку на город, и это еще больше усилило панику.

Не прошло и часа, а страх и паника, как лесной пожар, распространились по всему континенту. Даже когда диктор объявил (согласно сценарию), что пришельцы уничтожены с помощью бактерий, волнение не успокоилось. Только по прошествии нескольких часов, когда выяснилось, что речь шла не о реальных событиях, жизнь вернулась в свое русло.

Мнимые новости в радиопьесе, поставленной Орсоном Уэлссом по роману «Война миров» Герберта Уэллса, до сих пор используются как пример силы воздействия средств массовой информации и в целом влияния окружения на человека. Если вокруг нас началась паника, мы неминуемо заражаемся ею. И наоборот: атмосфера радости заставляет нас невольно улыбаться.

О силе воздействия среды на человека мы говорили в первой части урока. Этот фактор имеет определяющее влияние и на духовное развитие человека. Собственно, наш свободный выбор как раз и состоит в выборе окружения. Только выбрав правильное окружение, человек может повлиять на процесс собственного развития, изменив его с длинного и тяжелого пути страданий на увлекательное и приятное путешествие. Все остальные факторы предопределены заранее, и в отношении их нет у нас никакого выбора. Об этом мы также говорили на предыдущих уроках.

До тех пор, пока не проснулась точка в сердце, человек целиком и полностью подчиняется своему желанию получать и даже не осознает этого. Он стремится к наслаждениям, которые ценятся в обществе. И только когда пробуждается в нем точка в сердце, и он начинает развивать в себе желание связи с Творцом, перед ним раскрывается возможность начать работу по реализации свободного выбора.

Вместе с пробуждением точки в сердце к человеку приходит ощущение внутренней пустоты, которую он не может заполнить. Все удовольствия, желаемые до сих пор, уже не удовлетворяют его. Он начинает искать что-то большее. Что именно? Ему еще не понятно. Ощущение пустоты, которое раскрылось одновременно с пробуждением точки в сердце, неприятно человеку. Но именно оно дает возможность впервые осуществить свободный выбор и выйти из-под абсолютной власти желания получать.

Пробуждение точки в сердце постепенно стирает все предыдущие ценности, навязанные человеку обществом. Все то, что окружающие считают заслуживающим внимания, становится для него не важным. Впервые перед ним открывается возможность самому определить те ценности, которые станут для него значимыми. Сейчас единственная возможность изменить себя состоит в выборе окружения, для которого духовное постижение является высшей ценностью. Отсюда понятно, почему свобода выбора заключается именно в выборе окружения.

Когда окружение говорит, что получение – это удовольствие, а отдача равнозначна страданию, мы не можем влиять на свою жизнь, потому что в ней все диктуется желанием получать, и никто и ничто не могут ему противостоять. В таком окружении, находящемся в вечной погоне за земными наслаждениями, мы постоянно и неосознанно заменяем одно удовольствие другим в соответствии с модой, мнением и оценками общества.

В обществе, которое считает, что отдача является удовольствием, образуется противоречие между врожденным желанием получать, которое сопротивляется такому утверждению, и уже сложившимися ценностными ориентирами общества. Это противоречие продуктивно, т.к. сейчас у человека появляется две возможности. Если до этого момента он находился в рабстве у своего желания получать, то сейчас он получает совершенно новую возможность: предпочесть отдачу, а не получение. В этом конфликте мы получаем свободу выбора и можем проявить свою независимость. Именно здесь каждый проявляет свое внутреннее желание к отдаче.

Представьте себе, что вы приобрели новый автомобиль. Выезжаете на новую дорогу. На трассе перед вами указатели: «наслаждение» и «пустота». Естественным образом вы выберете дорогу, ведущую к наслаждению. Вам и в голову не придет двигаться в пустоту. И все другие автомобили покатятся к наслаждению, и никто не повернет в другую сторону.

Но вот после долгих лет стремления к наслаждениям вы приходите к выводу, что настоящего наслаждения достичь невозможно. И тогда начинаете искать решение. Поскольку все другие машины движутся в сторону наслаждения и вы тоже не видите другого пути, то вынуждены продолжать поездку в том же направлении. Так вы оказываетесь внутри замкнутого круга. В наслаждениях нет истинного наслаждения, а по указателю «пустота» вы ехать не в состоянии.

Единственная возможность вырваться из бесконечного бега по кругу – это поменять окружение. Окажись вы в таком обществе, в котором все водители движутся по указателю «пустота» и с воодушевлением и уверенностью говорят вам, что указатель «пустота» – это просто грандиозный обман, и на самом деле они едут в чудесное место, новое и уникальное, полное бесконечных удовольствий, то и вы захотите попасть туда.

Проверь себя:
- Когда перед человеком открывается возможность свободного выбора? Объясните, почему?

ПОТОМУ, ЧТО МЫ ЖИВЕМ В ОБЩЕСТВЕ

Приведенный в предыдущем разделе пример хорошо иллюстрирует наше состояние с момента пробуждения точки в сердце, но в отношении свободного выбора он может нас запутать. В нем говорится, что человек должен выйти из своего нынешнего окружения и найти новое. На самом деле – и это очень важно отметить – ему ничего не нужно менять в своей жизни.

Для того, чтобы выбрать правильное окружение, мы не должны куда-то переезжать или разрывать связи с близкими. Вся наша работа состоит в том, чтобы выстроить параллельно нашему обычному окружению еще одно – новое окружение, в котором главной ценностью является духовность, стремление к отдаче.

Как кусок железа притягивается к магниту, так человек с пробудившейся точкой в сердце тянется к духовно устремленным людям, к правильным книгам и к учителю, который объяснит, как правильно учиться. Это еще не выбор окружения, и до построения окружения – еще далеко. Пока человека просто «приводят» в правильное место, не спрашивая его самого. Но после того, как он пришел туда, где сможет развиваться, ему дается возможность строить и расширять свое духовное окружение, исходя из своего свободного выбора.

Работа по построению духовного окружения ведется в двух направлениях:
- создание внутреннего окружения;
- создание внешнего окружения.

В каббале принято, что внутренняя работа важнее внешней, но внешняя работа необходима для успеха во внутренней. Рассмотрим вначале те усилия, которые необходимо приложить для создания внутреннего окружения, а затем поговорим о работе с внешним окружением.

Каббала считает, что сутью человека является желание получать и внешнее окружение есть ни что иное, как набор желаний. Целью нашей работы по созданию духовного окружения является увеличение желания к духовному. Усиливая желание к духовному, мы можем сделать его более значимым по сравнению с другими, земными желаниями.

Дело в том, что каждый из нас начинает свой путь в духовном с точки в сердце, которая в соответствии со своим названием действительно является лишь точкой, малым желанием. Чтобы ее увеличить и вырастить в себе страстное желание, осознание важности духовного, мы должны присоединить к этой маленькой точке желания других, так же, как и мы, стремящихся к духовному людей и построить внутри себя духовное окружение, которое земному удовольствию предпочитает духовное.

Это тонкая работа, требующая большой чувствительности. Мы должны ощутить внутреннее желание своих товарищей к духовному, впечатлиться от него, поднять его значимость над тем впечатлением, которое создается в нас под воздействием наших органов чувств. Вся эта работа производится только внутренне. Мы не должны производить никаких внешних действий; работает только наша чувствительность, которая развивается и усиливается в процессе изучения науки каббала.

Итак, мы должны развить в себе большое желание к духовному. Его мы строим из присоединения к желаниям своих товарищей в их стремлении к духовному. Таким образом мы выстраиваем внутри себя духовное окружение и выбираем его в качестве правильной среды для своего развития.

Но есть еще и работа по выбору внешнего окружения. Расширить свое желание к духовному мы можем через занятия в одном из учебных центров, находящихся в разных городах стран СНГ, Европы и Америки, с помощью книг, телевизионных программ канала 66 (в Израиле) и через материалы нашего сайта в Интернете. Все это составные части нашего духовного окружения, и у каждого есть возможность выбрать именно то, что ему подходит.

Бааль Сулам определяет важность выбора окружения: «Прилагающий усилия в своей жизни и каждый раз выбирающий лучшую среду достоин похвалы и награды. Но и здесь – не за его хорошие дела и мысли, принудительно возникающие у него без всякого выбора с его стороны, а за старание выбрать каждый раз хорошее окружение, приводящее к появлению у него этих мыслей и дел».[31]

Еще один способ формирования духовного окружения – это распространение науки каббала. Сказано: «Во множестве народа – величие царя».[32] Чем шире будет наше духовное окружение, тем сильнее оно будет влиять на нас, увеличивая наше желание к духовному.

О важности распространения науки каббала для духовного развития поговорим подробнее в третьем разделе.

Проверь себя:

- Опишите вкратце, в чем состоит работа по выбору внутреннего и внешнего окружения.

О ЖИЗНИ И СМЕРТИ

В заключение урока скажем пару слов и о нашей знакомой. Вместо головы у нее – череп с пустыми глазницами, по-

---

31 Бааль Сулам, статья «Свобода воли».
32 Мишлей. Притчи Соломоновы. Глава 14. Пункт 28.

крытый капюшоном, и в руках коса. Оказывается, она тоже имеет отношение к свободе выбора.

Чтобы избежать ненужных выяснений, начнем с конца. В каббале «ангел смерти» – это не что иное, как «желание получать». Распространенному образу в длинном плаще, который приходит забрать нашу жизнь, есть место в фильмах ужасов, но не в науке каббала.

«Ангел» – это сила, с помощью которой Творец управляет творением. «Жизнь» – это ощущение духовного, а «смерть» – то, что отделяет нас от ощущения истинной жизни, то есть желание получать, или, точнее, намерение ради получения.

Какая связь между намерением ради получения (ангел смерти) и свободой выбора? Связь простая: настоящая свобода выбора находится в освобождении от власти намерения ради получения. Другими словами, настоящая свобода – это свобода от ангела смерти. Пока мы находимся во власти намерения ради получения, оно управляет нами по своей программе, не спрашивая нас, – подобно тому, как рука управляет перчаткой, – и мы лишены свободы выбора. Только в процессе исправления намерения ради получения у нас появляется выбор.

Исправление намерения ради получения и приобретение намерения ради отдачи напрямую зависит от выбора среды, то есть от духовного окружения, которое мы должны построить. Отсюда понятно, почему наша свобода выбора заключается в выборе окружения. В процессе изучения науки каббала раскрывается, что выбор окружения – это не только условие постижения духовного, но также и непосредственно духовная работа. В нашем выборе своего окружения и проявляется наша свобода выбора.

Выражение «свобода от ангела смерти» можно также объяснить как подъем над временным и недостойным существованием в нашем мире на уровень вечной жизни.

Что имеется в виду? Бааль Сулам пишет[33], что методика, по которой мы работаем с желанием получать в нашем мире – намерение получения ради себя – приводит к тому, что наслаждение гасит само желание. Наиболее удачный пример тому: еда (наслаждение) гасит аппетит (желание). Также со временем исчезает и наслаждение, достигнутое в результате приложения больших усилий, например, удовольствие от новой машины или высокой должности. Наслаждение аннулирует желание: без желания нет наслаждения.

Такое постоянное состояние, при котором наслаждение входит в желание и аннулирует его, приводит в конце концов к полному разочарованию от погони за наслаждением. В результате желание получать постепенно исчезает, и мы угасаем вместе с ним. Умирает желание, а вместе с ним – человек.

В детстве мы полны любопытства, наполнены неисчерпаемой энергией раскрыть мир. Все является новым, захватывающим. В юности мы хотим все познать, покорить все вершины, достичь всего, что только можно, изменить мир. По мере взросления человек наполняет некоторые из своих желаний и отчаивается в своей возможности достичь других. Он духовно стареет: его желания ослабевают и постепенно исчезают. Так продолжается до тех пор, пока не остается у него ни одного желания.

Бааль Сулам пишет[34]: «Но после середины его (человека) лет начинаются дни спада, которые по содержанию подобны дням смерти, так как человек не умирает в одно мгновение, так же, как не получает мгновенно окончательную форму жизни. Его свеча, то есть его эгоизм, медленно угасает... так как он начинает отказываться от многого, о чем мечтал в юности... и в дни реальной старости, когда тень смерти уже парит на высотах, у человека уже совершенно нет желаний,

---

[33] Бааль Сулам «Учение Десяти Сфирот», часть 1, Внутреннее созерцание, глава 21.

[34] Бааль Сулам, статья «Свобода воли», Свобода от ангела смерти.

потому что его желание получать, то есть его эгоизм, угасло и покинуло его».

Освобождение от ангела смерти, а именно работа с намерением ради отдачи вместо намерения ради получения совершенно меняет картину. Вместо того, чтобы желание наполнялось наслаждением на короткое мгновение и наслаждение гасило бы само желание, наслаждение проходит через желание с намерением передать наслаждение ближнему. Таким образом мы можем пропустить через себя все существующие в мире наслаждения, и желание будет существовать вечно. Мы сможем получать безгранично, и поток света внутри нас поднимет нас к состоянию вечной жизни.

Человек, который исправил свое намерение получать и находится в духовном, уже не отождествляет свое существование с существованием своего материального тела. Он продолжает существовать в материальном теле, но духовность, которой он достиг, представляет для него категорию существования намного более высокую, и она не зависит от его материального тела. С ней одной он и идентифицирует себя. Он продолжает жить в ней и после материальной смерти. Барух Ашлаг говорил, что смерть подобна смене рубахи: ты сбрасываешь с себя старую (материальное тело) и надеваешь новую (если твоя душа должна вернуться в этот мир в новом теле).

Проверь себя:

- Что такое «свобода от ангела смерти»?

Итоги урока. Краткие выводы

- Четыре фактора, которые создают и определяют творение: основа; развитие неизменных свойств основы; свойства, изменяющиеся под воздействием внешних сил; изменение внешних сил.

- Наша свобода выбора – это выбор окружения, положительно влияющего на наше развитие (развитие основы).
- Возможность свободы выбора появляется у человека, если раскрывается у него точка в сердце. Новое желание к духовному отменяет ценности, которые общество заложило в человека, и при помощи окружения позволяет ему определить для себя новую шкалу ценностей, в соответствии с которой отдача важнее получения.
- Выбор окружения означает рост желания к духовному под влиянием других, их совместного желания к духовному, а также определение места постоянной учебы, чтение каббалистических книг, просмотр телевизионных программ по этой теме и так далее.
- Настоящая свобода выбора заключается в освобождении от власти желания получать. Освобождение от власти желания получать напрямую зависит от окружения, которое мы выбираем.

Термины

Жизнь – ощущение света в сосуде (кли).

Ангел – сила, с помощью которой Творец управляет творением.

Ангел смерти – намерение ради получения, которое не позволяет нам ощутить духовную, истинную жизнь.

Духовность – стремление к свойству отдачи (получение ради отдачи).

Ответы на вопросы

- *Вопрос*: Перечислите четыре фактора, которые создают и определяют творение.

- *Ответ*: 1) основа – первичный информационный материал, определяющий основополагающие свойства творения; 2) программа развития неизменных, основополагающих свойств основы; 3) свойства, изменяющиеся под воздействием внешних сил, – свойства основы, которые могут меняться под влиянием внешних обстоятельств; 4) изменения окружающей среды, влияющие на развитие основы.
- *Вопрос*: Когда раскрывается перед человеком возможность свободы выбора? Объясните, почему?
- *Ответ*: Возможность свободы выбора раскрывается перед человеком, если пробуждается точка в сердце. Новое желание к духовному отменяет все другие, которые общество заложило в человека, и при помощи окружения позволяет ему установить для себя новую шкалу ценностей, в соответствии с которой отдача важнее получения.
- *Вопрос*: Опишите вкратце, в чем состоит работа по выбору внутреннего и внешнего окружения.
- *Ответ*: Выбор внутреннего окружения – это рост желания к духовному под впечатлением от желания к духовному других. Выбор наружного окружения – это определение места постоянной учебы, чтение каббалистических книг, просмотр телевизионных передач по данной тематике и так далее.
- *Вопрос*: Что такое «свобода от ангела смерти»?
- *Ответ*: Освобождение от намерения ради получения. Намерение ради получения лишает нас возможности ощутить истинную жизнь – жизнь духовную, и поэтому в науке каббала оно называется «ангел смерти». Исправление намерения от получения на отдачу освобождает нас из-под власти «ангела смерти» и дает ощущение духовной жизни.

Логический порядок. Последовательность изучения курса

- Мы узнали, что наука каббала – это методика раскрытия Творца творениям в этом мире.
- Мы узнали, что для раскрытия Творца должны изменить намерение с получения на отдачу.
- Мы узнали, что в каббалистических книгах заложена особая духовная сила – «свет, возвращающий к источнику», который способен изменить наше намерение с получения на отдачу.
- Мы узнали, что только в выяснении нашего отношения к ближнему можем создать в себе истинное обращение к свету, возвращающему к источнику.
- Мы узнали, что только через выбор правильного окружения, направленного на духовное развитие, можем точно определить наше отношение к ближнему.
- В следующем разделе мы будем изучать, что такое духовные корни выбора окружения.

ЧАСТЬ 3
МИРЫ И ДУШИ

Содержание:
УРОК 1. ПЯТЬ МИРОВ
- Свет создал кли
- Пять миров
- Все находится внутри

УРОК 2. ДУШИ В МИРАХ
- Душа Адам Ришон
- Шестьсот тысяч душ
- Сверху вниз и обратно

УРОК 1.
ПЯТЬ МИРОВ

Темы урока:
- 4 стадии распространения прямого света;
- 5 духовных миров;
- где находятся духовные миры?

СВЕТ СОЗДАЛ КЛИ

На предыдущих занятиях мы разбирали вопрос о свободе выбора. Мы рассматривали эту тему на примерах из жизни нашего мира с точки зрения науки каббала. В третьей и последней части этого раздела мы поговорим о восприятии нашего мира и более глубоко – о строении духовных миров. Знакомство с построением духовных миров и процессом их формирования позволит нам лучше понять мир, в котором мы живем, а также разобраться со свободой выбора.

Начнем сначала. Замысел Творца – насладить творение. В процессе исправления желания мудрецы постигли, что Творец – это желание отдавать, сила отдачи, единственное стремление которой – передать другим все лучшее, что в ней есть. Поэтому свое духовное постижение они так и сформулировали: Творец создает творение – желание получать все то, что Творец желает ему дать. Таким образом, создание творения начинается с желания Творца насладить творение. Это желание является и причиной, и целью создания творения.

Желание отдавать называется Ор (с иврит., свет), желание получать называется кли (с иврит., сосуд). Желание получать создано желанием отдавать в процессе четырех этапов развития, называемых четырьмя стадиями распространения прямого света. На этих стадиях Ор строит кли таким образом, чтобы оно было готово получать наслаждение.

Часть 3. Миры и души 173

Процесс создания кли начинается со стадии алеф – точки создания сосуда и наполнения его светом, и завершается стадией далет – решением сосуда подняться на уровень Творца и достичь самого большого наслаждения, которое существует в создании (см. схему 2.4). На всех стадиях своего развития сосуд имеет разные характеристики до того момента, когда достигает стадии далет, на которой он уже способен получить свет.

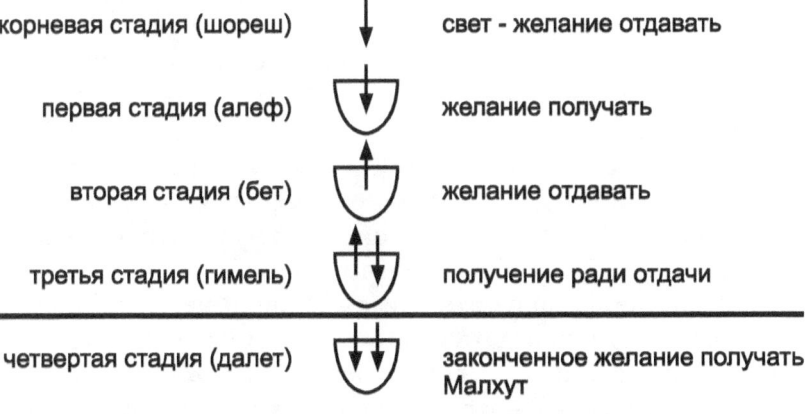

Схема 2.4.

Четырем стадиям распространения света предшествует программа действия, называемая «Замысел создания – насладить творение». Этот замысел находится в корне творения (с иврит., Шореш Брия) и поэтому также носит название «стадия шореш». Стадия шореш – это желание отдавать, которое, развиваясь, выделяет из себя желание получать.

Первая стадия развития желания называется «бхина алеф». На этой стадии создано желание получать – наполниться светом. Свет создает сосуд – желание получать (см. схему 2.4), которое полностью соответствует свету, создавшему его, таким образом, что свет наполняет сосуд. Таким образом, желание на ступени алеф ощущает, что изначально абсолютно наполнено светом и нет в нем незаполненных желаний, а свет приходит к нему от кого-то, кто дает ему этот свет. Более того, он, сосуд, также ощущает воздействие света как дающий и наполняющий, поэтому на фоне отсутствия незаполненных желаний в сосуде начинает рефлексивно (примерно, как рефлекс младенца на любовь, заботу о нем родителей) возникать новое желание к отдаче. В результате он начинает ощущать, что настоящее наслаждение находится не в получении, а в отдаче. Эта новая ступень в развитии желания называется «бхина бет» (см. схему 2.4).

На стадии бет желание получать желает получить наслаждение от отдачи, а не от получения. Если на стадии алеф было создано желание получать, то на стадии бет создается желание отдавать. На стадии бет желание получать желает отдать. Возникает вопрос: в состоянии ли оно отдавать? Ответ: нет. Потому что ему нечего отдавать. Единственный источник отдачи – это Творец. Творение способно лишь получить наслаждение, и нет у него возможности что-то отдать от себя Творцу, так как полученный свет – это не его свет, а свет Творца. Желание отдавать на стадии бет – это только желание и непонятно, как осуществить его.

Решение проблемы находится в сути Творца. Творец желает отдавать, и, чтобы удовлетворить свое желание к отдаче, Он создает желание получать – ведь при отсутствии желания получать Творец не может отдавать. Оказывается, что желание творения получить – это по сути то, что творение может дать Творцу. Единственная возможность творения отдать – это дать возможность Творцу наполнить творение, получить от Творца то, что Он желает дать ему. Таким образом, творение соглашается получать не ради себя (оно ведь хочет отдавать), а ради Творца, чтобы дать возможность Творцу реализовать Свое желание к отдаче.

Так оно и делает. Желание получать ради желания отдавать называется «бхина гимель» (см. схему 2.4). На стадии гимель формируется желание получать с намерением отдавать все приходящие наслаждения Творцу. Так создается полный цикл, в котором все отдают: на стадии шореш (Творец) создает желание получать (стадия алеф), чтобы насладить творение. Желание получать после прохождения стадий алеф, бет и гимель возвращается к Творцу, чтобы насладить Его. На стадии гимель происходит получение (как на стадии алеф), но в намерении отдать (как на стадии бет).

На стадии гимель желание получать является отдачей и впервые ощущает, что значит быть похожим на Творца, что значит отдавать. Запомните: в науке каббала Творец – это желание отдавать. Единственный путь творения почувствовать Творца, узнать и понять Его – это уподобиться Ему в Его действиях на отдачу, в действиях, которые впервые были произведены на стадии гимель. На стадии гимель впервые возникает ощущение, что такое быть похожим на Творца. В результате пробуждается желание нового качества: получить наслаждение, находясь на равных с Творцом, от всего, что есть, и от самого Творца. Это новое желание называется бхина далет и является конечным в процессе создания желания (см. схему 2.4).

В отличие от стадии гимель, желание на стадии далет не желает отдавать и не рассчитывает свои действия, направленные на отдачу. Его интересует только одно: получить наслаждение от всего, что есть, и главным образом – от самого Творца; насладиться, находясь в статусе Творца.

Представьте себе, что у вас есть возможность узнать все секреты создания, все связи, которые соединяют все части создания, воздействовать на них и управлять ими в собственных интересах. Первый приз в лотерее был бы пустяком по сравнению с открывшимися перед вами возможностями. Кто из нас отказался бы от этого!

Так с точки зрения нашего мира мы можем определить наслаждение быть Творцом. На духовном уровне все воспринимается совершенно иначе. И мы поймем это, только достигнув его. Однако в любом случае приведенный пример может помочь нам как-то понять, что представляет из себя желание на стадии далет.

В завершение кратко повторим пройденное. На нулевой стадии (бхина шореш) желание Творца дать и насладить создает из себя желание получать и насладиться – первую стадию (бхина алеф), наполненную Его светом. Бхина алеф ощущает, что есть некто, кто наполняет ее светом, желает походить на него и отдавать. Так создается вторая стадия (бхина бет). Чтобы бхина бет осуществила свое желание отдавать, она должна получить – бхина гимель. Но получить ради того, чтобы бхина шореш смогла реализовать свое желание к отдаче. Бхина гимель на практике ощущает, что такое быть похожим на Творца. Развиваясь, она желает получить для себя, а не для отдачи все наслаждение, которое можно получить, находясь в статусе Творца. Так появляется четвертая стадия, новое желание – бхина далет, которое называется также Малхут.

Бхина далет – это созданное Творцом желание получать. Все предшествующие ей ступени рассматриваются не в качестве желания получать, а как стадии, формирующие желание получать. Желание получать на стадии далет – это полноценное творение, созданное Творцом. В нем мы уже различаем неживой, растительный, животный уровни в нашем мире и неживой, растительный, животный уровни в духовных мирах. Все части нашего мира и все составляющие духовных миров – все это проявления желания получать (см. схему 2.5).

Здесь важно подчеркнуть, что желание получать на стадии далет перестало получать ради отдачи, а стало получать ради себя. Оно еще не является способным исправить себя и достичь уровня Творца. Чтобы из него сформировалось такое творение, оно должно пройти множество других ступеней развития.

Часть 3. Миры и души

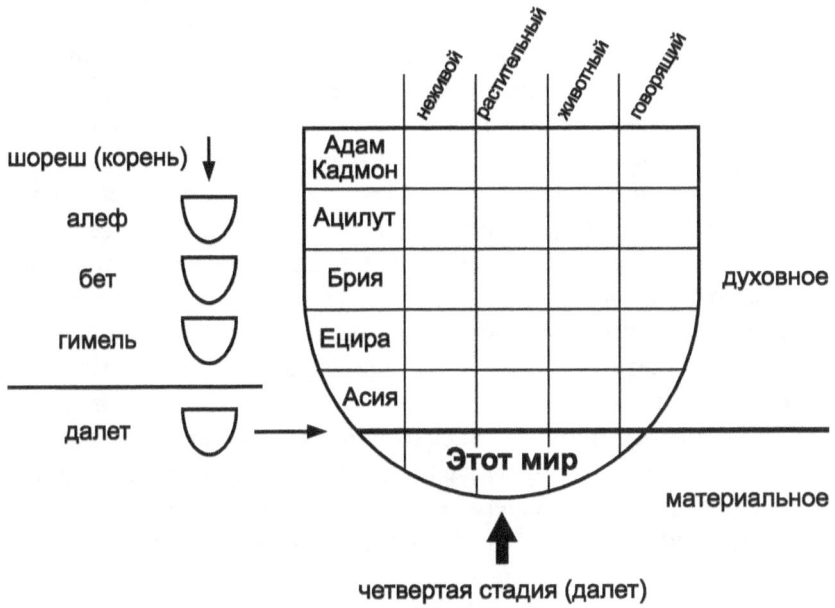

Схема 2.5.

Проверь себя:

- Назови пять стадий создания желания получать.

ПЯТЬ МИРОВ

Главным условием для создания творения, способного получать наслаждение, которое Творец желает передать ему, является самостоятельное желание творения получить его. Ведь нельзя насладить кого-то насильно, вопреки его желанию. Желание получать означает, что он сам хочет получить то наслаждение, которое Творец желает дать ему. С первого взгляда кажется, что такое желание создано на стадии далет. Однако создание желания на стадии далет (как и весь процесс развития желания получать) не является полностью осознанным со стороны творения. На четырех стадиях распространения прямого света свет производит из себя и развивает инстинктивное желание получать, без включения сознания творения. Хотя на стадии далет появляется уже самостоятельное желание. Свет дает кли (сосуду творения) на этой стадии (далет) кроме наслаждения еще и присущее свету свойство давать, дарить наслаждение. Это свойство противоположно природе кли и вызывает у него чувство стыда за свои эгоистические желания – настолько жгучее, что кли предпочитает отказаться от получения света. Давать кому-то наслаждение как Творец, кли не может. Единственная альтернатива – не получать наслаждение. И так как в духовном мире нет насилия, то согласно желанию кли, свет покидает его. Это фактически первое самостоятельное действие кли под воздействием ощущения стыда называется Первым сокращением (цимцум алеф), первым скрытием Творца от творения...

Самостоятельное желание творения может возникнуть только при условии, что Творец скрыт от творения. Всякий раз, когда творение раскрывает Творца, оно отменяет себя перед Ним. Это похоже на отношения отцов и детей в нашем мире – все время, пока дети находятся под опекой родителей, они не могут стать по-настоящему самостоятельными.

Есть и еще причина для скрытия Творца. Чтобы пробудить в творении осознанное желание насладиться в соответствии с замыслом творения, состояние наслаждения должно наполнить его хотя бы один раз, чтобы потом исчезнуть. Тогда в творении возникает уже осознанное желание к наполнению. Похожие проявления (в соответствии с действием Закона соответствия ветвей и корня) есть и в нашем мире. Например, чтобы у нас появилось желание к какой-то еде, мы должны попробовать ее и потом захотеть ощутить тот же вкус.

Таким образом, после создания желания получать на стадии далет Творец удаляется от творения, от желания получать, через систему пяти миров. Система миров поступенчато отдаляет Творца от желания получать. Слово «мир» – на иврите «олам», происходит от слова «алама» – исчезновение. Так происходит до спуска в реальность нашего мира, в котором желание получать не содержит никакого ощущения Творца. Творец находится в состоянии абсолютного сокрытия.

Пять миров созданы в соответствии с системой четырех ступеней распространения прямого света. Против бхина шореш создан Олам Адам Кадмон, против бхина алеф создан Олам Ацилут, против бхина бет создан Олам Брия, против бхина гимель создан Олам Ецира, против бхина далет – Олам Асия (см. схему 2.6). Под Олам Асия находится наш мир.

раскрытие 100%			тонкое желание (с малой степенью эгоизма)
	шореш (корень)	Адам Кадмон	100%
	алеф	Ацилут	80%
	бет	Брия	60%
	гимель	Ецира	40%
	далет	Асия	20%
		Этот мир	0%	махсом
скрытие 100%			грубое желание

Схема 2.6.

Пять миров, как сказано, – это пять стадий сокрытия света Творца (наслаждения) от желания получать. В мире Адам Кадмон желание получать ощущает 100% наслаждения, в мире Ацилут – 80%, в мире Брия оно ощущает 60% наслаждения, в мире Ецира – 40%, в мире Асия – 20%, и в этом (нашем) мире – 0%. Эти цифры – условные, чтобы лучше понять принцип ослабления света. В нашем мире мы не чувствуем Творца совсем, и именно из этого состояния может возникнуть в нас собственное желание связи с Ним. Важно подчеркнуть, что сам свет не меняется и, как пишут мудрецы, «бесконечный свет находится в состоянии абсолютного покоя».[35] Только кли – желание получать – меняется и в соответствии с этим ощущает в разных формах этот единый простой свет.

По мере развития пяти миров сверху вниз желание получать все больше и больше понимает, насколько оно противоположно природе света. Свет – это желание отдачи, а оно (творение) – желание получения. Эта противоположность, которая проявляется с развитием миров, все больше и больше скрывает свет до момента его полного сокрытия. В каждом мире желание получать становится грубее и агрессивнее. В этом мире природа получения полностью управляет им и скрывает от него весь свет (см. схему 6).

Как сказано, происхождение пяти миров связано с четырьмя стадиями распространения прямого света. На самом деле все создание построено в соответствии с конструкцией четырех стадий распространения прямого света. Четыре стадии и предшествующая им бхина шореш являются базовой моделью, по которой построено все создание и каждая его часть.

Таким образом, каждый мир делится на пять внутренних частей, которые называются парцуфим. Каждый парцуф делится на пять частей, которые называются сфирот. Получается, что духовные миры делятся на 125 частей: пять миров умножить на пять парцуфим в каждом мире и на пять сфирот в каждом парцуфе. Эти 125 частей являются 125 духовными ступенями, которые спускаются сверху вниз и по которым нам предстоит вернуться снизу вверх.

---

35 Бааль Сулам «Учение Десяти Сфирот», часть 1, Внутренний свет, пункт 2.

Проверь себя:
- Опиши строение духовных миров и объясни причину их создания.

ВСЕ НАХОДИТСЯ ВНУТРИ

Одна из проблем людей, изучающих науку каббала, и особенно новых учеников, заключается в утверждении, что невозможно достичь духовности, что погоня за ней напоминает сизифов труд. Однако духовность находится гораздо ближе к нам, чем мы предполагаем. Именно от того, что она рядом, мы ее не замечаем. Это как пылинка на стекле очков – она скрыта от наших глаз ввиду своей близости.

На самом деле духовные миры гораздо ближе к нам, чем та пылинка. Чтобы достичь духовности, нам не нужно никуда ехать и даже идти пешком, не надо ни протягивать руку и не делать никакого даже микроскопического внешнего движения. Духовные миры не находятся снаружи. Как все духовные изменения и сама духовность, духовные миры находятся внутри нас.

Нет мира вне нас. Даже наш земной мир – это фактически внутренняя картина духовных миров, таким образом отображающихся внутри нас, внутри нашего желания (как мы это изучали на начальном курсе). Каждый из пяти духовных миров – это внутреннее проявление нашего желания. Ситуации, в которых мы оказываемся, в большей или меньшей степени отражают наши связи с другими и с Творцом. В случае, когда мы соединяемся с другими на основе настоящей любви, то обнаруживаем духовные миры и поднимаемся к мирам Асия, Ецира, Брия, Ацилут и Адам Кадмон до конечного исправления. Без человека, открывающего духовные миры, нет миров.

«Мы не открываем ничего нового, – сказал великий каббалист XVIII века раби Менахем Мендл из Коцка. – Вся наша работа – это только выявить то, что скрыто в душе человека». Все уровни исправленных связей с другими, от самых маленьких до самых больших, уже существуют как потенциал в каждом из нас. Они только ждут проявления. Как младенец, который по мере своего развития выявляет заложенные в нем возможности сидеть, ходить и говорить, так и человек, который духовно развивается, открывает на каждом уровне своего развития все более тесные связи между собой и другими. И в соответствии с этим поднимается в духовном развитии и все более и более открывает в себе связь с Творцом.

Каббалисты пишут нам, что все мы уже находимся в исправленном состоянии. Все, что нам осталось, – это выявить его в себе. Нам трудно понять это, однако Творец не связан ограничениями времени, движения или места, чтобы реализовать свое намерение – насладить творение. В тот момент, когда возникло данное намерение – насладить творение, оно и было реализовано. Мы уже находимся в исправленном состоянии, однако для того, чтобы мы смогли захотеть выявить и оценить его во всей его силе и великолепии, его скрыли от нас.

Все уровни развития творения каббалисты разделяют на три главных этапа: а) мысль о создании или замысел творения, б) исправление творения, в) окончательное исправление (см. схему 2.7). При окончательном исправлении мы связаны друг с другом связями любви и отдачи и одним общим желанием быть вместе и излучать свет Творца. Для того, чтобы мы смогли достичь этого состояния во всей его глубине, он скрыт от нас. И мы должны выявить его из его сокрытия путем, который называется исправлением создания.

Каббалист РАБАШ, старший сын Бааль Сулама, описывает это на таком примере. «Представьте себе, – пишет он, – что богатый американский дядя положил миллион долларов в банк на Ваше имя. Однако просил скрыть от Вас эту важную информацию до тех пор, пока не реализуются условия, необходимые для того, чтобы Вы узнали об этом. Вы живете и ничего не знаете о деньгах. И вот в один прекрасный день Вам звонят из банка и сообщают о скрытом богатстве. Деньги все это время были в банке и единственное, что изменилось, – это Ваше знание об этом». Подобно ситуации в приведенном примере, таково и состояние окончательного исправления: мы уже находимся там, просто не знаем об этом. Мы просто должны выявить это состояние.

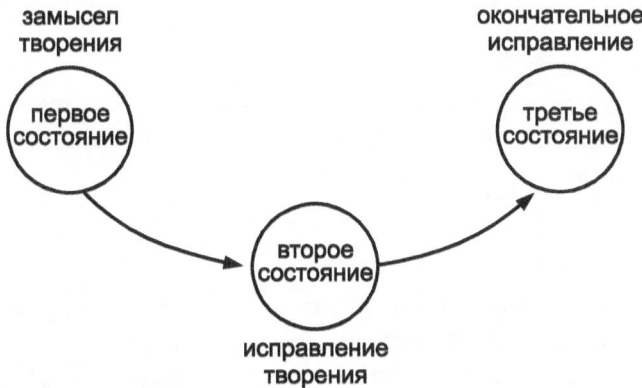

Схема 2.7.

Выявление нашего исправленного состояния происходит поэтапно, путем подъема от одного мира к другому, от этого мира и до мира Адам Кадмон. Подъем по духовным ступеням происходит путем исправления желания получать – от намерения получать к намерению отдавать. В процессе исправления желания мы приобретаем сосуд, способный получать свет для отдачи.

Каждый раз, исправляя какую-то часть желания получать, мы приходим к полностью исправленному желанию и обнаруживаем все наслаждение, которое Творец замыслил передать творению. Исправление желания получать на желание отдавать происходит путем притяжения света, возвращающего к источнику, во время изучения науки каббала (подробнее об этом мы будем говорить в третьем разделе).

Итак, для того, чтобы пробудить в нас самостоятельное большое зрелое желание, Творец скрывает себя пятью духовными мирами. Исправив себя с помощью света, возвращающего к источнику, с желания получать на желание отдавать, мы поднимаемся назад по духовным ступеням и удостаиваемся духовного наслаждения.

Проверь себя:
- Где находятся духовные миры и каким образом человек может подниматься по их духовным ступеням?

Итоги урока. Краткие выводы
- Свет строит желание получать в процессе развития четырех ступеней, называемых далет бхинот деор яшар (четыре стадии распространения прямого света).
- Бхина далет в четырех стадиях распространения прямого света – это созданное Творцом желание получать. Различия всех предшествующих ей стадий проявляются в характере восприятия света.
- Чтобы пробудить в творении самостоятельное желание, Творец отдаляет от него желание получить пятью духовными мирами (Адам Кадмон, Ацилут, Брия, Ецира и Асия) до этого мира – места, в котором Творец полностью скрыт от творения.
- Все духовные миры находятся внутри человека. Духовные миры постигаются нами в процессе исправления желания с намерения получать на намерение отдачи. Во время исправления желания ступень за сту-

пению мы поднимаемся в духовные миры до полного исправления.

Термины

Ор (свет) – желание отдавать, отдача.

Кли (сосуд) – желание получать, получение.

Четыре стадии распространения прямого света (ивр., *далет бхинот деор яшар* – процесс создания кли (сосуда) светом.

Малхут – желание получать, созданное четырьмя стадиями распространения прямого света.

Ответы на вопросы

- *Вопрос*: Назови пять стадий создания желания получать.
- *Ответ*: Бхина шореш: желание Творца насладить творение. Бхина алеф: изначально наполненное желание получать. Бхина бет: желание отдавать. Бхина гимель: желание получать ради отдачи. Бхина далет: желание насладиться, стать равным Творцу.
- *Вопрос*: Опиши строение духовных миров и объясни причину их создания.
- *Ответ*: Высший мир – это мир Адам Кадмон, после него идет мир Ацилут, затем миры Брия, Ецира и Асия. Под миром Асия находится этот (наш) мир. Причина создания миров – это необходимость скрыть Творца от творения. Пять духовных миров – это по сути ступени все более нарастающего сокрытия Творца от творения.
- *Вопрос*: Где находятся духовные миры и каким образом человек может подниматься по их духовным ступеням?
- *Ответ*: Все духовные миры находятся внутри человека. Духовные миры – это ступени исправления жела-

ния в намерении на отдачу. В процессе исправления желания шаг за шагом мы поднимаемся по ступеням духовных миров.

УРОК 2.
ДУШИ В МИРАХ

Темы урока:
- Душа Адам Ришон
- Грех Древа познания

ДУША АДАМ РИШОН

На предыдущем уроке мы изучали, как свет выделяет из себя желание получать в четырех стадиях распространения прямого света. Также мы говорили о том, как в соответствии с четырьмя стадиями произошло нисхождение сверху вниз пяти духовных миров, скрывающих свет от желания получать.

На первый взгляд, картина ясна: Творец скрывает себя через пять духовных миров, чтобы творение в этом мире раскрыло Его в процессе подъема в эти миры. Однако абсолютно необходимо, чтобы в этом мире напротив творения, которое стремится к духовному, находилось творение в духовной реальности. Так же, как против любой материальной ветви в нашем мире, через которую проявляется желание к духовному, должен стоять духовный корень. Но этот корень пока не раскрывается при выходе четырех стадий распространения прямого света и образовании пяти духовных миров. Об образовании духовного корня, который называется «душа Адам Ришон» (ивр., Адам Ришон – Первый Человек), мы и будем говорить на этом уроке.

Создание кли (сосуда) в процессе четырех стадий распространения прямого света еще не означает создания творения, способного к исправлению. На четырех стадиях распространения прямого света формируется только желание получать, которое является материалом для создания такого творения. Из него еще не образовалось само творение. Так же как еще нет творения и при нисхождении миров сверху вниз. Развитие пяти духовных миров создает среду, подходящую для создания творения, которое сможет исправить себя через осознание своего «я» и взаимосвязи с другими, со всеми частями Мироздания и его Творцом. Именно в этом состоит назначение и необходимость в изучении науки каббала.

Пять духовных миров – это лишь неодушевленная среда, внутри которой существует возможность создать творение.

Итак, в процессе нисхождения духовных миров создано творение. Понятно, что говорится не о человеке в нашем мире, а о духовной категории – особой части желания получать, цель которой – прийти к подобию свойств с Творцом. Она создана в мире Ацилут и называется «душа Адам Ришон» (см. схему 2.8).

На этом этапе учебы, когда наши познания в науке каббала еще недостаточны, мы не сможем понять, что является внутренней сущностью «Адам Ришон», из какой части желания он создан и при каких условиях. Пока мы удовлетворимся следующим определением: «душа Адам Ришон» – это особая часть желания получать, в которой все части желания связаны друг с другом узами отдачи и любви и работают вместе как одно целое.

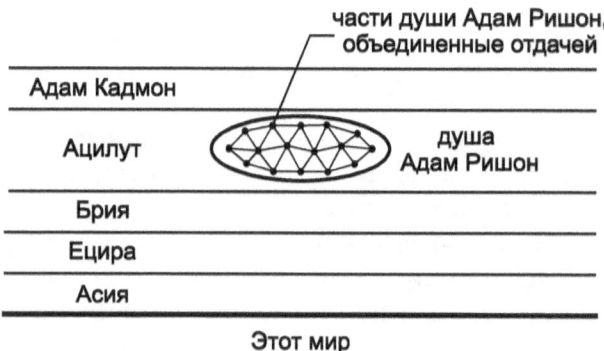

Схема 2.8.

Проще говоря, душа Адам Ришон – это желание, которое работает на отдачу. Это желание, все части которого соединены между собой в намерении ради отдачи и которые действуют как части, объединенные в одну систему. В этой единой системе, в объединении между всеми частями раскрывается единый свет – Творец.

Самым удачным примером действия подобной системы в нашем мире является организм человека. Он так же, как душа Адам Ришон, состоит из множества составных частей, клеток, органов, которые соединены все вместе и работают на благо всего тела. Это единение всех частей человеческого организма являет собой абсолютное совершенство, которого нет в каждой отдельной его части.

Душа Адам Ришон фактически и является нашим исправленным состоянием, в котором связями отдачи и любви все люди соединены вместе, как части единого тела. Возникает вопрос: если желание уже находится в исправленном состоянии в душе Адам Ришон, почему человек должен находиться в нашем мире и исправлять желание с помощью изучения каббалы? Для чего нам навязано наше испорченное состояние, если мы уже находимся в исправленном состоянии?

Чтобы ответить на этот вопрос, вернемся немного назад, к бхина алеф – первой из четырех стадий распространения прямого света. В ней раскрылись условия, подобные тем, которые раскрываются в душе Адам Ришон. Чем лучше мы поймем состояние на стадии алеф, тем быстрее сможем усвоить, почему с формированием души Адам Ришон не закончился процесс исправления желания.

На стадии алеф создано желание получать. Стадия 0 (ивр., *шореш* – корень) выделяет из себя стадию 1 (алеф) как желание получать, чтобы была возможность реализовать желание отдачи. Она наполняет светом желание получать и таким образом реализует свое желание отдачи. Как и душа Адам Ришон, стадия алеф имеет, казалось бы, все условия для осуществления замысла творения: есть Творец, который желает дарить добро, и есть творение, которое это добро принимает. Чего же еще недостает?

Ответ простой: отсутствует самостоятельность. Желание получать на стадии алеф создано в особом состоянии, внутри оно изначально наполнено светом. Недостаток и наполнение раскрываются вместе, и как результат наполнение аннулирует ощущение недостатка. В нашем мире это можно сравнить с состоянием сытости, когда еда (наполнение) гасит чувство голода (недостаток). Другими словами, на стадии алеф отсутствует ощущение недостатка, в желании получать нет желания получать – оно полностью удовлетворено. Свет отменяет кли, и поэтому желание получать не ощущает себя. Оно не осознает самого себя и, конечно же, не осознает Творца вне себя. В таком состоянии невозможно осуществление замысла творения, потому что до сих пор нет осознанного желания получить свет. А это желание, как мы учили, является основным воплощением замысла творения.

Благо, которое Творец хочет дать творению, – это поднять его на свой уровень, на уровень наивысшего состояния: стать, как Он; чувствовать, как Он; знать, хотеть и мочь, как Он. На Его уровне творение сможет познать общую программу творения во всех ее подробностях и суть самого замысла творения.

Желание получать на стадии алеф находится в состоянии, абсолютно противоположном этому, в нем еще нет ощущения себя. Наслаждение, наполняющее его, одновременно аннулирует само желание, и оно не ощущает своего существования. Это состояние не является подобием Творцу, и поэтому процесс развития желания продолжается.

Состояние, подобное стадии алеф, раскрывается в душе Адам Ришон. Душа Адам Ришон создана внутри желания отдавать, когда она наполнена светом. Она никогда не знала состояния, противоположного отдаче, и поэтому не в состоянии чувствовать, что такое на самом деле отдавать. В определенном смысле и она, как стадия алеф, не осознает своего положения.

Цель создания, как сказано, поднять творение на уровень Творца, то есть не только быть в статусе отдающего, но и постичь первоначальный замысел и суметь реализовать его самостоятельно. Чтобы творение могло достичь этого высокого уровня, душа Адам Ришон разбилась на части в действии, которое называется грехопадение Адама. И когда мы уже осознанно соединяем все разбитые части вместе, мы не только возвращаемся в исправленное состояние связи, в котором мы уже были, но и приобретаем разум, способный управлять ситуацией – желанием получать в намерении отдавать, и реализовать сам замысел творения, как того и желает Творец.

О разбиении и его последствиях поговорим подробнее в следующей части урока.

Проверь себя:
- Что такое душа Адам Ришон?

ШЕСТЬСОТ ТЫСЯЧ ДУШ

Человек – это единственное в мире творение, которое не находится в свойстве отдачи. Все уровни: неживой, растительный и животный – абсолютно все подчиняются единому закону природы, который управляет творением. В полной гармонии, как одно тело, всегда для пользы всего тела – так действуют все, кроме человека. Человек – единственное создание в мире, которое действует в противоречии с законами природы. Поэтому он и страдает.

Странно. Почему именно люди? Какой смысл создать такое развитое творение, как человек, и выбросить его в наш мир только для того, чтобы раз за разом поднимать его вместе с его разбитой машиной на скоростную трассу. И снова он будет ехать против движения, ибо нет у него выбора. Кто получает удовольствие от всего этого?!

Точно, что не я. Смею предположить, что и не вы. Но если на мгновение остановиться и попытаться понять логику, которая стоит за этим театром абсурда, то выходит, что невозможно устроить иначе. Только из этой противоположности может раскрыться все добро, уготованное нам замыслом творения.

Неживой, растительный и животный уровни в нашем мире, хоть и находятся в свойстве отдачи и в полной гармонии, не осознают этого. Творец управляет ими, как марионетками, в соответствии с законами творения, и они не спрашивают, для чего. Силы, с помощью которых Творец управляет творением, в каббале называются ангелами. На неживом, растительном и животном уровнях отсутствует самостоятельность.

«Человек создан для того, чтобы поднять небеса», – сказал Менахем Мендель из Коцка. Как и другие высказывания каббалистов, его слова глубоки, как море, и чтобы до конца понять их, необходимо достичь его уровня. Тем не менее, мы не ошибемся, если из его слов предположим, что мы созданы не для того, чтобы быть марионетками.

Человек – это единственное творение, по своей природе обратное свойству отдачи, потому что именно из этой противоположности и можно подняться на самый высокий уровень творения. Если мы научимся подниматься из состояния получения и разобщенности в состояние отдачи и объединения, то достигнем не только гармонии со всем творением, но на пути к исправленному состоянию приобретем также разум, способный самостоятельно управлять творением.

Цель создания – насладить творение. И благо, предназначенное нам, – это подняться на уровень Творца, узнать программу творения во всех подробностях и выполнить ее. Чтобы достичь этого, мы должны впитать в себя все проявления противоречий между абсолютным получением и абсолютной отдачей. Только посредством постижения частностей можно достичь целого. Для этого человек должен родиться в нашем мире с желанием получать и именно из этого обратного состояния подняться от разобщенности к объединению, от получения к отдаче.

Для того, чтобы это стало возможным, в мире Ацилут душа Адам Ришон была создана в исправленном состоянии, а потом разбилась. Каждый из нас является результатом разбиения души Адам Ришон. В каждом из нас есть божья искра, маленькая частичка той разбитой души. Наша совместная задача – снова соединить все эти «искры» в одну душу так же, как мы были объединены в душе Адам Ришон.

При разбиении души Адам Ришон разорвалась связь отдачи и любви, которая соединяла все части творения. В результате этого и в нашем мире связь между нами разрушена. Мы живем в состоянии разобщенности. Из этой реальности через изучение науки каббала мы должны достичь объединения, в котором когда-то уже были. Только на этот раз мы должны достичь объединения осознанно, руководствуясь своим собственным желанием.

Чтобы глубже понять работу, которую нам предстоит проделать при подъеме из нашего мира в духовный, немного расширим свое знание о духовном процессе, который называется «разбиение души Адам Ришон». Начнем с важного разъяснения: Адам Ришон (с иврр., Первый человек), который был создан в мире Ацилут, – это не тот человек, который жил в нашем мире 5774 года назад (дата действительна на время издания книги – 2013 год) и первым раскрыл духовное. Речь идет о двух абсолютно разных категориях. Душа Адам Ришон в мире Ацилут – это духовная категория, которая не имеет никакой материальной формы. А первый человек в нашем мире был человеком из плоти и крови.

Адам Ришон, созданный в мире Ацилут, – это и есть тот первый человек, о котором говорится в начале книги Бытия (Берешит). Каждый рассказ Торы, как и все другие святые писания, фактически являются описаниями духовных категорий. Грех Древа познания, о котором говорится в Торе, и изгнание из Райского сада описывают на самом деле духовный процесс, который называется «разбиение Адам Ришон».

Как сказано, при разбиении души Адам Ришон разорвалась связь отдачи и любви, которая соединяла между собой все части. В результате, пишут каббалисты, душа Адам Ришон разбилась на шестьсот тысяч частей, которые упали из мира Ацилут в миры Брия, Ецира и Асия (см. схему 2.9). Каждая часть разбитой души в духовных мирах также разделяется на несколько еще более мелких осколков, которые упали в наш мир. Эти искорки души и являются точками в сердце, которые пробуждаются в каждом из нас.

В каждом есть частица желания души Адам Ришон, которая стремится к соединению, к связи с Творцом, к духовности. Эти желания мы должны снова объединить в одно желание таким же образом, как это было до разбиения. И, поднимаясь снизу вверх, мы соединимся внутри желания, свободного и осознанного, и достигнем полной связи с Творцом.

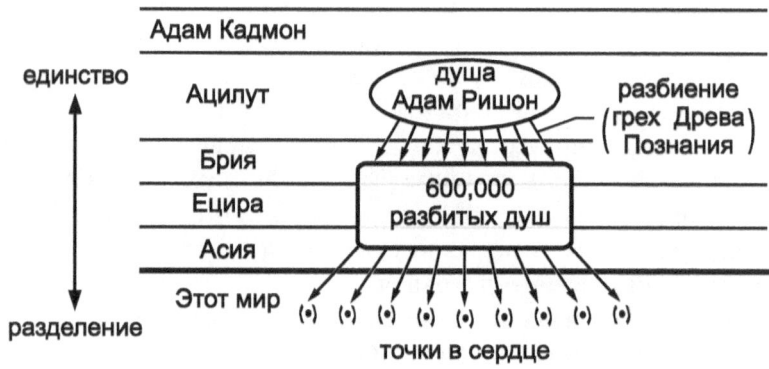

Схема 2.9.

РАБАШ пишет: «В каждом есть какая-то искра любви к ближнему, но эта искра сама не может зажечь пламя любви... поэтому эти люди согласились объединиться, чтобы искры слились в одно большое пламя... и когда есть у него большая сила, тогда есть в нем сила реализовать любовь к ближнему, и тогда он может достичь любви Творца».[36]

Проверь себя:
- Почему разбилась душа Адам Ришон?

СВЕРХУ ВНИЗ И ОБРАТНО

Этот раздел учебы мы заканчиваем, как и было заявлено, соединением всех «частей мозаики» в одну полную и понятную картину. Одну за другой мы раскладываем по своим местам все составные части реальности, внутри которой осуществляем подъем снизу вверх. И обращаем особое внимание на важность окружения и вопрос свободы выбора.

В статье «Наука каббала и ее суть» Бааль Сулам пишет:

«Каббала представляет собой науку, объясняющую причинно-следственную связь порядка нисхождения корней, подчиняющуюся постоянным и абсолютным законам, которые связаны между собой и направлены на одну возвышенную, но очень скрытую цель, называемую «раскрытие Божественности Творца Его творениям в этом мире»».

Таким образом, наука каббала – это наука об этапах развития творения от начала и до конца. Она учит нас, что такое замысел творения, каков путь его реализации и в чем заключается наша роль.

Каббалисты – это люди, которые исправили свое намерение с получения на отдачу и в результате этого достигли ощущения духовной реальности. Из своих постижений они

---

[36] РАБАШ, статья «Да продаст человек крышу дома своего», 1984 г.

пишут нам, что «насладить творение» – это замысел, лежащий в основе создания. Они пишут также, что наслаждение это проявляется в состоянии, которое называется «слияние», когда творение уподобляет свою форму форме Творца и они становятся одним целым. Благо, гарантированное нам замыслом творения, – подняться на уровень Творца, стать таким, как Он.

Достигнуть цели творения можно только при условии, что творение имеет собственное осознанное желание реализовать ее. Кажется, все просто. Но такое желание возникает только в состоянии, когда творение, казалось бы, свободно от власти Творца. Поэтому, чтобы его осуществить, Творец отдаляет творение от себя путем создания системы сокрытий – пяти миров: Адам Кадмон, Ацилут, Брия, Ецира и Асия, до реальности этого мира, в котором творение не чувствует присутствия Творца.

В процессе отдаления от Творца творение постепенно осознает свою природу как обратную Творцу. Осознание этой противоположности и отдаляет его от Творца. В каждом мире, который нисходит сверху вниз, желание получать становится все грубее и грубее, так что в этом мире оно раскрывается в наиболее грубой форме, более всего удаленной от свойства отдачи. Только из этой противоположности творение способно развить собственное желание к слиянию с Творцом.

Власть желания получать и ощущение разрозненности в нашем мире являются материальным следствием духовного процесса, называемого «разбиение души Адам Ришон». Душа Адам Ришон – это духовный корень творения в нашем мире. Созданная в мире Ацилут как желание всех частей работать на отдачу, она разбилась. Отдача и любовь, соединявшие все части, разрушились. В результате разбиения душа разделилась на шестьсот тысяч (ивр., *шишим рибо*) душ, которые упали в миры Брия, Ецира и Асия.

Часть 3. Миры и души 197

Из каждой части души, разбитой в мирах Брия, Ецира и Асия, упали искры в наш мир. Эти искры – точки в сердце, желание связи с Творцом, присущее каждому человеку в нашем мире. Десятки тысяч лет точки в сердце пробуждались у немногих людей – это были каббалисты предыдущих поколений. Сейчас, когда желание получать завершает свое развитие в этом мире, точка в сердце начинает пробуждаться во многих людях: она-то и приводит их к изучению науки каббала.

Все развитие творения, от замысла творения до пробуждения точки в сердце, происходит механически, в соответствии с программой, написанной изначально и без участия человека. На протяжении всего этого сложного процесса Творец выстраивает условия для духовного развития человека. Он делает это, не спрашивая согласия человека. И как только пробуждается в нем точка в сердце, она приводит его в то место, где изучают мудрость каббалы. И с этого момента окончательно меняются правила игры. Отсюда и дальше без желания самого человека Творец не продвигает его ни на один шаг вперед. Впервые перед ним открывается возможность свободного выбора (см. схему 2.10).

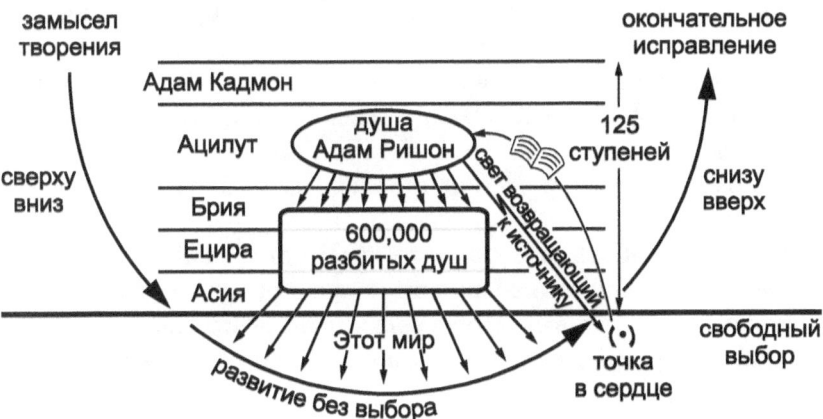

Схема 2.10.

До пробуждения точки в сердце нет свободы выбора. До тех пор, пока в нас не пробудилось желание к духовному, нами управляет одно только желание получать, главный принцип которого – получить максимальное наслаждение путем минимальных усилий и всегда с учетом собственной выгоды.

Этот холодный расчет желание производит самостоятельно и автоматически, без учета нашего согласия, в соответствии с двумя факторами, влияющими на нашу жизнь:

1) врожденные склонности;
2) этические нормы, установленные в обществе.

В тот момент, когда в человеке пробуждается точка в сердце, составные части уравнения меняются местами. Обыденные ценности человеческого существования перестают быть самоцелью и уже не увлекают человека. В нем возникает опустошенность, его уже не манят цели, которые общество возводит в ранг достойных. Новое желание – стремление к духовному, родившееся в нем, невозможно реализовать в рамках нашего мира, а наслаждения этого мира больше не удовлетворяют.

Эта пустота выполняет важную функцию. Именно она позволяет человеку заново определить меру добра и зла, но на этот раз с учетом свободного выбора.

С этого момента и далее человек волен выбирать между духовным и материальным, а именно: примкнуть к окружению, где возвышают ценность внутреннего и духовного, либо остаться в окружении, где главным является внешнее и материальное.

Наша свобода выбора – это выбор окружения, подходящего для духовного развития. И наша работа в этом окружении состоит в том, чтобы соединиться с остальными точками в сердце и объединить воедино общее стремление к духовному.

Соединение всех точек в сердце в один сосуд (ивр., кли) производится светом, возвращающим к источнику (см. схему

2.10). Человек не может самостоятельно подняться над своими расчетами ради собственной выгоды и присоединиться к желанию другого так, как если бы это было его собственным желанием. Только свет, который создал это кли, может его исправить. Как сказали мудрецы: «Я создал злое начало и создал Тору для его исправления».[37]

Свет, возвращающий к источнику, влияет на нас, когда мы читаем каббалистические книги, описывающие наше исправленное состояние в душе Адам Ришон. Однако свет влияет на нас только при условии, что мы требуем правильного исправления: объединения между нами ради раскрытия Творца в общем кли.

Соединив все точки вместе, мы поднимаемся на 125 духовных ступеней (см. схему 2.10). На каждой ступени мы исправляем дополнительную порцию желания с намерения получать на отдачу и соединяемся еще крепче. Так продолжается до тех пор, пока мы не восстановим разбитую связь в душе Адам Ришон.

Внутри обновленной связи мы раскрываем Творца, свойство отдачи, единый свет, освещающий единый сосуд.

Проверь себя:

- Опиши три главных условия реализации замысла творения.

Итоги урока. Краткие выводы

- Духовный корень желания получать, который пробуждается в нас в этом мире, называется «душа Адам Ришон». Он создан в мире Ацилут в состоянии, когда все части объединены в свойстве отдачи, связаны друг с другом связями любви, как одно тело.

---

[37] Вавилонский Талмуд. Освящения (кидушим), 30, 72.

- Для того, чтобы достичь исправленного состояния, душа Адам Ришон разбилась. Наша работа при подъеме из нашего мира до окончательного исправления заключается в том, чтобы связями отдачи и любви воссоединить разбитые части.

- Замысел создания – насладить творение. Чтобы осуществить его, Творец скрыл себя от творения посредством пяти духовных миров и разбил душу Адам Ришон. Результатом сокрытия Творца и разбиения является наше нахождение в этом мире в состоянии разобщенности, вне всякой связи со свойством отдачи. Когда пробуждается в человеке точка в сердце, он готов начать работу по восстановлению разбитой связи с другими частями души Адам Ришон. Он делает это с помощью каббалистических книг: изучая их, он притягивает свет, возвращающий к источнику, до тех пор, пока не соединит все части разбитой души в одно целое, в котором и раскроется Творец.

Термины

Душа Адам Ришон – духовная категория, особая часть желания получать, в которой все части души связаны воедино связями отдачи и любви. Адам Ришон создан в мире Ацилут.

Грех Древа познания – разбиение души Адам Ришон. Разрыв связей отдачи между ее частями.

Шестьсот тысяч душ – части разбитой души в мирах Брия, Ецира, Асия.

Тора – исправляющий свет, инструкция, как постепенно исправлять эгоистическую природу.

Мицва (заповедь) – исправление части желания называется «выполнение заповеди».

Ответы на вопросы

- *Вопрос*: Что такое душа Адам Ришон? *Ответ*: Душа Адам Ришон – это наше исправленное состояние. Состояние, в котором все люди связаны воедино как одно целое связями отдачи и любви.
- *Вопрос*: Почему разбилась душа Адам Ришон?
- *Ответ*: Душа Адам Ришон разбилась, чтобы дать нам возможность, руководствуясь нашим желанием, осознанно восстановить связь между всеми частями и достичь исправленного состояния.
- *Вопрос*: Опиши три главных условия реализации замысла творения.
- *Ответ*: 1) Огрубление желания и уменьшение света при нисхождении сверху вниз для того, чтобы желание смогло осознать себя и реализоваться. Затем Творец отдалил от себя творение через систему сокрытия, состоящую из пяти миров: Адам Кадмон, Ацилут, Брия, Ецира, Асия для того, чтобы желание получать смогло реализовать цель творения самостоятельно, осознанно и по собственному выбору. 2) Развитие в нашем мире. Желание получать в нашем мире развивается до тех пор, пока не раскрывается точка в сердце, то есть желание восстановить связь с духовным, с Творцом. 3) Подъем снизу вверх по 125 ступеням духовных миров в процессе исправления желания получать: с намерения получать на намерение ради отдачи, – путем соединения всех частей разбитой души Адам Ришон.

Логический порядок. Последовательность изучения курса

- Наука каббала – это методика раскрытия Творца творениям в этом мире.

- Для того, чтобы раскрыть Творца, мы должны изменить намерение с получения на отдачу.
- В каббалистических книгах заключена особая, духовная сила – «свет, возвращающий к источнику», который может изменить наше намерение с получения на отдачу.
- Только через анализ нашего отношения к ближнему мы можем создать в себе истинное обращение к свету, возвращающему к источнику.
- Только посредством выбора окружения, подходящего для духовного развития, мы можем точно проверить наше отношение к ближнему.
- Точки в сердце – это разбитые части души Адам Ришон. Через правильное духовное окружение мы формируем просьбу об исправлении и объединении разбитых частей и притягиваем свет, возвращающий к источнику.
- В следующем разделе мы более подробно поговорим, как создают просьбу об исправлении.

РАЗДЕЛ III
ДУХОВНАЯ РАБОТА ЧЕЛОВЕКА

ПРЕДИСЛОВИЕ К РАЗДЕЛУ «ДУХОВНАЯ РАБОТА ЧЕЛОВЕКА»

Тема «Духовная работа человека» рассматривает особенности внутренней, духовной работы человека. Она объединяет все изученные нами темы: цель изучения науки каббала, правильное отношение к учебе, восприятие реальности, каббалистические книги, отношение к состояниям, раскрывающимся в процессе духовного пути, строение духовных миров и другое.

Учебный раздел делится на три части:

- Нет никого, кроме Него – связь между человеком и Творцом. Выяснение состояний, раскрывающихся в процессе духовного пути.
- Путь Торы и путь страданий – работа с желанием получать, выяснение просьбы к исправлению.
- Исраэль и народы мира – порядок исправления желания получать.

Цели обучения:

- Объяснить, что такое внутренняя и внешняя духовная работа человека.
- Передать как можно глубже понимание важности окружения для духовного развития человека.
- Продолжить знакомство с новыми терминами науки каббала.
- Повторить термины и понятия, которые изучались на предыдущих уроках.

Во время учебы мы выясним, что такое вера, шхина (собрание всех душ, желающих раскрыть Творца), осознание зла, путь Торы и путь страданий, Исраэль и народы мира, закут (чистота желания) и авиют (толщина желания), Эрец Исраэль (Земля Израиля) и душа Адам Ришон.

ЧАСТЬ 1
НЕТ НИКОГО, КРОМЕ НЕГО

Содержание:
- УРОК 1. ЕДИНАЯ СИЛА
  - SMS-ка от Творца
  - Я первый и я последний
  - Истина и вера
- УРОК 2. ХОЗЯИН И Я
  - Слияние и независимость
  - Какое наслаждение!
  - Если не я себе, то кто – мне
- УРОК 3. ЧАСТИ ШХИНЫ
  - Собрать воедино все части души
  - Единый свет, единое творение, единый сосуд
  - Единственный и неповторимый

УРОК 1.
ЕДИНАЯ СИЛА

Темы урока:
- вся реальность происходит из одного источника;
- как исправить желание получать.

SMS-КА ОТ ТВОРЦА

Начнем с анекдота. Представьте себе: середина августа, очень жаркий и влажный день. От духоты можно сойти с ума. Уже полчаса некий водитель мечется по тесным улицам города, не находя стоянки. Кондиционер в машине не работает. Рубашка вся промокла от пота. Он опаздывает на важную встречу. Еще немного – и взорвется от ярости. В отчаянии человек возносит глаза к небу и произносит: «Господи, если поможешь мне найти стоянку, я готов сделать все, что захочешь: подаяние нищим, пожертвование, пост – словом, все, что хочешь!».

Не успел он договорить, как тут же освободилось место для парковки прямо у входа в нужное ему учреждение. Он сразу же обращает глаза к небу и говорит: «Ничего не надо, Господи. Все в порядке, сам справился».

«Нет никого, кроме Него» – это один из основополагающих принципов в науке каббала. Согласно этому принципу, для человека, находящегося на пути духовного постижения, первым и необходимым условием выполнения любого действия является стремление объединить все проявления действительности в едином источнике, в Творце.

В одной из самых значительных и основополагающих статей Бааль Сулама, которая называется «Нет никого, кроме Него», подробно изложены основные принципы этой важнейшей работы. Именно она лежит в основе учебного материала первой части третьего раздела.

Каббалисты – это люди, которые исправили свои сосуды получения и в результате этого сумели постичь духовный мир. В своих постижениях они ощутили единую силу, которая управляет всем творением, – силу отдачи и любви, которую назвали «Творец». В своих книгах каббалисты пишут, что желание Творца – насладить творение. Создав свое творение, Он ведет его медленно и осторожно, согласно заранее намеченной программе, пока не осуществится Его желание насладить творение.

Процесс развития творения до его конечной цели – достижения замысла Творца насладить творение – состоит из трех этапов (см. схему 3.1):

Нисхождение духовных миров сверху вниз, из мира бесконечности до этого мира.

Развитие в течение 6000 лет желания получать в этом мире до пробуждения точки в сердце.

Подъем по ступеням духовных миров до полного исправления желания получать и реализации замысла Творца.

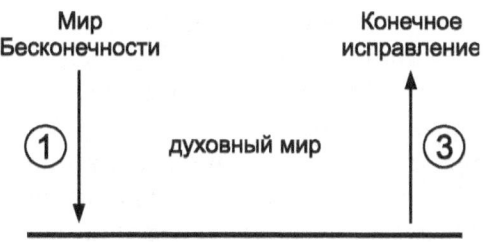

Схема 3.1.

Три этапа, описанных выше, и вместе с ними бесчисленное множество проявлений исходят из причинно-следственного порядка своего возникновения: это желание Творца насладить творение, Творца – единого и управляющего своим творением. Поэтому в реальности нет ничего случайного. Все события нашей действительности, какими бы они ни были, спускаются к нам прямиком из замысла Творца, чтобы приблизить творение к реализации конечной цели своего создания.

По сути дела, все происходящее в этом мире приходит к нам из единого источника и направлено к одной цели – насладить творение. На первый взгляд, здесь нет ничего нового: для сотен миллионов верующих во всем мире такое мировоззрение совершенно естественно. Но если мы еще немного углубимся в суть вещей, то обнаружим, что за этими словами скрывается далеко не простой для понимания смысл, даже, можно сказать, почти невозможный для восприятия обычного человека.

В чем это выражается? Если «Нет никого, кроме Него», то корни всей нашей реальности находятся в Творце. Всего, что происходит в нашей жизни, в том числе и отрицательных явлений, угрожающих человеку и всему человечеству. Такую истину нам очень трудно принять. Нам невозможно согласиться с тем, что воровство, грабеж, насилие и убийство нисходят от Творца, анархия – от Творца, войны и разруха – от Творца, Сталин и Гитлер – тоже от Творца.

Словом, вся эта трагедия, которая разыгрывается на подмостках истории десятки тысяч лет, от начала и до конца задумана и исполнена Творцом.

Разумеется, так понимать и воспринимать реальность очень трудно, мягко говоря. Как можно оправдать такое отношение Творца? Это просто недоступно нашему пониманию. Но и этого недостаточно. Каббалисты добавляют, что все порочные и жестокие действия исходят из желания Творца насладить творение. Как можно воспринять и осознать такое?!

В определенной степени уже сейчас мы способны понять, насколько непросто производить работу согласно принципу «Нет никого, кроме Него». Как нас учит наука каббала, «Нет никого, кроме Него» означает достичь на деле, реально почувствовать, что всем творением управляет единая сила, добрая и творящая добро. Никакое внешнее разумное согласие с этим постулатом нам не поможет.

Наука каббала говорит: то, что изнутри чувствует наше сердце, и есть истинная правда. Мы ощущаем себя плохо в этой жизни и посылаем обвинения Творцу, вместо того чтобы оправдывать Его. Ведь для того, чтобы реализовать принцип «Нет никого, кроме Него», нам надо достичь ясного ощущения, что одна единая сила управляет всем творением и все ее действия представляют собой абсолютное добро. Даже не углубляясь в самые укромные уголки нашего сердца, мы понимаем, насколько мы далеки от этого ощущения. Достаточно посмотреть вечером новости, чтобы снова и снова поразиться (если нас еще не одолело равнодушие) тому фильму ужасов, действующими лицами которого мы являемся и который называется нашей жизнью. Так не поступает «Добрый и Творящий Добро».

Отнести на счет Творца все зло, существующее в творении, – эта трудность не является единственным вызовом и самой трудной задачей в работе с законом «Нет никого, кроме Него». В сущности, если мы проверим себя, то обнаружим, что добрые и хорошие проявления в жизни мы тоже почти никогда не приписываем Творцу. А уж тем более не говоря обо всех бесчисленных ситуациях, ни плохих, ни хороших, из которых просто складывается наша жизнь.

Соотнести все происходящее в мире с единым источником, с Творцом, – это основа основ восприятия мира, которая называется «Нет никого, кроме Него». Наука каббала подчеркивает, что каждый раз, когда мы отступаем от этого правила, мы работаем на других богов, т.е. превращаемся в идолопоклонников, так как отрицаем существование единой силы, единого Творца.

Кто же эти «другие боги», на которых мы работаем? Ответ на удивление прост: каждый, кого мы обвиняем в наших неприятностях. Это может быть случайный водитель, помешавший нам на перекрестке, начальник на работе или наш противник из вражеской страны.

Если водитель на перекрестке с негодованием сигналит мне, а я в ответ кричу на него, вместо того чтобы соотнести случившееся с Творцом, – это значит, что я работаю на других богов, т.е. занимаюсь идолопоклонством. Кто же этот идол, на которого я работаю? В данном случае – тот самый водитель на перекрестке. Он испортил мне настроение, и мне уже кажется, что я обязан ответить ему тем же.

Еще пример: начальник на работе превратил мою жизнь в ад и в глубине души я желаю ему неприятностей вместо того, чтобы отнести и этот случай к проявлению единой силы, управляющей всей реальностью, то есть снова я работаю на других богов. На какого другого бога я работаю в данном случае? На своего начальника. Я заблуждаюсь, если считаю, что это он отравляет мне жизнь.

Каббалист р. Кук пишет: «Не пренебрегай Природой в процессе ее воздействия на тебя. История – это не запутавшаяся в жизненных коллизиях вдова. Из ее недр появится настоящий Мессия, проявится Владыка, совершающий все действия, Праведник всех поколений. Все протекающие жизненные процессы установлены и устроены заранее, все развитие идет своим чередом, и только Свет неизменен».[38] Смысл данной цитаты, сказанной каббалистом на языке ветвей, заключается в следующем: цени все, что с тобой происходит. История – это не беспричинная путаница брошенной на произвол судьбы реальности. Из нее придет духовное возрождение и постижение для каждого человека. Проявится Творец правящий, совершающий и совершавший все действия изначально, и человек сможет осознать это и оправдать все, что произошло с ним и со всем человечеством во все времена, потому что все протекающие жизненные процессы

---

[38] Р. Кук. «Светильники» (Орот), 28.

установлены и устроены заранее, все развитие идет своим чередом, и только Свет неизменен.

Все происходящее с нами, каким бы несправедливым ни казалось, приходит от Творца с целью приблизить нас к Нему. Наша внутренняя работа с законом «Нет никого, кроме Него» заключается в том, чтобы все в жизни соотнести с действием единой силы, управляющей всем творением. Даже и те случаи, которые на первый взгляд отдаляют нас от духовного пути.

Каждая мысль, внезапно возникшая в голове, каждое желание, неожиданно пробудившееся в сердце, любой жизненный случай – все это, в сущности, призыв Творца восстановить связь с Ним. Только через связь с Творцом мы избавимся от засасывающей нас рутины и придем в то место, где существуем на самом деле. Пока мы живем, не ставя перед собой вопрос о смысле жизни, мы похожи на марионеток, нами руководят без нашего участия. Мысль о Творце, о цели творения, о моем месте по отношению к этой цели – это и есть самый дорогой подарок, это счастливая возможность выйти в настоящую жизнь. Творец посылает нам SMS каждое мгновение. Ответим ли мы Ему?!

Проверь себя:

- Что значит работа с законом «Нет никого, кроме Него»? С какими трудностями мы сталкиваемся в процессе этой работы?

Я ПЕРВЫЙ И Я ПОСЛЕДНИЙ

Основное усилие, которое необходимо приложить студенту на начальном этапе изучения, – это сложить единую цельную картину из всех многочисленных составных частей науки каббала. Но прежде всего просто понять, о чем тут говорится. И только после того, как в нашей голове начнет складываться более или менее ясная картина (которая потом изменится бесчисленное количество раз), мы делаем шаг назад, потираем с удовлетворением руки и задаем вопрос: «О́кей, так что же нужно делать? Расскажите мне, каким образом я могу достичь этой самой духовности?».

Но ответ, как вы, вероятно, уже успели заметить по другим аналогичным случаям, приводит нас в состояние полнейшей растерянности: оказывается, нам ничего не нужно делать. Всю работу сделает свет! Нам необходимо только желать, стремиться, просить свет изменить нас, а свет уж, поверьте, сделает для нас всю работу. Свет, создавший кли (сосуд), исправит этот сосуд и наполнит его светом. Понимание того, что именно свет в силах исправить наше желание, а нам следует только желать измениться, является неотъемлемой частью внутренней работы с законом «Нет никого, кроме Него». Поговорим подробнее об этом.

Нам говорят, что мы должны изменить свое намерение; нас учат, что нам следует сократить свое желание и приобрести экран. «Отлично! – отвечаем. – Сейчас мы хотим знать, как это сделать. Научите нас». Нам очень трудно воспринять и осознать то, что действительно «Нет никого, кроме Него». И, как писал РАМБАМ, «только Он один создавал, создает и будет создавать все существующее».[39] Наше желание получать стремится овладеть всем процессом, выполнить действия и увидеть соответствующие результаты. Однако, наоборот, мы сами нуждаемся в помощи света: ведь, как написано, «не мы обладатели действия».[40]

Творец и есть та самая сила, которая стоит за всем, что происходит с творением, а также за всеми исправлениями, которые мы должны осуществить, чтобы реализовать замысел Творца относительно творения. Все творение и все стадии развития желания, как в нашем мире, так и в духовных

---

39 РАМБАМ «13 принципов веры».
40 РАМБАМ «Молитва о прошении».

мирах, формируются в результате воздействия света на кли. В чем же тогда заключается наше участие? Только в нашем желании к исправлению.

Сущность связи между светом и кли видна уже на первых стадиях развития творения. Свет, который также называется желанием отдавать (рацон леашпиа), создал сущее из ничего – желание получать, называемое сосуд (кли). Выходит, что свет предваряет кли и свет строит кли. Таков порядок развития замысла Творца, всех стадий развития творения вплоть до окончательного исправления. На протяжении всего этого процесса свет является единственной действенной и созидающей силой, свет выстраивает кли.

Подобно тому, как свет создал творение, он развивает нас в течение всей нашей жизни, питает нас. Точно так же свет ведет нас и по духовному пути, когда мы изучаем науку каббала. Существует большое подобие между этими двумя процессами. Изучение науки каббала – это естественный процесс, он напоминает развитие ребенка, который учится ходить и говорить. Как младенец рождается с заложенной в нем программой дальнейшего развития, так и в нас содержатся все стадии духовного продвижения. Единственное, что мы должны делать, – это, подобно младенцу, хотеть осуществить свои желания. А свет выполняет всю работу. Ведь «Нет никого, кроме Него».

Тем не менее существует одно очень существенное различие между развитием ребенка в нашем мире и духовным развитием человека. И ребенок, и «точка в сердце» развиваются в соответствии с желанием. Но у ребенка желание проявляется в естественной форме, без всяких вопросов с его стороны, согласно плану развития, установленному заранее. Мы же, в отличие от него, должны самостоятельно выстроить свое желание к духовному развитию. Это исключительно важный момент, так как именно в нем и заключается наша свобода выбора.

В течение всех стадий развития желания, от замысла творения и нисхождения духовных миров до нашего мира, в течение миллиардов лет развития вплоть да пробуждения точки в сердце мы неосознанно развивались по заранее намеченной программе. Всякий раз, когда свет раскрывал в нас новое желание, он наполнял его.

Правила игры изменились только с того момента, когда в нас пробудилась точка в сердце. Свет, который воздействует на желание, одновременно исправляет и наполняет нас, как написано «Нет никого, кроме Него». Но, начиная с пробуждения точки в сердце и далее, свет ничего не будет делать, если мы не попросим его об этом. Каббалисты называют это условие «половиной шекеля»: мы обязаны отдать свои пол шекеля, и тогда Творец доложит пол шекеля со своей стороны.

Во всем творении нет ничего, кроме света и кли, наслаждения и желания. Если мы разовьем внутри себя достаточно сильное сконцентрированное желание, свет обязательно раскроется нам и научит, что такое цимцум (сокращение), что такое экран и что значит намерение ради отдачи. Для того, чтобы достичь такой мощной и целенаправленной просьбы, мы должны постоянно пытаться возобновить связь с Творцом. Отсюда становится понятным, почему нам так важно свести в Творца все проявления этого мира.

Проверь себя:

- В чем связь между работой с законом «Нет никого, кроме Него» и исправлением желания?

ИСТИНА И ВЕРА

Как и во всяком другом устойчивом словосочетании, сила выражения «Нет никого, кроме Него» заключается в его простоте и доступности для понимания. Оно, не нуждаясь в дополнительных разъяснениях, кратко и конкретно говорит: нет никакой другой силы, кроме Творца, и все исходит от Него. Так трактуется это выражение в нашем обществе, и на первый взгляд такое же значение придает ему наука каббала. И все же существует большое различие между общепринятым и каббалистическим толкованием выражения «Нет никого, кроме Него». Об этом различии мы и поговорим.

Чтобы выяснить, чем отличаются друг от друга каббалистическое и общепринятое толкование, нам следует разъяснить, как каббала определяет понятие «вера». Оба вышеуказанных подхода предполагают, что выражение «Нет никого, кроме Него» подразумевает по сути веру в единую силу. Но значение понятия «вера» в каббале кардинально отличается от простого и знакомого нам толкования.

В общепринятом понимании слово «верить» означает принять за правду определенное предположение, без проверки его истинности на практике. Кто-то что-то нам рассказал, и мы ему верим. К примеру, в течение долгих лет люди верили, что солнце вращается вокруг земного шара. Так же люди верят и в существование Творца.

Каббалисты слово «вера» понимают совершенно иначе. Когда человек верит в своих друзей, то это ведь не значит, что он не знает, есть ли у него друзья или их нет; хотя он их никогда не видел и с ними не встречался – он все равно верит в друзей. Звучит по меньшей мере странно, но ведь именно так люди говорят о своей вере в Бога. Человек верит в друзей, когда знает, что они у него есть и они его не подведут. Так же и в каббале: вера – это ощущение, постижение, подтвержденное практикой. Наука каббала не требует от нас бездоказательной веры в существование единого Творца, она предлагает постичь Его реально, почувствовать Его в ощущениях. Написано: «Вкусите и увидите, как хорош Творец».[41] Согласно науке каббала, мы должны достичь непосредствен-

---

[41] Псалмы, 34, 9.

ной связи с Творцом, почувствовать его, словно вкус плода во рту. В каббале не принимается общепринятое значение слова вера.

Сейчас мы сможем понять различие между «Нет никого, кроме Него» в общепринятой интерпретации и «Нет никого, кроме Него» в каббалистическом понимании. Наука каббала говорит, что мы должны прийти к ощущению, что единая сила, добрая и творящая добро, управляет творением, что все, происходящее с творением, исходит из единого корня, суть которого – добро, и цель его – насладить творение. Мы должны почувствовать это. Простая вера тут не поможет, как и слова, которые многократно передаются из уст в уста.

Каббалисты говорят, что до тех пор, пока мы не почувствуем на практике, что Творец – добрый и творящий добро, мы не можем утверждать «Нет никого, кроме Него». Простая народная вера имеет свое предназначение, и ее надо за это уважать. Но человеку, у которого пробудилась точка в сердце и который начинает свой духовный путь, недостаточно простой веры. Обычная вера не приведет его к реализации нового раскрывшегося в нем желания – достичь связи с Творцом.

Внутренняя работа с законом «Нет никого, кроме Него» заставляет человека исправить свое желание. Ведь условием раскрытия Творца является исправление желания получать с намерения на отдачу. Внутренняя работа по исправлению желания никогда не прекращается, желание получать постоянно растет и расширяется, всякий раз раскрывая свои новые качества. Усилия по сведению всех проявлений творения к одному источнику, доброму и творящему добро, развивает человека и не позволяет ему довольствоваться простой верой, что «Нет никого, кроме Него».

Проверь себя:
- Что такое вера, по определению науки каббала?

Итоги урока. Краткие выводы

- Главная работа человека – это свести все проявления реальности: плохие, хорошие и просто обыденные, к единому источнику, к Творцу. Если мы соотносим какой-то случай не с Творцом, а с кем-либо другим, то мы называемся идолопоклонниками.
- Важной частью внутренней работы с законом «Нет никого, кроме Него» является понимание, что только Творец способен исправить наше желание. Человек не может самостоятельно исправить свое желание, поэтому он нуждается в помощи Творца. Вся наша работа заключается в том, чтобы прийти к правильной просьбе об исправлении.
- Наука каббала учит, что мы должны в действительности постичь Творца. Только исходя из полного постижения Творца, мы сможем отнести все проявления существующей реальности к единой силе, доброй и творящей добро, и постичь на практике, что значит, «Нет никого, кроме Него». До тех пор, пока мы на самом деле не почувствуем Творца добрым и творящим добро, мы не можем говорить: «Нет никого, кроме Него».

Термины

Идолопоклонник – это внутреннее состояние человека, при котором все проявления добра и зла он соотносит не с Творцом, а с другим источником.

Половина шекеля – просьба об исправлении. Человек выстраивает внутри себя понимание и осознание того, что непосредственное исправление реализуется Творцом. Половина работы, а именно – выяснение желания – осуществляется человеком, а вторая половина работы – исправление желания – выполняется Творцом.

Вера – это действительное, реальное постижение Творца, то есть свойства отдачи.

Ответы на вопросы

- *Вопрос*: Что значит работа с законом «Нет никого, кроме Него»? С какими трудностями мы сталкиваемся в процессе этой работы?
- *Ответ*: Внутренняя работа с законом «Нет никого, кроме Него» означает сведение всех проявлений нашей реальности в один источник. Трудности, встречающиеся в этой работе: 1) отнести на счет Творца все наши трудности в этой жизни; 2) любое проявление жизни сводить к одному источнику, делая особый акцент на «любое».
- *Вопрос*: В чем связь между работой с законом «Нет никого, кроме Него» и исправлением желания?
- *Ответ*: в течение всего процесса развития желания, с его создания и до конечного исправления, именно свет развивает кли (сосуд). Подобно тому, как корень всех проявлений нашей действительности находится в Творце, так же и исправление желания приходит от Творца. Мы должны только просить об исправлении. Если мы так сделаем, то Творец исправит желание.
- *Вопрос*: Что такое вера, по определению науки каббала?
- *Ответ*: Вера – это постижение в действительности свойства отдачи. Постижение на деле свойства отдачи возможно только при исправлении желания с получения на отдачу. Только через исправление желания мы сможем оправдать Творца и отнести все проявления действительности, хорошие и плохие, к единой силе, доброй и творящей добро.

УРОК 2.
ХОЗЯИН И Я

Темы урока:
- желание и намерение;
- наслаждение и Тот, кто дает наслаждение;
- «Если не я себе, то кто – мне?» и «Нет никого, кроме Него».

СЛИЯНИЕ И НЕЗАВИСИМОСТЬ

Творец создал творение, чтобы вырастить его и развить до своего уровня, уровня Творца. Состояние, которого мы должны достичь, каббалисты называют словом «слияние». В состоянии слияния Творец и творение объединены друг с другом как единое целое, но при этом каждый из них не отменяет существование другого.

Кажется, слишком сложно? Вы правы. Внутреннее противоречие заложено в самом определении состояния слияния. Совершенно не понятно, каким образом две отдельные и противоположные сущности – Творец и творение – могут находиться в слиянии друг с другом как единое тело, и в то же время каждый из них не отменяет существования другого.

С одной стороны, творение должно быть подобно Творцу и находиться с Ним в полном слиянии. С другой стороны, чтобы достичь уровня Творца, творению необходимо оставаться независимым. Неясно поэтому, как можно одновременно пребывать в двух противоположных состояниях. Ведь если творение является самостоятельным, то что-то обязательно должно разделять творение и Творца. Итак, как творение может быть подобно Творцу и в то же время сохранять свою независимость?

Вопросы независимости и слияния приводят нас к одной из самых центральных тем в духовной работе человека: выяснение отношения человека к Творцу как неотъемлемой части внутренней работы с законом «Нет никого, кроме Него». Об этой проблеме мы и поговорим на уроке.

Начнем с немного неожиданного примера из жизни автомобилистов. Прикрепите ремни безопасности и подумайте, что важнее для автомобиля: педаль газа или руль? Да, конечно же, ответ напрашивается сам собой: руль управления важнее. Это очевидно. Если мы не можем направлять машину в нужном направлении, то нет необходимости в педали газа.

Пример понятен. Но каков вывод? Наука каббала разделяет желание получать (природой творения) и намерение: получать или отдавать, которое является формой использования нами желания получать. Желание получать – это движущая сила, исходный материал, из которого создано творение во всех его проявлениях. Намерение направляет желание в сторону получения или отдачи (см. схему 3.2). Если обратиться к вышеприведенному примеру, то ясно: желание получать – это педаль газа, а намерение – руль управления, и оно важнее.

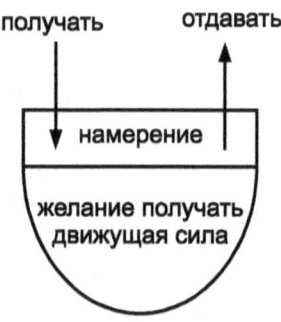

Схема 3.2.

Оставим ненадолго вопрос о важности намерения. Для нас сейчас главное – понять, что желание получать не меняется, а изменяется только намерение. Намерение может быть направлено на получение или на отдачу, но желание получать навсегда останется желанием получать – так оно сотворено. Даже если мы захотим отменить желание получать (хотя для этого нет никакой причины), то не сможем этого сделать.

Мы родились с желанием получать и с его помощью придем к окончательному исправлению. И даже тогда оно не отменится. Мы не в состоянии изменить свою природу, да и незачем это делать. Желание получать – это материя творения, простая бесформенная материя. Только форма, в которой мы работаем с ним, может быть доброй или злой, и поэтому в наших силах исправить только намерение.

Мы выяснили отношения между желанием получать и управляющим им намерением. Сейчас мы сможем понять ответ на вопрос о слиянии и независимости. Работа с желанием получать в правильном намерении позволяет творению слиться с Творцом и при этом оставаться самостоятельным, т.е. отделенным от Творца.

Сущность творения, желание получать, остается неизменной. Творение желает получать и действительно получает все изобилие и добро от Творца (см. схему 3.3).

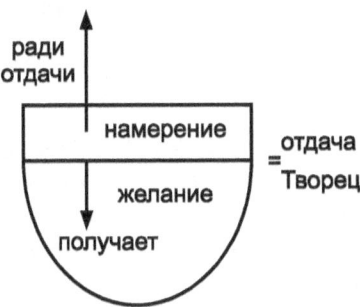

Схема 3.3.

Работая с намерением ради отдачи, творение делает расчет, чтобы получить все добро с единственной целью – отдавать Творцу. Именно это приводит творение в состояние слияния с Творцом. По своей сути творение осталось желанием получать, но своим действием ради отдачи стало подобным Творцу.

Подобно изваянию – форме, высеченной из фрагмента материи, намерение формирует желание получать. Сам исходный материал (желание получать) неизменен, меняется только его форма с получения на отдачу. Благодаря этому подобию свойств человек изнутри раскрывает свойство отдачи, Творца.

Желание получать является движущей силой, подобно педали газа в автомобиле. Чем сильнее мы давим на газ, тем быстрее продвигаемся. Вопрос: куда продвигаемся? Несомненно, это очень важный вопрос. Если мы хотим попасть в Иерусалим, то надо держать руль в правильном направлении. Никто не захочет жать на газ, если перед ним раскрывается пропасть. Так никогда не попасть в Иерусалим.

Намерение – это направляющая сила; она действует, как руль машины. Если повернем его в правильном направлении, обязательно достигнем цели. Чем больше частиц нашего желания получать мы исправим на намерение ради отдачи, тем сильнее укрепим свою связь с Творцом. Желание получать – это материал, с помощью которого мы выстраиваем свою связь с Творцом, а намерение на отдачу – это форма нашей связи с Творцом.

Получается, что наша работа в постижении закона «Нет никого, кроме Него» заключается в объединении всех проявлений реальности в единую силу, добрую и творящую добро, управляющую всем творением. Изменение намерения ради получения на намерение ради отдачи – это единственный путь прийти к цели.

Когда мы находимся в связи со свойством отдачи, когда мы направлены от себя наружу – на отдачу, то мы подобны свойству отдачи. Тогда мы ощущаем Творца добрым и творящим добро. Но если мы не связаны со свойством отдачи, если мы направлены внутрь, к себе, к получению, тогда мы противоположны Творцу и ощущаем Его управление как череду ударов, суть которых нам непонятна.

Подведем итог. Все зависит от намерения, от нашей связи с Творцом. Исправление намерения в желании получать приводит нас к подобию Творцу, подобию с Его формой и окончательно приводит нас к слиянию с Ним. Желание получать не меняется, что позволяет нам пребывать в слиянии с Творцом и в то же время оставаться независимыми.

Каким образом над желанием получать строится намерение на отдачу? Об этом поговорим в следующей части урока.

Проверь себя:
- В чем заключается правильная работа с желанием и намерением для достижения связи с Творцом?

КАКОЕ НАСЛАЖДЕНИЕ!

Возьмем, например, такую обыденную вещь, как стакан чая. Мы его просто выпиваем и все, не придавая этому большого значения. Но что, если однажды мы будем приглашены во дворец и нам подаст стакан чая сама английская королева? Мы наверняка никогда не забудем этот стакан чая. Мы станем пить его маленькими глоточками, чтобы продлить удовольствие, а стакан сохраним для своих внуков в качестве реликвии. Так-то вот: стакан чая из рук английской королевы – это вам не наш стакан чая (всегда можно заменить подающего чай: у каждого своя «английская королева»).

Желание получать, созданное в замысле творения, – это желание наслаждаться, например, стаканом чая. Но сразу же после своего возникновения (как мы учили в предыдущей части курса) оно ощущает, что существует некто, кто дает ему это наслаждение. И желание получать начинает развивать свое отношение к дающему. Выяснение связи между этими двумя ощущениями – наслаждения и дающего наслаждение – самая главная суть всей внутренней работы человека в изучении науки каббала. Этот расчет играет решающую роль в возникновении желания изменить намерение.

Связь между наслаждением и дающим наслаждение – это связь между желанием получать и намерением, которое в нем заключено. Так происходит от того, что наслаждение ощущается в желании получать, а связь с дающим наслаждение зависит от исправления намерения с получения на отдачу (см. схему 3.4). Здесь очень важно отметить, что когда мы говорим о наслаждении в духовном, то, разумеется, речь идет не о стакане чая, а о духовном наслаждении. Дающий наслаждение – это не человек из плоти и крови, а Творец.

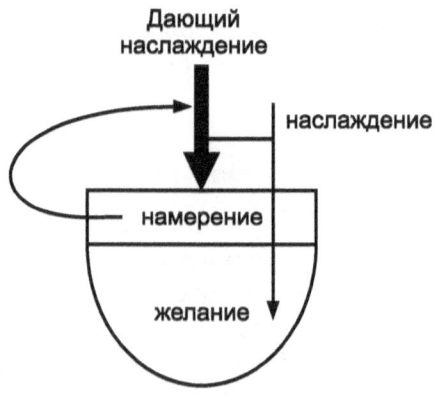

Схема 3.4.

В нашем мире мы не ощущаем дающего наслаждение. Мы действуем согласно своему намерению получать для себя, которое скрывает от нас дающего наслаждение из-за отсутствия подобия свойств. С другой стороны, наслаждение или его отсутствие мы ощущаем, да еще как! По сути, в нашем мире мы – рабы ощущения, раскрывающегося в желании получать. Оно полностью нами управляет.

Когда желание получать наполнено наслаждением, ему хорошо, и мы находимся в состоянии покоя и блаженства. Когда же желание получать не наполняется наслаждением, ему плохо, и мы ощущаем боль и страдания. Все люди на земле: самые богатые и самые бедные, самые знаменитые и самые незаметные, самые умные и совсем обычные, – словом, абсолютно все без исключения управляются ощущением в желании получать. Мы считаем себя существами сложными и изощренными. Но на самом деле изнутри нами управляет очень простой механизм: ощущение наполненности или пустоты в желании получать.

В духовном мире картина совершенно иная. Приобретя намерение на отдачу, мы выходим в духовный мир и раскрываем связь с Творцом, дающим наслаждение. Связь с Ним становится для нас значительно важнее, чем ощущение в желании получать. Мы уже не порабощены желанием получать. Мы используем его как средство для осуществления связи с Творцом. Любое ощущение в желании получать приходит от Творца, как написано: «Нет никого, кроме Него». Ощущение дается как напоминание о необходимости возобновления и углубления связи с Ним.

После преодоления «махсома» – границы между миром материальным и духовным – на входе в духовный мир не отменяются ни желание получать, ни ощущения в нем. Ощущения в желании получать заставляют человека установить связь с Тем, кто посылает ему эти ощущения. С этого момента и далее человек уже в состоянии начать выяснять свое отношение к наслаждению и к дающему наслаждение. Вместо того, чтобы быть ведомым своим ощущением в желании получать, человек сам начинает управлять желанием получать и ощущением, раскрывающемся в нем.

В период подготовки к выходу в духовный мир, с момента пробуждения точки в сердце, мы можем начать работу, чтобы раскрыть связь с дающим наслаждение. Работать с намерением подняться над ощущениями в желании получать.

Сделать это в наших силах, ведь точка в сердце – это наше желание связи с Творцом, дающим наслаждение.

Изучая науку каббала, мы развиваем точку в сердце в единое желание. Работа заключается в том, чтобы постараться связать все случаи нашей жизни, все ощущения, мысли и желания, пробуждающиеся в нас, с единой силой, которая и посылает нам все это. Все исходит от Него. Нет никого, кроме Него.

В тот момент, когда мы вспоминаем о Творце, мы перестаем быть несмышлеными управляемыми созданиями. Мы берем на себя свою часть в реализации замысла творения. Однако у нас еще нет явной связи с Творцом, так как намерение ради получения скрывает Его от нас. Но уже сейчас мы в чем-то способны подняться над нашими ощущениями в желании получать и начать выяснять, ради чего пробуждается в нашем сердце эта точка. Какова цель происходящих с нами событий?

Когда в нас пробуждается мысль о том, что нет никого, кроме Него, происходит чудо – возникает дверь, которая ведет из нашего узкого материального мира в необъятный духовный мир. Это спасительный выход из темницы нашего желания получать, выход к свободе и независимости в отдаче ближнему. Одно лишь осознание единого корня всего происходящего дает нам понимание всех наших состояний. Мы больше не плывем по течению.

Перед нами открывается возможность остановиться и задуматься, для чего мы живем и действуем, почему с нами все происходит именно так, а не иначе. Единственная сила посылает нам все ситуации с определенной целью. И сейчас мы начинаем проверять себя относительно этой цели. Выясняем, где мы находимся относительно ее, и строим внутри себя сильное желание к ней.

Каким образом мы можем пробудить в себе мысль «Нет никого, кроме Него»? При помощи нашего окружения. Мы строим себе окружение, которое настроено на важность духовности и связи с Творцом. С помощью правильного окружения с возрастающей интенсивностью мы будем помнить о причине всех причин и сделаем еще один дополнительный шаг к истинной связи с Ним.

Проверь себя:

- Как мы должны использовать желание получать, чтобы укрепить свою связь с Творцом?

ЕСЛИ НЕ Я СЕБЕ, ТО КТО – МНЕ

Одной из особых проблем в изучении науки каббала является трудность разобраться во множестве противоречий, которые мы обнаруживаем в ней. Например, нам очень сложно понять, как из доброго и творящего добро Творца исходит зло. Или как можно достичь слияния с Творцом, одновременно сохранив свою независимость. Корень всех противоречий кроется в противоположности двух сил, действующих в творении: желания получать и желания отдавать. Все сомнения исчезнут только в момент, когда они соединятся друг с другом в состоянии окончательного исправления.

Ну, а пока… Вот еще одно непростое противоречие: каббалисты пишут, что «Нет никого, кроме Него», т.е. желания отдавать, силы, которая создала, создает и будет создавать все существующее. Если так, что тогда имел в виду великий каббалист Гилель, сказав: «Если не я себе, то кто – мне»?[42] То есть при чем здесь Творец, если все зависит от меня самого? Какой смысл вести себя так, будто все зависит только от меня и ни от кого более: ведь «Нет никого, кроме Него»? Если все события реальности спускаются к нам исходя из замысла творения, согласно заранее известному плану, какой смысл

---

42 Пиркей авот («Поучения отцов») – трактат Мишны, содержащий морально-этический кодекс иудаизма. Оформлен в стиле подборки афористичных высказываний еврейских мудрецов.

прилагать какие-либо усилия? Сядем и подождем того, чему суждено случиться.

Чтобы понять, как можно разрешить это противоречие, следует разъяснить смысл выражения «Если не я себе, то кто – мне?». Как мы уже не раз подчеркивали, наука каббала занимается исключительно духовным развитием человека. Духовное развитие проходит несколько этапов, известных заранее, которые раскрываются в определенном порядке, один за другим. Подобно ребенку, который в полгода уже может сидеть, в год начинает ходить, а полуторагодовалый малыш пытается разговаривать, так и ступени нашего духовного развития естественно раскрываются одна за другой, в соответствии с порядком выхода «решимот» («духовных генов», записи духовной информации).

На первый взгляд может показаться, что нам следует только сидеть и ждать раскрытия всех ступеней. Но если мы не приложим максимальных усилий для раскрытия этих решимот, то ничего не произойдет. Именно об этом сказано «Если не я себе, то кто – мне?».

Прежде чем раскроется каждая новая точка связи с Творцом, мы должны сделать все, что в наших силах, для ее раскрытия. Мы не можем сидеть и ждать, пока все сделается само собой, полагаясь на «Нет никого, кроме Него». Если будем просто ждать, ничего не произойдет. Чтобы раскрыть следующий этап духовного развития, нам следует потрудиться, создать духовное окружение, в рамках которого мы развиваемся, а учебу сделать постоянной. Только после приложенных нами усилий раскроется то, что раскроется. И тогда мы сможем сказать: «Нет никого, кроме Него» и связать все, что произошло, включая наши усилия, с единой силой, управляющей всей действительностью.

Делаем все возможное, что в наших силах: «Если не я себе, то кто – мне?», а потом определяем раскрывшееся нам в соответствии с законом «Нет никого, кроме Него». Так мы выражаем свое желание раскрыть, что все приходит от Творца;

что единая сила, добрая и творящая добро, управляет всем творением, как единым организмом; что все события и части его связаны незримыми нитями отдачи и любви.

Итак, именно внутренняя работа, согласно принципу «Если не я себе, то кто – мне?», выявляет наши усилия объединить все составляющие действительности согласно закону «Нет никого, кроме Него». Без этой работы невозможно исполнять этот закон. Только усилия сделать все возможное позволяют нам впоследствии свести все действия к корню всех причин. Подобно каждой вещи в реальности, которая постигается через ее противоположность, так же и истина «Нет никого, кроме Него» познается в работе «Если не я себе, то кто – мне?».

Бааль Сулам написал о правильном сочетании этих двух подходов и в материальной жизни: «Прежде чем человек выходит на рынок заработать свой дневной хлеб, обязан он удалить из своих дум мысль о личном управлении и сказать себе: «Если не я себе, никто не поможет мне», и делать все необходимое, как все люди, чтобы заработать свой хлеб, как они. Но вечером, когда вернулся домой и заработанное при нем, ни в коем случае не подумать, что своими усилиями заработал это, а даже если бы весь день лежал, также оказалась бы его выручка при нем. Потому что так заранее думал о нем Творец, и потому так обязано было произойти».[43] Так происходит в материальном мире и тем более, как разъяснено выше, в духовном.

Такое сочетание двух совершенно противоположных подходов в единое целое свойственно только науке каббала и радикально отличает ее методику от всех других. Различные религиозные течения отменяют человека и возвеличивают Творца. Всевозможные научные методики, наоборот, отменяют Творца и возвеличивают человека. Наука каббала соединяет эти две противоположности в их взаимодействии. С

---

43 Бааль Сулам «Плоды мудрости. Письма», письмо 16, 1925 г.

ее помощью человек раскрывает полную картину, в которой соединяются все элементы творения.

Из этого особого сочетания двух противоположных подходов, дополняющих друг друга, можно действительно понять, как две противоположности, сочетаясь и не отменяя друг друга, создают совершенную картину гармонии единой реальности.

Проверь себя:

- Каково правильное соотношение между выражениями «Если не я себе, то кто – мне?» и «Нет никого, кроме Него»?

Итоги урока. Краткие выводы

- Работа с желанием получать в правильном намерении позволяет творению слиться с Творцом и одновременно оставаться независимым, отделенным от Творца. Желание получать, сущность творения, остается без изменения. Человек (творение) желает все получить и получает все добро, существующее в творении. Расчет творения, как получить все добро с единственной целью – насладить Творца, – именно это намерение на отдачу и приводит человека к слиянию. По своей сути творение остается желанием получать, но своим действием ради отдачи оно становится подобным Творцу.
- Ощущения в желании получать – от опустошенности к наполненности и удовлетворению – служат средством для восстановления связи с Тем, кто посылает нам все эти ощущения. Поднимаясь по духовным ступеням до конечного исправления, мы должны подниматься над своими ощущениями в желании получать и использовать их для возобновления связи с Творцом.

Часть 1. Нет никого, кроме Него

- Работа с законом «Нет никого, кроме Него» обязывает человека сделать все, что в его силах, для раскрытия единства с Творцом. Только наши усилия по восстановлению связи с Творцом позволят нам прийти к свойству отдачи. Работа с принципом «Если не я себе, то кто – мне?» выявляет наше стремление свести все проявления действительности к закону «Нет никого, кроме Него».

Ответы на вопросы

- *Вопрос*: В чем заключается правильная работа с желанием и с намерением для достижения связи с Творцом?
- *Ответ*: Желание получать – это материал, над которым мы создаем связь с Творцом, а намерение на отдачу – это форма нашей связи с Творцом. Чем большая часть желания будет нами исправлена с намерения получать на отдачу, тем сильнее станет наша связь с Творцом.
- *Вопрос*: Как мы должны использовать желание получать, чтобы укрепить свою связь с Творцом?
- *Ответ*: Все ощущения в желании получать, будь то наполнение или опустошенность, мы должны использовать как причину для восстановления связи с силой, пробуждающей в нас эти ощущения, с Творцом. Другими словами, желание получать и все, что ощущается в нем, нами используется, чтобы достичь обновления связи с Творцом и понять, что все исходит от Него.
- *Вопрос*: Каково правильное соотношение между выражениями «Если не я себе, то кто – мне?» и «Нет никого, кроме Него»?
- *Ответ*: Только из усилий делать все, что только возможно, для раскрытия свойства отдачи, действуя по

принципу «Если не я себе, то кто – мне?», мы сможем раскрыть связь с Творцом в реальности, согласно закону «Нет никого, кроме Него». Обязанность приложить максимум усилий для раскрытия каждой следующей ступени нашей связи с Творцом является непреложным условием объединения с Творцом в «Нет никого, кроме Него».

УРОК 3.
ЧАСТИ ШХИНЫ

Темы урока:
- душа Адам Ришон;
- что такое Шхина;
- индивидуальность человека и его свобода воли.

СОБРАТЬ ВОЕДИНО ВСЕ ЧАСТИ ДУШИ

«Нет никого, кроме Него» – это закон, на котором основана вся духовная работа человека. Любое начало и окончание построено на порядке нашего отношения к Творцу. В начале каждого действия мы должны соотнести все дела с единым источником всего происходящего. А в конце каждого действия нам следует свести все к единому корню – к Творцу, единому, доброму и творящему добро.

Возникает вопрос: если работа с законом «Нет никого, кроме Него» сосредоточена на соблюдении именно такого порядка в отношении человека к Творцу, то как она сочетается с исправлением нашего отношения к ближнему? Ведь мы изучали, что отношение к Творцу мы выстраиваем при помощи исправления нашего отношения к ближнему.

Понять, как связаны между собой исправление отношения к ближнему и порядок отношений с Творцом, можно через раскрытие духовной структуры, называемой «душа Адам Ришон».

Наука каббала объясняет, что мы все – части одной большой души, которая называется душа Адам Ришон. В духовном все мы соединены в наших желаниях отношениями отдачи и любви – это и есть душа Адам Ришон. В определенном смысле строение души Адам Ришон можно сравнить с телом человека: оба состоят из множества частей, связанных друг с другом, вместе работающих на весь организм, а не на собственное благо. В обоих случаях каждая часть вместе с другими обеспечивает должный уровень существования всему организму прежде всего, а не отдельной его части.

К нашему большому удивлению, каббалисты пишут, что мы уже находимся в таком состоянии, где все связаны в единое духовное тело как части, дополняющие друг друга. Однако это единство скрыто от нас. Напротив, нам кажется, что мы разобщены и каждый из нас способен построить свой успех на несчастье товарища. Это – иллюзия. Тем не менее иллюзия настолько сильная, что ощущается нами как истина. Несмотря на это, в конце концов мы обнаружим, что нет в ней правды, что она – причина всех страданий в нашем мире.

На самом деле ничего лишнего или случайного нет. Нам кажется, что мы разделены, потому что только из состояния разобщенности и стремления противостоять ей мы сможем раскрыть нашу связь. Как мы учили, наша разобщенность – это результат духовного процесса, называемого «разбиение души Адам Ришон». Что разбилось? Духовная связь между нами. Связь, соединяющая всех нас в единую душу, разбилась для того, чтобы позволить нам сознательно восстановить ее из нашего желания полностью познать наше единение друг с другом.

Мы все – разбитые части души Адам Ришон. Воссоединяя все разбитые части, мы восстанавливаем отношения любви и отдачи между нами и поднимаемся по ступеням духовной лестницы к достижению полной исправленной взаимосвязи (см. схему 3.5). Так мы раскрываем Творца, свойство отдачи, соединяющее нас всех вместе. В сущности, как мы уже упомянули, правильнее описывать этот процесс как обновление взаимосвязи, а не как ее раскрытие: ведь она уже существует. Только пока это состояние единения скрыто от нас. Разбиение души Адам Ришон и разобщенность, в которой мы существуем, – это временное необходимое состояние, из которого мы поднимемся вновь к тому духовному уровню, с которого упали.

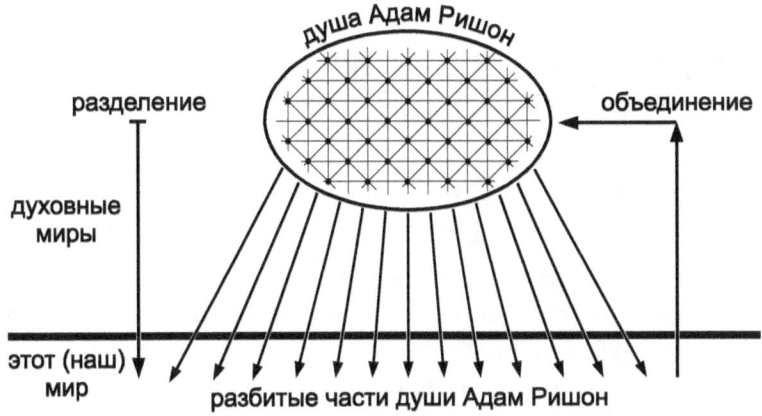

Схема 3.5

Вам, наверняка, хочется спросить, для чего это нужно: потерять духовную взаимосвязь, чтобы потом к ней вернуться? Восстановление связи друг с другом позволит нам не только пребывать в ней, но и полностью понять, что она из себя представляет, осознать причину ее существования, а также создать ее собственными усилиями, как Сам Творец. Посредством связи между собой мы постигаем идею, стоящую за ней, а именно Замысел творения – насладить создание. Таким путем мы и приходим к окончательному исправлению.

С чем это можно сравнить? Родители купили своему ребенку пазл. Когда из разрозненных кусочков ребенок собирает картинку, у него получается не только красивое изображение. В процессе ее построения он развивает и укрепляет свой ум, приобретает новые навыки и умения, учится преодолевать трудности.

Вот практически все, что мы хотели рассказать о духовной конструкции «душа Адам Ришон». Какое отношение это имеет к закону «Нет никого, кроме Него»? Об этом поговорим в следующей части урока.

Проверь себя:

- Почему так важно соединить все разбитые части души Адам Ришон?

ЕДИНЫЙ СВЕТ, ЕДИНОЕ ТВОРЕНИЕ, ЕДИНЫЙ СОСУД

Человек на своем духовном пути встречает преграды, которые словно отдаляют его от цели. Но он должен знать, что ничто не случается напрасно. Все события реальности, а особенно те, которые якобы уводят в сторону, посланы человеку для того, чтобы укрепить его желание к духовному и создать в нем инструменты для достижения духовности. Человек должен понять, что все помехи исходят из одного источника – от Творца доброго и творящего добро, и их цель – продвигать его по пути постижения. Как написано: «Нет никого, кроме Него».[44]

Все эти мнимые препятствия, возникающие на духовном пути, точно отмерены для каждого человека и соответствуют корню его души и его собственному пути в реализации замысла творения. Никто из нас не может понять, почему именно он получает именно эту помеху. Нет смысла заниматься поисками причин, так как у нас нет возможности понять их. Вся наша работа состоит в том, чтобы подняться над этими помехами и связать все, хорошее и плохое, с единым Творцом, посылающим нам все то, что происходит. Это и есть работа с законом «Нет никого, кроме Него».

В работе «Нет никого, кроме Него» мы последовательно меняем старую шкалу ценностей «горькое – сладкое» на новую: «правда – ложь». О чем речь? По шкале ценностей «горькое – сладкое» мы оцениваем каждую вещь относительно желания получать: если эта вещь приятна желанию

---

[44] Второзаконие (Дварим), 4:35.

получать, то есть ему сладко, мы считаем ее хорошей. А если эта вещь неприятна (горька) желанию получать, мы считаем ее плохой. Шкала ценностей «правда – ложь» поднимает нас над желанием получать. Мы измеряем все относительно духовной цели: приближает ли оно нас к связи с Творцом или нет? Если «да» – это правда, хорошо, а если «нет» – это ложь, то есть плохо.

Связывая все происходящее в реальности с единой силой, мы постепенно поднимаемся над желанием получать. Мы не отменяем желание получать и ощущения в нем, мы поднимаемся над ним. И начинаем постигать, как управлять им. Изо всех сил мы стараемся «замкнуть» себя на «Нет никого, кроме Него» во всех ощущениях, как хороших, так и плохих. Мы постоянно настраиваем себя на связь с Творцом, даже когда нас одолевают путаница и слабость. За плохое (горькое в нашем неисправленном желании) мы благодарим, как за хорошее (правду о недостаточном исправлении связи с Творцом). Постоянно размышляя над «Нет никого, кроме Него», мы выводим себя из-под управления желания получать и постепенно поднимаемся над ним к входу в духовное.

Подъем над желанием получать – это всего лишь условие для входа в духовное. Теперь, когда мы приобрели возможность управлять желанием получать, мы можем приступить к настоящей духовной работе: присоединять к себе желания, находящиеся вне нас, и работать с ними как со своими. Другими словами, после того, как мы обуздали свое желание получать, нам предстоит развивать желание отдавать, проверить, насколько мы отдаем ближнему, научиться работать с его сосудом (кли), построить его образ внутри себя, почувствовать, получает ли он наслаждение от нас. Только в такой работе мы можем полностью постичь состояние «Нет никого, кроме Него».

Проявления Творца, которые мы должны начать присоединять к себе, поднявшись над желанием получать, – это все части души Адам Ришон, о которой мы уже говорили. Ведь

Творец в науке каббала – это свойство отдачи и любви, которое мы постигаем в себе, в наших исправленных желаниях. Наши исправленные желания и есть желания, соединенные вместе в духовную конструкцию «Душа Адам Ришон».

О самом Творце мы говорить не можем. Изучая науку каббала, мы осваиваем методику постижения Творца. Мы можем Его постигнуть, только объединив все желания на основе отдачи и любви, через которые мы получаем свет Творца. Наша связь с Творцом построена на исправлении нашего отношения к частям души Адам Ришон. Только в едином сосуде, который объединяет в себе связями отдачи и любви все разбитые части души, мы сможем ощутить Творца, свойство отдачи. Мы не можем выстроить связь с Творцом напрямую, но только лишь через исправление нашего отношения к ближнему. В мере исправления нашего отношения к ближнему мы раскрываем Творца.

Статья «Нет никого, кроме Него» является основой всей внутренней работы человека. Бааль Сулам пишет, что человек должен остерегаться и не относить на свой счет победы и поражения в следовании закону «Нет никого, кроме Него», а связывать их с душой – Адам Ришон. Если человек отдаляется от связи с Творцом, он должен сожалеть о том, что причинил страдание душе Адам Ришон. Если человек приближается к связи с Творцом, то он должен радоваться, что усиливает жизненную энергию души Адам Ришон.

Душа Адам Ришон также называется «Шхина» – собрание всех душ, желающих раскрыть Творца. В ней, в соединении всех ее частей, раскрывается Творец. Как сказано, наша работа «Нет никого, кроме Него» является неотъемлемой частью Шхины. В статье «Нет никого, кроме Него» Бааль Сулам пишет: «И сожалея о том, что Творец не приближает его к Себе, должен также остерегаться, чтобы не переживать о самом себе, о своем отдалении от Творца. Ведь тогда будет заботиться о получении собственной выгоды – а получающий отделен от Творца. Тогда как должен сожалеть об изгнании Шхины, то есть о том, что он причиняет страдания Шхине».

Подведем итог. Работа с законом «Нет никого, кроме Него» заключается в том, что все события нашей жизни мы должны связывать с единой силой, управляющей всем творением. Так мы поднимаемся над желанием получать и начинаем работать с желаниями вне нас, с частями души Адам Ришон, называемой также святой Шхиной. Все победы и неудачи на пути восстановления связи с Творцом мы должны соотносить не с собой, а только с духовным телом, которое умирает или пробуждается в зависимости от наших усилий.

В наше время, когда мы находимся в начале духовного пути, работа «Нет никого, кроме Него» заключается в приложении максимальных усилий, чтобы связать все происходящее в реальности с единой силой, а также соединить эту работу с нашим исправленным состоянием, пока еще скрытом от нас, в котором мы соединены друг с другом связями отдачи и любви.

Схема 3.6.

Сведение всего происходящего в жизни к единому источнику – это, по сути, соединение разбитых частей души Адам Ришон в единое общее желание. Единого Творца, создавшего единственное творение, все части которого взаимодействуют как единое тело, можно раскрыть только в едином «кли», в соединении всех душ вместе. Каждое мгновение и на каждой ступени духовного пути мы должны стараться держать вместе три неотделимые части: себя, стремящегося к Творцу, единый сосуд, в котором раскрывается Творец, и самого Творца (см. схему 3.6).

Проверь себя:

- О чем нужно сожалеть и чему радоваться в работе с законом «Нет никого, кроме Него»?

ЕДИНСТВЕННЫЙ И НЕПОВТОРИМЫЙ

Представьте себе пять обезьян в клетке. С потолка свисает гроздь бананов, а под ней стоит лестница. Одна из обезьян прыгает на лестницу и тянется к бананам. Тут же струя холодной воды окатывает остальных обезьян в клетке. Промокшие обезьяны нервничают, но через некоторое время успокаиваются.

Проходит несколько минут, и другая обезьяна забирается на лестницу, чтобы достать банан. Снова струя холодной воды обливает остальных обезьян; они волнуются и вскоре опять успокаиваются. И так, раз за разом, одна из обезьян забирается на лестницу, холодный душ ошеломляет остальных обезьян – и все повторяется. Через некоторое время обезьяны научились останавливать всякую обезьяну, которая хочет подняться по лестнице. Они не готовы получать сомнительное удовольствие от холодного душа.

Когда все обезьяны «обучились» не подниматься на лестницу, одну из них заменили новой обезьяной, которая до этого в клетке не была. Новая обезьяна пытается подняться по лестнице за бананами, но, к ее удивлению, остальные обезьяны препятствуют ей. После нескольких попыток и новичок усваивает, что в этой клетке на лестницу не забираются. Меняют еще одну обезьяну. Эта новая обезьяна пытается прыгнуть на лестницу, и ее так же останавливают другие обитатели клетки. Обезьяна, помещенная в клетку перед ней, радостно присоединяется ко всем. Но, в отличие от других, она делает так по примеру остальных, не зная причины: ведь ее не обливали холодной водой.

Так одну за другой заменяют всех обезьян в клетке. Теперь в клетке находятся пять обезьян, которые никогда не пытались взобраться по лестнице и не предпринимают никаких попыток сделать это. Почему? Потому что они знают: так ведут себя в этой клетке.

Этот опыт (частично, кстати, основанный на научном исследовании[45]), которым мы начали последнюю часть урока, наглядно демонстрирует психологическое явление, называемое стадным чувством. Однако ни один из нас не желает быть частью стада, потерять свою индивидуальность, действовать неосознанно только потому, что окружение ведет себя таким образом. Каждый из нас желает быть особым, и нам очень важно сохранить свою уникальность.

Потребность сохранить свою индивидуальность получает подтверждение, когда мы встречаемся с наукой каббала. Мы приходим учиться с сильно развитым желанием получать наслаждение; соответственно высока и наша потребность сохранить индивидуальность. Человек обращается к науке каббала с вопросом: «Кто я?». Об этом мы поговорим в последней части урока.

На протяжении всего курса мы учили, что мы постигаем Творца, поднявшись над желанием получать и соединившись с желаниями ближнего так, как будто на самом деле они являются нашими. Творец – это свойство отдачи. Он раскрывается нам через подобие свойств, когда мы связаны любовью и отдачей и отдаем другим частям души Адам Ришон.

---

[45] Stephenson, G. R. (1967). Cultural acquisition of a specific learned response among rhesus monkeys.

Однако связь с другими как условие духовного постижения ставит перед человеком непростую задачу. С одной стороны, соединение является необходимым условием, но, с другой стороны, в нем пробуждается опасение, что связь с другими нивелирует его индивидуальность и его незначительная доля отменится множеством частей, составляющих общий духовный сосуд. Его сильное желание сохранить свою индивидуальность усугубляется непреодолимым конфликтом между необходимостью раствориться во всех и потребностью оставаться независимым.

Но нет причины бояться. На самом деле все наоборот. Как мы уже говорили, в науке каббала содержится ответ на вопрос: «Кто я?». Именно в соединении с другими человек обретает себя и выражает свою индивидуальность.

Чтобы понять, о чем идет речь, мы обратимся к материалам урока о свободе выбора. В нашем мире у человека нет свободы выбора. Уже на атомно-молекулярном уровне он управляется желанием получать наслаждение по формуле «максимум удовольствия при минимуме усилий», что совершенно естественно и называется словом «эффективность». Его развитие происходит в соответствии с генетическими данными, полученными от родителей, и вследствие влияния окружающей среды, которую он также не выбирал. Выходит, что в нашем мире нет ни одного действия, которое мы могли бы отнести к своим заслугам. Нет ни одного действия, в котором мы могли бы выразить свою индивидуальность.

Где же тогда свобода выбора человека? В подъеме над узким расчетом желания получать и в присоединении к душе Адам Ришон. Именно соединение с другими, сама точка соединения и есть место, где каждый может выразить свою индивидуальность. Каждый из нас представляет собой особую часть души Адам Ришон. Нет такого второго во всем мироздании. Нет и не будет никогда. Воссоединившись с душой Адам Ришон, человек вносит в совершенную общую картину особый оттенок, присущий только ему, который может добавить только он. Точка его соединения с остальными частями души Адам Ришон – это точка свободы его выбора. Она определяет его отличие от остальных и указывает на его дополнение среди остальных и для всех.

Р. Кук писал в своем дневнике об ощущении истинной жизни, которая раскрывается через связь с остальными частями души Адам Ришон: «Слушайте меня, сыновья народа моего. Ощущая всем сердцем, из глубины души я говорю вам: в вас вся моя жизнь... Только вы, все вы, все ваши души, все поколения составляете смысл моей жизни. Вами я живу, только в вашем обществе мое существование наполнено смыслом и называется жизнь. Без вас у меня нет ничего. Все надежды, все стремления, вся ценность жизни – всё это я нахожу только в сближении с вами, я нуждаюсь в связи со всеми вашими душами, я обязан любить вас бесконечной любовью».[46]

В объединении всех составных частей в единой любви, вечной и независимой, когда каждый добавляет свой особенный оттенок в общее единое желание к духовности, раскрывается нам Творец во всем Его величии и во всей Его глубине. Нет никого, кроме Него.

Проверь себя:

- В какой точке находится связь между индивидуальностью человека и объединением разбитых частей души Адам Ришон?

Итоги урока. Краткие выводы

- Чтобы реализовать цель творения и подняться до уровня Творца, душа Адам Ришон разбилась на множество разрозненных частей. Соединяя воедино все

---

[46] Р. Кук «8 сборников», тетрадь 1, строфа 163.

эти части, мы повторяем действие Творца и приближаемся к Его разуму, постигаем замысел творения.
- Наша связь с Творцом строится через исправление нашего отношения к частям души Адам Ришон. Только в едином сосуде (*кли*), который соединяет в себе все разбитые части души связями отдачи и любви, мы сможем ощутить Творца – свойство отдачи. Мы не можем построить связь с Творцом напрямую, а только лишь путем исправления своего отношения к ближнему. По мере исправления нашего отношения к ближнему мы постигаем Творца.
- Именно через соединение с душой Адам Ришон мы выражаем свою индивидуальность и независимость. Точка «Я» человека является точкой соединения с остальными частями души Адам Ришон. Все действия человека, кроме этого соединения, предопределены и известны заранее, и в них нет места свободе выбора и самостоятельному действию со стороны творения.

Термины

Шохен – Творец. Сила отдачи, проявляющаяся в объединении ранее разбитых частей души Адам Ришон.

Шхина – духовный сосуд, внутри которого проявляется Творец (Шохен). Это общность разбитых частей души Адам Ришон.

Ответы на вопросы

- *Вопрос*: Почему так важно соединить все разбитые части души Адам Ришон?
- *Ответ*: Соединение разбитых частей души Адам Ришон позволяет нам не только находиться в свойстве отдачи и связи друг с другом, но и научиться создавать

это объединение своими силами. Подъем творения на уровень Творца является целью творения. Только объединение разбитых частей души Адам Ришон дает нам разум Творца и поднимает нас на уровень замысла творения.

- *Вопрос*: О чем нужно сожалеть и чему радоваться в работе с законом «Нет никого, кроме Него»?
- *Ответ*: Все происходящее в реальности связать с единым источником возможно, только объединив все части души Адам Ришон в единый духовный сосуд. Поэтому нужно сожалеть, что неудачи в работе «Нет никого, кроме Него» задерживают объединение в единый духовный сосуд, называемый святая Шхина или душа Адам Ришон, и радоваться, что успехи в работе приближают объединение.
- *Вопрос*: В какой точке находится связь между индивидуальностью человека и объединением разбитых частей души Адам Ришон?
- *Ответ*: Индивидуальность каждого человека проявляется в его соединении с остальными разбитыми частями души Адам Ришон. Воссоединившись в ней, человек в совершенную общую картину вносит особый оттенок, присущий только ему, добавить который может только он.

Логический порядок. Последовательность изучения курса

- Мы учили, что наука каббала является методикой раскрытия Творца творениям в этом мире.
- Чтобы раскрыть Творца, нам необходимо изменить намерение с получения на отдачу.
- В каббалистических книгах скрывается особенная духовная сила, называемая «свет, возвращающий к

источнику», который способен изменить намерение с получения на отдачу.
- Только выяснив наше отношение к ближнему, мы сможем обратиться с истинной просьбой к свету, возвращающему к источнику.
- Свое отношение к ближнему мы можем точно выяснить, только выбрав правильное окружение для духовного развития.
- «Точки в сердце» являются разбитыми частями души Адам Ришон. Вместе с другими точками в сердце мы строим духовную среду, возносим просьбу об исправлении, об объединении разбитых частей. Таким образом вызываем свет, возвращающий к источнику.
- Основой для истинной просьбы к свету, возвращающему к источнику, является закон «Нет никого, кроме Него», то есть необходимо связывать все происходящее с единым Творцом – источником всех причин.
- В следующей части более подробно поговорим о том, как построить в себе просьбу.

ЧАСТЬ 2
ПУТЬ ТОРЫ И ПУТЬ СТРАДАНИЙ

Содержание:

УРОК 1. ДВА ПУТИ
- Нет человека более умного, чем опытный
- Добро заключается в зле
- Путь Торы и путь страданий

УРОК 2. ОСОЗНАНИЕ ЗЛА
- Что такое хорошо
- Соединяемся с добром
- Полиция нравов

УРОК 1.
ДВА ПУТИ

Темы урока:
- конец действия заложен в изначальном замысле;
- механизм развития творения;
- путь Торы и путь страданий.

НЕТ ЧЕЛОВЕКА БОЛЕЕ УМНОГО, ЧЕМ ОПЫТНЫЙ

Комар не дает тебе спать, сосед снова выбрасывает мусор в окно, наконец, цунами, затопившее полстраны, – все это как-то не вяжется с утверждением каббалистов, что этим миром управляет абсолютное добро. «Если это – хорошо, то что же тогда плохо?», – спрашиваете вы себя после очередного тревожного выпуска новостей.

Творец – это абсолютное добро. Так раскрыли Его каббалисты в своих исправленных получающих сосудах. Так они пишут в своих книгах. И все же мы наблюдаем совершенно иную картину. Сама жизнь приводит нас к выводу, что если есть добрая сила, которая управляет нашим миром, то в лучшем случае она просто повернулась к нам спиной.

В чем причина несоответствия между утверждениями каббалистов и нашей реальностью? Или нам просто суждено жить в таком мире, где зло скрывает добро? Можно ли повернуть Творца лицом к себе? А может быть, это мы сами должны повернуться к Творцу? На ближайшем уроке мы постараемся ответить на эти и другие вопросы, а также выяснить, какую пользу приносит изучение науки каббала.

С момента создания мира вселенная находится в постоянном развитии. Все меняется. Ничто не остается в застывшем состоянии. Изменяется земной шар, жизнь на нем, и люди также постоянно меняются. Развивающая сила, или Высшее управление, как каббалисты обычно называют ее, управляет этим миром и заставляет его развиваться, переходить из одного состояния в другое в соответствии с четкой и последовательной программой. Из неживой материи развиваются галактики, звезды и планеты. Развитие растительной и животной материи на земле приводит к огромному разнообразию растений и животных.

Каббалисты обнаружили, что развитие творения не является случайным и бесцельным, а наполнено смыслом и имеет цель. Существует конечная цель, к которой ведет сила развития. Каждая часть творения и все творение в целом проходят поэтапный путь развития в соответствии с Законом причины и следствия, чтобы реализовать цель своего создания. Так, например, земной шар прошел длительный процесс своего развития, пока не стал местом, подходящим для зарождения жизни; плоды созревают на дереве, чтобы потом их съели; с гусеницей случается ряд изменений и только потом она становится бабочкой.

Выходит, что цель хороша, но это раскрывается лишь в конце развития и не раньше. Все промежуточные состояния не только не показывают нам результат развития, его добрую и хорошую цель, а напротив, проявляются в такой форме, которая выглядит обратной своему окончательному варианту. Например, неспелое яблоко на дереве: маленькое, невзрачное, совсем не сочное и кислое, пока не созреет и не станет красивым и вкусным. Или гусеница: неуклюжая и некрасивая, пока не превратится в бабочку. В каждом творении существует разрыв между промежуточными состояниями во время развития и совершенным конечным результатом. Чем выше уровень развития творения, тем больше разрыв.

Самым ярким примером того являются различия в развитии человека и животного. Теленок через несколько минут после своего рождения уже стоит на ногах и имеет разум избежать опасности. В отличие от него, человек рождается совершенно беспомощным существом и полностью находится на попечении своих родителей. Требуется много лет, пока его тело не разовьется должным образом и человек научится ориентироваться в окружающей его жизни. Если бы какой-то инопланетянин, не знакомый с жизнью нашего мира, увидел их сразу после рождения, то, без сомнения, сказал бы, что предназначение теленка стать великим, а у человека нет никакого будущего.

Подведем некоторые итоги. Управление Творца творением имеет целенаправленный характер, конечная добрая цель раскрывается лишь по завершению процесса развития, в момент реализации цели развития. Целенаправленное управление вообще не принимает во внимание промежуточные стадии развития, которые направленно путают нас и скрывают от нас добрую цель.

Бааль Сулам так пишет в своей статье «Суть религии и ее цель»: «Об этом мы говорим: «Нет человека более умного, чем опытный». Ибо только человек, приобретший опыт, то есть имеющий возможность наблюдать творение на всех стадиях развития – от создания до завершения, может остаться хладнокровным наблюдателем и не пугаться всех этих искаженных картин, в которых предстает творение на разных этапах своего развития, а верить лишь в красоту и совершенство его законченного состояния».

Из всего сказанного можно хотя бы частично дать ответ на вопрос, с которого мы начали урок: если Творец – это абсолютное добро, то почему мы чувствуем его управление, как зло? В самом деле Творец – это абсолютное добро, но поскольку Его управление является целенаправленным, Его хорошее отношение, существующее всегда, становится очевидным для нас только в момент окончания развития, по достижении цели создания.

Проверь себя:
- Каковы особенности управления Творца творением?

ДОБРО ЗАКЛЮЧАЕТСЯ В ЗЛЕ

Общее управление развивает человечество по четкому плану, обуславливающему постоянный порядок, согласно которому люди переходят от одного состояния к другому. Все состояния развиваются посредством двух сил. Первая сила – созидательная, она меняет плохое состояние на хорошее. Вторая – разрушительная сила. Она превращает любое состояние в состояние гораздо хуже предыдущего. Таким образом она и воздействует на людей, заставляя их выходить из плохого состояния и строить новое, хорошее. Человечество находится под воздействием этих двух сил, и под их влиянием оно меняется, развивается, переходит от одного этапа к другому, на руинах старого создавая новое, лучшее состояние.

Примером может служить развитие феодализма в Европе. Римская империя с ее небывалым экономическим процветанием стала разрушаться в шестом-седьмом веках нашей эры. В результате были развязаны многочисленные войны, ухудшилась экономическая ситуация, простые граждане оказались без защиты. Эта ситуация привела к возникновению нового общественного строя, при котором крестьяне получают земельный надел и защиту, а взамен платят налоги и обязаны быть преданными своим покровителям.

Поначалу это устраивало всех, но постепенно бывшие спасители стали все больше и больше угнетать крестьян, состояние крестьянских хозяйств ухудшалось, и они изнемогали под властью феодалов. Классовая борьба обострялась и в конце концов привела к Великой французской революции. Феодальный строй прекратил свое существование, и на смену ему пришел век демократии. Форма развития, построенная на борьбе противоположностей (диалектическое развитие), неизменна. Желание получать, присущее человеку, реагирует на два типа базисных раздражителей: готов приложить усилия, чтобы гнаться за наградой в будущем, и стремится убежать от страданий в настоящем. Сила, под влиянием которой желание получать стремится к прибыли в будущем, в науке каббала называется «притягивающей силой». Она как бы тянет желание к приложению усилий, чтобы выйти из существующего состояния и перейти в новое, более хорошее. Сила, которая заставляет человека убегать от страданий, называется «отталкивающей силой». Она как бы выталкивает его из настоящего положения, побуждает к изменениям, чтобы он оказался в лучшем состоянии. Таким образом, притягивающая и отталкивающая силы, казалось бы, противоположны, но направлены на одну цель.

Эти две силы требуют от человека перехода из одного состояния в другое. Таким образом он развивается. Воздействие притягивающей силы вызывает в человеке хорошие и приятные ощущения, а воздействие отталкивающей силы воспринимается, как плохое и неприятное. Но если взглянуть на этот процесс с точки зрения конечного результата, то окажется, что обе силы являются необходимыми и имеют хорошую цель: они заставляют человека развиваться и приближают его к раскрытию конечного совершенного состояния.

Развитие творения условно изобразим на горизонтальной прямой, где справа обозначено начало развития, слева – конец и раскрытие совершенного состояния (см. схему 3.7). Всю ось разделим на Х участков, которые творению предстоит пройти до полного исправления. Переход от одного участка к другому (как путь к конечному состоянию) возможен только с помощью раскрытия зла в нынешнем положении. Если мы не видим зла в нашей ситуации или, другими словами, нам хорошо в нашем текущем состоянии, то нет никакой причины переходить из него в следующее, более продвинутое. Значит, именно осознание зла – это то, что продвигает развитие творения к лучшему.

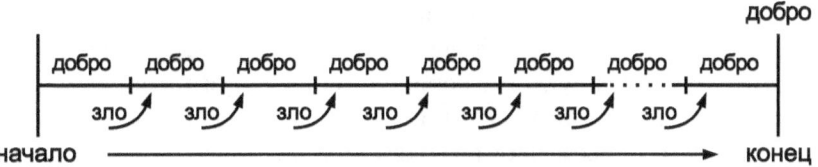

Схема 3.7.

В статье «Критика марксизма в свете новой реальности и решение вопроса о сплочении народа во всех его течениях», опубликованной в газете «Аума» (Народ), Бааль Сулам описывает тот же самый процесс в контексте теории развития государства.

«Так и любое движение, любой строй, принимаемый человечеством в качестве государственного устройства, есть не что иное, как отрицание предыдущего состояния. Ведь каждый государственный строй существует до тех пор, пока не обнаружатся заключенные в нем недостатки и зло, и по мере раскрытия заключенных в нем недостатков он освобождает место новому строю, не имеющему этих недостатков. Получается, что именно в этих недостатках, обнаруживающихся в данном состоянии и разрушающих его, заключается вся сила развития человечества. Ведь они поднимают его к состоянию более исправленному, чем предыдущее.

Таким же образом раскрытие недостатков в следующем состоянии приводит человечество к третьему состоянию, лучшему, чем прежнее. Так происходит всегда, в последовательном порядке. Таким образом, эти отрицательные силы, раскрывающиеся в различных состояниях, являются причинами прогресса человечества, которое с их помощью словно восходит по ступеням лестницы. Они надежно выполняют свою функцию – привести человечество к последней ступени развития, к тому желанному состоянию, которое свободно от всякого порока и недостатка».[47]

---

[47] Опубликовано в газете «Народ», 1940 г.

Важно понять, что раскрытие зла продвигает нас к добру, каждый раз приближает еще на один шаг к раскрытию противоречия между злом, которое проявляется в творении, и абсолютным добром, которое управляет творением.

Итак, в первой части урока мы узнали, что Творец – добрый и творящий добро, Он управляет творением целенаправленно, и поэтому Его добро раскрывается нам только при реализации цели в конце развития. В этой части урока мы поняли, что промежуточные стадии развития по своей природе не называются плохими: они приближают нас к окончательной хорошей цели. Следовательно, по своей сути они являются хорошими.

Проверь себя:

- Как происходит последовательный переход из одного состояния развития к другому?

ПУТЬ ТОРЫ И ПУТЬ СТРАДАНИЙ

После того, как мы познакомились с механизмом, управляющим развитием всего творения в целом и каждого из нас как одной из его частей, мы сможем понять, как участвовать в развитии так, чтобы оно доставляло нам удовольствие. Этой теме посвящается следующая часть урока.

Когда человек начинает занятия в университете, он получает учебную программу. Он точно знает, какие предметы будет изучать, сколько лет займет учеба и может рассчитать, каких материальных затрат она потребует. Ему известно, что он прилагает усилия, чтобы получить профессию и диплом, благодаря чему он будет иметь более высокий доход и социальный статус.

Учебу в университете человек выбирает сознательно. Он знает, что это обеспечит его в будущем, и знает цену этих вложений в настоящем. Все просчитав, человек принимает решение, готов он к затратам или нет. Процесс обучения будет трудным и требует больших усилий. Но человек готов их преодолеть, потому что сознательно ставит перед собой цель и знает, что это временные трудности. Такое развитие называется осознанным.

Рассмотрим другой пример. Как ребенок учится ползать? Родители привлекают его внимание игрушками, чтобы он, пытаясь дотянуться до них, пополз. Младенец при этом совершенно не понимает, что таким образом он развивается. Он может плакать, отказываться ползти, но, несмотря на его протесты, родители будут заставлять его прилагать усилия до тех пор, пока малыш не научится ползать. Этот процесс сопровождается трудностями, но он обязателен. Ребенок растет, не понимая, что, приобретая новые навыки и знания, он проходит очередной этап развития. Такое развитие называется неосознанным.

Разница между этими двумя формами развития значительна. Тот, кто развивается осознанно, знает, куда он движется, делает это добровольно и с радостью, воспринимает возникающие трудности как вызов, как препятствия, которые нужно преодолеть. Тот, кто развивается неосознанно, не понимает, что нужно делать, ненавидит возникающие трудности и испытывает боль и разочарование. Этот процесс может очень затянуться, если человек отказывается делать то, что ему предназначено.

До сегодняшнего дня человечество развивалось неосознанно. На протяжении десятков тысяч лет мы переходили от одной стадии развития к другой, не зная, что движет нами и какова наша цель. Все трудности и проблемы приносили человечеству многочисленные беды, страдания и разочарования.

В наше время, когда все у бОльшего количества людей начала просыпаться точка в сердце, нам открывается возможность осознанного развития, что позволит сократить время и избежать многих проблем. Осознанное развитие превращает наши страдания, которые мы ощущаем в процессе развития, в «сладкие муки любви». В этом заключается вся мудрость – самим распознать механизм управления и развиваться осознанно, минуя страдания. О силах, которые управляют процессом развития, мы подробно говорили в предыдущей части урока.

Мы узнали, что зло на всех этапах развития – это движущая сила, которая заставляет нас выходить на следующий уровень. Это является самым важным моментом, потому что разница между осознанным и неосознанным развитием заключается в осознании зла.

В случае неосознанного развития мы не имеем представления о процессе развития. Мы ощущаем проявления зла на себе, и это заставляет нас продвигаться. При осознанном развитии, напротив, мы осознаем зло заранее, на уровне мысли, до того, как оно проявится в действии. И нам достаточно осознания зла для того, чтобы перейти на следующий уровень развития. При осознанном развитии зло не обязано проявляться в действии и не будет ощущаться нами в реальности.

Таким образом, у нас есть два варианта:

а) ждать, когда зло проявится (а это неизбежно) и силой вытолкнет нас на следующий уровень развития без нашего на то согласия, неосознанно и без подготовки;

б) признать существование зла, осознать его в себе до того, как оно проявится в действии, и развиваться осознанно, не вызывая его на себя.

Мы видим, что осознанное развитие имеет два существенных преимущества: оно является быстрым, в нем нет бед и страданий. Если мы хотим быстрее продвигаться, нам необходимо ускорить осознание зла на всех этапах развития. Вместо того, чтобы ждать, когда зло проявится, стараться самостоятельно обнаружить его заранее.

Если на уровне мысли мы осознаем зло до того, как оно проявится в действительности, то не только ускоряем процесс, но и снижаем наши страдания в этом мире. Это похоже на ситуацию, когда в человеке уже живет болезнь, хотя ее симптомов еще не видно. Хороший врач может заранее выявить ее, назначить лечение и тем самым уберечь больного от грядущих страданий. Чем отличаются друг от друга путь Торы и путь страданий, объясняет Бааль Сулам в статье «Мир в мире»: «И получается, что существуют две власти, действующие в упомянутом процессе развития:

- одна из них – «власть небес», гарантирующая возвращение всего злого и приносящего вред к доброму и полезному, однако «в свое время» – путем медленным и болезненным, когда «объект развития» испытывает боль и ужасные страдания, находясь под катком развития, подминающим его под себя с невероятной жестокостью;
- другая – это «земная власть», представляет собой людей, которые взяли в свои руки власть над упомянутым законом развития и которым дано полностью освободиться от пут времени. Они значительно ускоряют достижение конечной стадии – другими словами, завершение своего созревания и исправления, что является концом их развития».

Когда просыпается в человеке точка в сердце, он устремляется туда, где может изучать науку каббала. В нем возникает вопрос о смысле жизни, который не позволяет ему бессознательно продолжать свою жизнь. Чтение каббалистических книг и привлечение «света, возвращающего к источнику» помогают человеку выяснить цель его жизни и понять, что такое зло, мешающее ему достичь этой цели (об осознании зла более подробно поговорим на следующем уроке). Через осознание зла, которое проявляется на каждом этапе развития, человек продвигается быстро и с радостью по дороге к раскрытию доброй цели развития.

В науке каббала осознанное развитие называется путем Торы, а неосознанное – путем страданий. Путь страданий, как следует из определения, приносит нам длинную череду больших страданий. Путь Торы – это осознанный путь развития с помощью изучения науки каббала. Он ускоряет процесс развития и превращает страдания в сладкие муки любви, которые усиливают стремление к добру, обещанному нам в конце пути. Это и является главным достоинством изучения науки каббала – она дает возможность перейти с пути страданий на путь Торы.

Так или иначе, программа нашего развития и все ее этапы известны заранее. Мы не можем пропустить ни один из них, все они необходимы, чтобы привести нас к окончательному исправлению, к ощущению Творца. Все, что мы можем сделать, – это согласиться с этим процессом и ускорить его.

Проверь себя:

- Чем отличаются друг от друга путь Торы (каббалы) и путь страданий?

Итоги урока. Краткие выводы

- Управление Творца творением является целенаправленным, конечная добрая цель раскрывается лишь по завершению всего процесса, когда достигнута цель нашего развития.
- Любые этапы развития не являются плохими по своей сути – все они приближают нас к конечной доброй цели.
- Есть два варианта развития: осознанное развитие (путь Торы) и неосознанное развитие (путь страданий). Осознанное развитие имеет два существенных преимущества: оно проходит быстрее и не сопровождается бедами и страданиями. Если мы хотим уско-

рить процесс нашего развития, необходимо стимулировать осознание зла на каждом этапе. Вместо того, чтобы ждать, когда проявится зло, мы обнаруживаем его заранее и тем самым ускоряем свое развитие. Более того: если мы осознаем зло на уровне мысли, до того как оно проявится в действительности, мы не только ускоряем этот процесс, но и снижаем наше ощущение боли, наши страдания в этом мире.

Термины

Высшее управление – сила развития. Программа, в соответствии с которой Творец управляет творением.

Притягивающая сила – сила, заставляющая желание получать устремляться к получению наслаждений.

Отталкивающая сила – сила, вынуждающая желание получать убегать от страданий.

Путь страданий – неосознанное продвижение в развитии. Путь длинный и тяжелый.

Путь Торы – осознанное продвижение в развитии до достижения окончательной цели творения. Путь короткий и легкий.

Ответы на вопросы

- *Вопрос*: Каковы особенности управления Творца творением?
- *Ответ*: Творец управляет творением целенаправленно. Это значит, что все творение в целом и каждая его часть в отдельности развиваются поэтапно в соответствии с законом причины и следствия, пока не достигнут цели создания. Добрая цель развития раскрывается лишь в момент ее достижения и не раньше.
- *Вопрос*: Как происходит последовательный переход из одного состояния развития к другому?

- *Ответ*: Последовательный переход от одного состояния к другому происходит в результате ощущения, что существующая ситуация является плохой или недостаточно хорошей. До тех пор, пока желание получать будет чувствовать себя хорошо в каждом данном состоянии, оно не будет делать ничего, чтобы его изменить.
- *Вопрос*: Чем отличаются друг от друга путь Торы и путь страданий?
- *Ответ*: Продвижение путем страданий является неосознанным. Мы неосознанно переходим от одного состояния к другому под воздействием зла, которое проявляется в нашей жизни. Путь Торы – это сознательное продвижение, осознание зла до того, как оно проявится в действии. С помощью осознания зла мы безболезненно продвигаемся от одного этапа развития к следующему. Путь страданий – долгий и тяжелый, путь Торы – быстрый и легкий.

УРОК 2.
ОСОЗНАНИЕ ЗЛА

Темы урока:
- осознание зла;
- способы выявления зла;
- наука каббала и этика.

ЧТО ТАКОЕ ХОРОШО

На прошлом уроке мы изучали, что сила, которая вынуждает нас продвигаться к следующей ступени развития, – это ощущение, что нам недостаточно хорошо в нашем нынешнем состоянии. Или более оптимистичный вариант: надежда, что будущее может быть лучше.

Так или иначе, ощущение опустошенности и неудовлетворенности и есть та сила, которая толкает человека и все мироздание последовательно продвигаться по пути исправления к замыслу творения.

Бааль Сулам пишет, что «даже самое маленькое движение человек не может совершить без движущей силы – то есть без того, чтобы не улучшить как-то свое положение. Например, когда человек переносит руки со стула на стол, то происходит это потому, что ему кажется, что, облокотив руки на стол, он почувствует себя удобнее, и если бы так не казалось ему, то он оставил бы руки на стуле все семьдесят лет своей жизни, не говоря уже о большем усилии».[48]

Ощущение недостатка или стремление избавиться от страдания, которое проявляется в каждый данный момент, помогает нам развиваться, продвигаться к следующей ступени.

---

[48] Бааль Сулам, статья «Мир», Доказательство работы Творца на основании опыта.

Если мы хотим ускорить процесс развития, мы должны обратить особое внимание на осознание зла в любом состоянии. Не ждать, пока зло проявится само, а обнаружить его заранее, своими собственными усилиями. Однако это совсем не просто. Сначала мы должны выяснить, что такое зло, которое нам необходимо обнаружить, и далее понять, каким именно образом его распознать. Если мы будем знать ответы на эти два вопроса, то сможем развиваться не путем страданий, а путем Торы. Об этом мы поговорим на ближайшем уроке.

Чтобы понять, что есть зло, необходимо выяснить, что есть добро. Наука каббала говорит, что добро – это конечный этап нашего развития, то есть полное подобие свойству отдачи, что называется «двекут» – слияние. Другими словами, добро – это чувство гармоничного слияния со всем мирозданием в единое целое. Добро – это объединение в любви для исправления намерения, изменение желания получать на желание отдавать.

Если объединение – это добро, то разобщение – это зло. Точнее, злом называется сила, которая ведет к разобщенности. Об этой силе мы много говорили на протяжении всего курса. Это – намерение получать во имя желания получать ради себя. Это – эгоизм, свойство, которое управляет желанием получать таким образом, что вся его работа направлена внутрь себя, только для собственной пользы.

Во всех трудах Бааль Сулам неоднократно повторяет, что причина всех зол на земле кроется в системе нашей работы с желанием получать. Получение только для себя, не считаясь с другими, есть полная противоположность законам природы. Желание получать с намерением ради получения приводит к отсутствию подобия свойств между человеком и свойством отдачи. Именно это не позволяет нам почувствовать действительность, истинную и добрую, которой управляет Творец – единый, добрый и творящий добро.

Так, например, Бааль Сулам пишет в «Предисловии к Книге Зоар»: «И пойми, когда весь мир согласится освободиться и уничтожить в себе желание получать ради себя, и будет во всех только желание отдавать другим, исключат этим все тревоги и все вредное в мире, и каждый будет уверен в здоровой и полной жизни, потому как у каждого из нас будет весь большой мир, заботящийся о нем и его нуждах. Но когда в каждом есть только желание получить себе – отсюда и исходят все тревоги и страдания, убийства и войны, от которых нам нет спасения, которые ослабляют тело различными болезнями и болями».[49]

Намерение получать ради себя мы можем определить по нашему отношению к ближнему и ко всему, что, как нам кажется, находится вне нас. Намерение получать ради себя направляет желание получать таким образом, что весь расчет строится по схеме: каким образом можно использовать в своих интересах того, кто находится вне меня. И, как мы уже говорили, даже если нам кажется, что какие-то действия были совершенно бескорыстными, то, проанализировав движущие мотивы, мы поймем, что и тут речь идет о намерении ради получения. И расчет был сделан только в свою пользу.

Зло, которое мы должны осознать, находится в намерении ради получения, то есть это – наше неправильное отношение к ближнему. Чтобы его исправить, сначала мы должны осознать, что нами управляет намерение получать ради себя, а затем почувствовать его как зло. Обратить внимание на особую важность объединения как состояния, обратного злу. Каждый раз, выявляя намерение на получение и осознавая его, как зло, мы будем переходить на следующие уровни развития и приближаться к постижению абсолютного добра, до полного исправления.

Внутренняя работа, целью которой является осознание того, что намерение получать ради себя есть зло, препятствующее нашему духовному продвижению, в науке каббала называется «осознание зла».

---

[49] Пункт 69.

Выявление зла и является его исправлением. Все, что мы должны сделать, чтобы отменить намерение ради получения, это – осознать в нем зло. Как происходит в детских сказках: если пристально смотреть чудовищу в глаза, оно постепенно исчезает. Исправление намерения ради получения начинается и завершается по мере его осознания. Если мы вдумаемся, то поймем, что нет нужды ни в чем ином. В тот момент, когда мы поймем, что получение ради себя – это сила, которая стоит на пути добра и нашего духовного продвижения, тотчас возникнет в нас желание исправить его. Итак, все, что нам необходимо – это желание исправиться.

Работа по выявлению зла подобна проверке качества питьевой воды. Вместо того, чтобы пить загрязненную воду, болеть и мучиться, мы проверяем количество болезнетворных микробов в ней и таким образом предупреждаем лишние страдания. Так же и работа по осознанию зла позволяет нам избежать страданий. Вместо того, чтобы продвигаться путем страданий, мы с помощью науки каббала раскрываем зло прежде, чем оно свершится. Другими словами, вместо пути страданий выбираем путь Торы.

Так или иначе, пока намерение на получение ради себя скрыто в нас и управляет нами без нашего на то согласия, мы не в силах исправить его и продвинуться хотя бы на шаг к исправленному состоянию. Бааль Сулам пишет об этом в одном из своих писем к ученикам: «Хотя и ропщу и сожалею я об изъянах, что до сих пор не раскрылись и ещё раскроются, потому что скрытый изъян – безнадёжен, и великое избавление с небес – его раскрытие, ведь закон таков, что не может дающий дать то, чего нет в нём, и если раскрылся сейчас, нет никаких сомнений, что был так же и в основе, только был скрыт. Поэтому рад я выходу их [изъянов] из своих «нор», потому что взгляни на них, и рассыплются в прах. И этим не удовлетворяюсь я даже на мгновение, так как

Часть 2. Путь Торы и путь страданий

знаю я, что тех, что с нами больше, чем с ними, и достаточно понимающему».[50]

Мы выяснили, что такое зло, которое мы должны выявить. В следующей части урока узнаем, каким образом можно его выявить.

Проверь себя:
- Что такое зло, которое мы должны выявить?

СОЕДИНЯЕМСЯ С ДОБРОМ

Так что же мы узнали? Мы узнали, что Творец создал нас, чтобы дать нам добро. Что на пути к добру обнаруживаются на первый взгляд плохие состояния. Мы поняли, что, если отнестись к плохим состояниям как к силе, продвигающей к цели, то они тоже являются добром. Мы говорили, что зло, которое открывается в каждом состоянии, ведет нас вперед. И чем быстрее мы осознаем зло, тем скорее пойдет процесс духовного продвижения. Все, что нам остается сделать, чтобы осознать его и ускорить развитие, – это определить, что такое зло. Итак, мы уже знаем, что намерение получать ради себя, – это зло, которое мешает обнаружить добро.

Далее мы выясним, как достичь осознания зла, какие действия необходимо предпринять, чтобы обнаружить зло, которое мешает нам достичь хорошего (исправленного) состояния. Прежде чем, засучив рукава, приняться за работу, важно понять один из основных принципов внутренней работы человека. Опираясь на него, мы и выясним, что делать дальше.

В одной из своих статей Барух Шалом Ашлаг (РАБАШ), старший сын и последователь Бааль Сулама, пишет: «Как, например, в темноте не видна грязь в доме. Но когда зажигают

---

50 Бааль Сулам «Плоды мудрости. Письма», письмо 5, 1921 г.

свет, то можно увидеть, что она там есть».[51] Простое сравнение и вывод простой: мы не можем увидеть зло (грязь) там, где нет добра (света). Чтобы обнаружить зло, необходимо иметь доброе намерение.

Как в примере РАБАШа, мы находимся в темной комнате и должны зажечь свет, чтобы заметить в ней грязь. Как черная дыра засасывает всю окружающую действительность в свою беспросветную черноту, так и намерение получать поглощает всю действительность, окружающую нас, в нашу внутреннюю темноту. Чтобы распознать намерение получать, которое управляет нами изнутри и не позволяет почувствовать добро, мы должны притянуть к себе луч света. Только с помощью света мы сможем увидеть намерение, противоположное ему.

Два очень мощных средства даны нам для того, чтобы осветить тьму внутри себя: исправляющий свет (свет, возвращающий к добру, источнику) и влияние окружающей среды. Исправляющий свет – это по сути своей добро. Он светит нам из нашего исправленного духовного состояния. Но пока мы не исправлены, он светит извне и влияет на нас разнообразными способами, чтобы приблизить к исправлению. На этот свет и указывает РАБАШ, когда пишет, что мы должны зажечь свет в темной комнате, чтобы увидеть в ней грязь.

Когда мы читаем в книгах, написанных каббалистами, о наших исправленных состояниях и стремимся раскрыть и почувствовать их, наше сильное желание раскрыть духовность притягивает особое сияние из духовных миров. Оно показывает нам, насколько мы далеки от духовности. И тогда кажется нам, что мы только проиграли от этого: искали свет, а получили тьму. Однако, как мы уже объясняли, именно раскрытие темноты как состояния, обратного свету, поднимает нас на следующий уровень осознания зла и раскрытия добра.

---

51 РАБАШ «Шлавей Сулам», статья «Вера выше знания», 1986 г.

Мы не должны пугаться, если учеба приводит нас к раскрытию зла, к отчуждению от остальных, к сомнениям и несогласию. На фоне всех препятствий в нас возникает еще большее желание и стремление к духовному. Отчуждение вызывает в нас требование к объединению. Сомнение и несогласие сменяется пониманием. Каббалисты пишут, что если человек изучает науку каббала и чувствует от этого удовлетворение, то он не учится по-настоящему. Свет, который мы получаем во время занятий каббалой, «высвечивает» и показывает нам новую порцию осознанного зла для исправления, и поэтому занятия каббалой должны вызывать в нас еще большее чувство неудовлетворенности сегодняшним состоянием – так проявляется желание с новой силой слиться со свойством отдачи. Запомните: каждый новый недостаток дает возможность обновления, нового открытия и продвижения. Все, что от нас требуется, – это правильный хисарон (недостаток наполнения, неудовлетворенное желание) и просьба об объединении.

РАБАШ пишет: «Начало работы человека – выявление зла. Это значит, что человек просит Творца, чтобы дал ему почувствовать, насколько желание получать – это плохо. Знание того, что желание получать называется «зло», и только Творец может сделать так, что человек способен его почувствовать и потом попросить, чтобы желание получать заменил ему Творец на желание отдавать».[52]

Вторым важным средством для осознания зла является духовное окружение – среда, в которой мы находимся, или, точнее, ее влияние на нас. Добро, которое мы должны притянуть к нашему состоянию, чтобы относительно него обнаружить зло, не только привлекает исправляющий свет, но также усиливает важность намерения на отдачу. Если мы определяем свойство отдачи как самый главный свой приоритет, только тогда мы можем определить наше разъединение как зло.

---

52 РАБАШ, статья «Что есть святость и чистота в работе», 1991 г.

Окружение является наиболее эффективным средством для увеличения важности свойства отдачи. Все мы – «социальные животные», мы все зависим от общественного мнения. Если установить норму, что свойство отдачи – это хорошо, то у нас не будет иного выхода, кроме как высоко ценить это свойство. В нас есть для этого внутренняя подготовка. То, что высоко ценит наше окружение, мы, естественно, оцениваем так же. Такова наша природа. Именно так воздействует на нас реклама: новый продукт (изделие) появляется на рынке, он никому не нужен, однако вокруг начинают говорить о нем. Сначала ты слушаешь и смеешься, потом слушаешь и молчишь, затем начинаешь интересоваться и в конце концов покупаешь.

Так происходит как в материальном, так и в духовном мире. Только окружающая среда, в которой мы развиваемся, может возвеличить ценность духовного над материальным. Никто из нас не способен сделать это самостоятельно, так как духовность – это полная противоположность нашей природе и часто ощущается как темнота (зло).

В завершении этой части рассмотрим связь между законом «Нет никого, кроме Него» и осознанием зла. Связана ли работа по выявлению зла с законом «Нет никого, кроме Него»? Всякий раз, когда духовность открывается нам как тьма, как нежелание изучать науку каббала, как равнодушие к самой идее «духовность», как физическая помеха, мешающая нашим занятиям, мы прежде всего должны отнести это к единственной силе, к источнику всего в этой жизни, так как «Нет никого, кроме Него». Если мы знаем, откуда все исходит, и правильно определили свою цель, ради которой нам посланы помехи, мы можем лучше понять, что мешает нам осознать зло, и сформулировать в себе правильную просьбу об исправлении.

Таким образом шаг за шагом мы проверяем свое стремление к духовности. Вся внутренняя работа строится на осознании зла. И, как мы уже изучали, в этой работе мы не нуждаемся в непосредственном проявлении зла, чтобы подниматься со ступени на ступень.

Итак, подведем итоги. Чтобы выявить зло, необходимо постоянно настраивать себя на добро, используя свет, возвращающий к источнику, и правильное окружение. Однако то, что кажется простым и обыденным, на деле может оказаться трудным для выполнения. Есть что-то в нашей природе, что тянет нас к плохому, особенно когда мы делаем первые шаги в занятиях каббалой. Есть нечто в наших страданиях, что пробуждает в нас гордость, и пока мы не исправлены, мы не можем отказаться от этого. Не всегда это просто – быть последовательным в хорошем, сохранять верность духовному, несмотря на все препятствия. Но если мы хотим продвигаться к духовному, мы должны это исполнять.

Проверь себя:

- С помощью каких двух способов можно выявить зло?

ПОЛИЦИЯ НРАВОВ

Сонни Крокетт и его партнер по патрулированию Рикардо Таббс – два детектива из отдела нравов – были, как у нас принято говорить, хорошими парнями. На экранах телевизоров в фиктивном мире, придуманном для них сценаристом сериала «Полиция Майами: отдел нравов», эти двое изо всех сил держали фасон, когда пытались установить порядок в городе и перевоспитать преступников.

Делать вид им удавалось, а вот поддерживать высокий уровень нравственности в городе – гораздо меньше. И это – нормально, к подобным результатам мы приходим и в реальном мире. Гораздо легче создавать видимость, чем на деле следовать определенным нормам поведения.

Многие сравнивают науку каббала с этикой. Неверное понимание приводит их к мысли, что цель каббалы – сделать нас лучше, более нравственными. Это – заблуждение. Каббала совершенно не связана с этикой; расстояние между ними – как между востоком и западом.

О различиях между наукой каббала и этикой мы говорили во втором разделе учебного пособия[53], когда выясняли сущность работы с желанием получать. Тот же вопрос возник при разъяснении работы по осознанию зла. Обе эти темы предоставляют нам отличную возможность еще раз обратить внимание на то, чем отличаются друг от друга каббала и этика.

Наука каббала и различные учения о морали и нравственности преследуют, казалось бы, одну цель – искоренить в людях зло и сформировать правильное отношение к окружающей среде. Из-за этого внешнего сходства некоторые делают вывод, что наука каббала является одной из методик науки о нравственности. Однако более глубокое понимание сути науки каббала приводит нас к выводу, что эта сходство ошибочно. На самом деле каббала и этика – две совершенно разные науки, во всех отношениях отличающиеся одна от другой.

Есть три главных различия между наукой каббала и этикой:
1. основы, на которых они базируются;
2. форма вознаграждения;
3. цели.

Остановимся на каждом и подробно объясним.

Первое отличие, как сказано, – это основа, на которой они базируются. Разница между каббалой и этикой не меньше, чем между Творцом и творением. Наука каббала черпает свою силу и знания из замысла творения, а этика базируется на разуме людей из плоти и крови.

---

53 Данная книга, часть 1, урок 2, глава 3.

Этика основана на нашем жизненном опыте. Когда жизнь показывает нам, что поступки отдельно взятого индивидуума приносят вред интересам всего общества, на него оказывается давление с тем, чтобы он изменил свое поведение. Это и есть способ нравственного воздействия на личность. Так, например, общество осуждает мошенничество, воровство, другие преступления. Поэтому при необходимости издаются законы, которые препятствуют совершению противоправных действий.

Напротив, наука каббала не основана на жизненном опыте человечества. Каббала спускается к нам из духовного мира, от замысла создания – насладить творение. В отличие от других учений, ограниченных рамками человеческого мышления, наука каббала раскрывает перед нами полную картину реальности.

Это существенное различие определяет совершенно иное восприятие добра и зла (мы изучали это на предыдущих уроках). В соответствии с этикой понятия добра и зла измеряются относительно общества как польза или вред. Наука каббала соизмеряет эти понятия с иных позиций – относительно реализации замысла создания. И, с этой точки зрения, как уже объяснялось выше, то, что нам кажется «плохим», выглядит как «хорошее».

Второе принципиальное различие между каббалой и этикой – обещанное вознаграждение по достижению цели. Результатом применения науки каббала является постижение Творца и высшего, духовного мира, а результатом применения этики – существование в удобных, хороших взаимоотношениях среди людей в рамках нашего мира.

Занятие каббалой меняет природу человека, его желание получать на желание отдачи, эгоизм на альтруизм, поднимает его над материальным миром в постижение духовной реальности, ощущение бессмертия и совершенства любви и вечной гармонии. В противоположность этому, самое большое вознаграждение, которое предлагает учение о нравственности – это исправленное коллективное сознание в рамках нашего мира. Цель достойная, но недосягаемая, так как человек не в силах интересы общества всегда ставить выше своих собственных интересов, оставаясь рабом собственного природного эгоизма.

Не имеет значения, какими способами мы ограничим человека и не позволим ему действовать во вред обществу; в конечном счете его правильное отношение к нормам поведения будет только внешним и не более того. Глубоко внутри себя он все равно будет думать о своих интересах и при первом же удобном случае побеспокоится о своем благе за счет остальных. Забота о пользе общества в ущерб себе находится выше человеческой природы. И чтобы выполнить эту сверхзадачу, обещанное вознаграждение за достижение данной цели тоже должно находиться выше человеческой природы.

На третье существенное различие мы уже указывали не один раз. И подчеркнем его снова. Назначение этических систем – создать исправленное высоконравственное общество в нашем мире. Цель науки каббала – поднять человека на уровень Творца. Наука каббала дана нам не для того, чтобы мы стали лучше в рамках этого мира, а для того, чтобы поднять нас над ограничениями этого мира и реализовать высший замысел: цель создания – насладить творение.

Проверь себя:

- На чем базируется этика? Что является основой науки каббала?

Итоги урока. Краткие выводы

- Чтобы продвигаться путем Торы, мы должны выявить в себе зло. Зло – это желание получать, которое управляет нами. Причина всего зла на земле – наша неправильная работа с желанием получать, то есть получать только ради себя, не считаясь с другими и вопреки законам природы. Отсутствие подобия между нашими свойствами и свойством отдачи как результат неправильной работы с желанием получать не позволяет нам почувствовать добрую действительность, исходящую от единого Творца, доброго и творящего добро.

- Нам даны два мощных средства, чтобы осветить тьму внутри себя: свет, возвращающий к источнику, и влияние окружающей среды. Свет показывает нам, насколько желание получать отдаляет нас от духовности. Окружение подчеркивает важность духовного. Руководствуясь этим, мы выявляем зло в желании получать ради себя. Осознание желания получать ради себя как зла с одной стороны и важность духовности с другой заставляют нас стремиться к духовности и исправлению.

- Наука каббала и этика противоположны друг от другу, как восток и запад. Основы, на которых они базируются, совершенно разные. Этика основана на человеческом опыте, а каббала берет свое начало от замысла творения и не зависит от ограничений восприятия реальности человеком. Формы вознаграждения, обещанные этикой и каббалой, также абсолютно различны. Этика обещает вознаграждение в этом мире в виде исправленного общества. Каббала предлагает вознаграждение в высшем мире (духовном). Вознаграждение, обещанное человеку этикой, недостижимо: человек не в состоянии предпочесть общественные интересы личной выгоде, – это выше его природы. Цель этики – исправленное общество. Цель науки каббала – духовность. Поскольку цели различны, то и их отношение к добру и злу не совпадает.

Термины

Осознание зла – выявление зла в намерении получать. Понимание, что зло стоит на нашем пути к духовности.

Свет, возвращающий к источнику (исправляющий свет), – свет, который светит нам извне, пока мы не исправлены. Во время правильного изучения науки каббала свет, возвращающий к источнику, действует на нас, приближая к исправленному состоянию.

Ответы на вопросы

- *Вопрос:* Что такое зло, которое мы должны выявить?
- *Ответ:* Зло, которое мы должны выявить, – это намерение получать ради себя, или, точнее, действие с намерением получать ради себя; оно направляет нас на использование других вместо отдачи им.
- *Вопрос:* С помощью каких двух способов можно выявить зло?
- *Ответ:* Существует два способа раскрытия зла: это свет, возвращающий к источнику, и правильное окружение. Исправляющий свет светит нам в то время, когда мы читаем каббалистические книги с правильным намерением на исправление желания. Он показывает нам, насколько мы далеки от духовности, то есть поглощены желанием получать. Ощущение расстояния (осознание зла) пробуждает в нас желание исправиться. С помощью окружения мы приобретаем важность

свойства отдачи. И, соответственно, оцениваем желание получать и удаленность от духовности как зло.
- *Вопрос:* На чем базируется этика? Что является основой науки каббала?
- *Ответ:* Этика базируется на опыте существования людей в нашем мире. Жизнь показывает, что поведение индивидуума может принести пользу или вред членам общества. Поэтому разработаны определенные нормы поведения, поощрения и наказания. Наука каббала основана на замысле создания и не зависит от ограниченного восприятия людьми этого мира.

Логический порядок. Последовательность изучения курса

- Мы учили, что наука каббала – это методика раскрытия Творца творениям в этом мире.
- Чтобы раскрыть Творца, необходимо изменить намерение с получения на отдачу.
- В каббалистических книгах содержится особая духовная сила, которая называется «свет, возвращающий к источнику». Он способен изменить наше намерение, направить его с получения на отдачу.
- Только выяснив наше отношение к ближнему, мы сможем обратиться с истинной просьбой к свету, возвращающему к источнику.
- Свое отношение к ближнему мы можем точно выяснить, только выбрав правильное окружение для духовного развития.
- «Точки в сердце» являются разбитыми частями души Адам Ришон. Вместе с другими точками в сердце мы строим духовную среду, возносим просьбу об исправлении, об объединении разбитых частей. Таким образом вызываем свет, возвращающий к источнику.

- Основой для истинной просьбы к свету, возвращающему к источнику, является закон «Нет никого, кроме Него», то есть необходимо связывать все происходящее с единым Творцом – источником всех причин.
- Связывая все состояния с Творцом, мы сокращаем процесс исправления, избегаем страданий и сожаления.

В следующей части мы будем изучать порядок исправления желания.

ЧАСТЬ 3
ИСРАЭЛЬ И НАРОДЫ МИРА

Содержжание:

УРОК 1. ПРЯМО К ТВОРЦУ
- Вблизи и вдали от света
- Исраэль, который в человеке
- Два как один

УРОК 1.
ПРЯМО К ТВОРЦУ

Темы урока:
- Исраэль и народы мира;
- закут и авиют;
- цель создания и исправление творения.

ВБЛИЗИ И ВДАЛИ ОТ СВЕТА

В одной из пародий израильского театра «Квинтет» есть эпизод: на международных соревнованиях по бегу два израильских болельщика прорываются на беговую дорожку и уговаривают судью, который, кстати, из Германии, позволить израильскому бегуну начать гонку с преимуществом в 6 метров. Ведь его конкуренты из других стран гораздо выше и крепче невысокого и тщедушного исраильтянина.

Чтобы убедить судью, они, размахивая руками, кричали, что «еврейский народ и так достаточно настрадался». И покинули трассу, только добившись согласия на поблажку для своего спортсмена. Судья выкрикнул команду «На старт!» с сильным немецким акцентом и, как солдат, выстрелил из стартового пистолета... Все выглядело очень смешно и унизительно.

Лаконичная пародия театра «Квинтет» показывает, насколько абсурдно складываются отношения между Израилем и народами мира. Что каббала говорит об этом? Кто такие «Исраэль» и «народы мира»? Эти и другие вопросы мы рассмотрим в данной части учебного пособия.

Как и каждое понятие в науке каббала, «Исраэль» и «народы мира» – это прежде всего внутренние свойства человека, его духовные желания. Подобно всем внутренним свойствам, создающим для нашего восприятия внешнюю реальность материального мира, они тоже находят свое выражение в материальном мире в виде народа Израиля и народов мира.

Свойство «Исраэль» и свойство «народы мира» существуют в духовном. И те же свойства присутствуют во внешнем мире и в самом человеке. Внешнее – это проявление внутреннего. И поэтому, если мы хотим установить истинную природу понятий Исраэль и народы мира, сначала надо понять их духовную природу. Этим мы займемся в первой части урока.

Желание получать – это материал, из которого создано все творение и каждая из его частей. Желание получать можно разделить на две составляющие: первая часть – более светлая, более приближена к свойству света, к свойству отдачи; вторая – более грубая, более отдалена от природы света. Более светлую часть легче исправить, а более грубую – тяжелее.

Светлая часть желания, близкая по природе к свету, называется в науке каббала «Исраэль», на иврите *яшар-эль*, что означает «прямо к Творцу». Иначе говоря, это желание, направленное прямо к Творцу, в котором уже заложено стремление к исправлению, к обновлению связи с Творцом.

Часть желания, более далекая по своей природе от свойств Творца и более грубая, называется в науке каббала – «народы мира» (см. схему 3.8).

Схема 3.8.

Во всем мире в целом и в каждом из нас лично мы можем различить эти два вида желания: желание, близкое по своим свойствам к отдаче, и желание, которое ближе к свойству получения. Эти два типа желания имеет в виду наука каббала, когда говорит об Израиле и народах мира.

Два типа желания: Исраэль и народы мира, – можно найти на любом этапе развития творения. Например, если мы проследим историю человечества на протяжении десятков тысяч лет, то увидим, что в древнем мире желания были более чистыми и близкими к природе света. По мере развития в людях раскрывались желания все более грубые, все более отдаленные от природы света. Это, кстати, причина того, что раньше исправление происходило естественным путем, а в наше время уже требуется особая методика для исправления человека.

Одним из основополагающих в науке каббала является Закон подобия общего и частного. В соответствии с ним любая, даже самая крошечная часть, включает в себя все характеристики творения. В соответствии с этим так же и в человеке нашего поколения можно определить два вида желания: светлое – «*зах*», и грубое – «*ав*». «*Зах*» близко к отдаче, «*ав*» – к получению.

Точка в сердце может пробудиться у любого человека, неважно, к какой религии, расе или полу он относится. Люди, у которых пробудилась точка в сердце, все притягиваются к изучению науки каббала и к исправлению желания и являются частями более чистого желания, называемого «Исраэль». А люди, которые не притягиваются к исправлению, даже если и проживают в Израиле, считаются частями более грубого желания, называемого «народы мира».

Подведем некоторые итоги. «Исраэль» и «народы мира» – это два вида желания: более светлое и более грубое. Их можно различать на каждом уровне творения. Разделение между двумя видами желания не является простым и однозначным. На самом деле они смешиваюся одно с другим в разных пропорциях и создают бесчисленные комбинации.

Есть желания «Исраэл»ь, которые включены в различных соотношениях с желанием «народы мира». И наоборот, есть желания «народы мира», которые включены в разных пропорциях в желания «Исраэль». Именно такое смешение позволяет работать с двумя видами желаний и способствует исправлению некоторых более грубых желаний.

Проверь себя:

- Что значит «Исраэль» и «народы мира» в соответствии с наукой каббала?

ИСРАЭЛЬ, КОТОРЫЙ В ЧЕЛОВЕКЕ

В предыдущей части урока мы выяснили, что «Исраэль» – это свойство в желании, его часть, наиболее близкая к свету. И еще мы учили, что в желании есть не только свойство «Исраэль», но и более удаленное от природы света свойство, называемое «народы мира».

Весь мир состоит из этих двух желаний и потому разделен на две основные группы: более близкие по своей природе к исправлению и более отдаленные по своей природе от исправления. Как устроен мир, так устроен и человек. Желание в нас также можно разделить на две основные группы: желание «Исраэль» и желание «народы мира».

В нас есть желания более грубые, которые как бы отдаляют нас от духовного. И есть желания более светлые, которые притягивают нас к духовному. Так, например, желание, благодаря которому сейчас мы сидим и читаем этот учебник, – это светлое желание, называемое «Исраэль». И есть в нас также другие желания, как бы отдаляющие нас от изучения науки каббала. Эти желания – более грубые, называются «народы мира».

Мы, конечно, уже знаем, что желания, которые якобы отталкивают нас от духовного, играют очень важную роль в нашем развитии. Если нет в нас желания «народы мира», то есть нет препятствий в продвижении к духовному, то мы не сможем постичь его глубины. Но даже не это главное. Самое главное, что исправление должны пройти все желания, всё желание целиком и полностью, и для этого они составляют эту пару, где «Исраэль» должен передать свет исправления в желания «народы мира». Если у «Исраэль» недостаточно этого света, то «народы мира» заставляют «Исраэль» этот свет постичь.

Именно трудности, открывающиеся на пути, дают нам возможность обновить связь с Творцом во всем Его величии. Похожие проявления существуют и в нашей реальной жизни. Трудности при достижении определенной цели в итоге ощущаются как приправа, придающая блюду особый вкус. Такой победой мы всегда дорожим.

Мы должны научиться работать с обеими частями желания, раскрывающимися в нас: «Исраэль» и «народы мира», – и увеличивать с их помощью, насколько возможно, желание к духовному. Мы должны использовать наше свойство «Исраэль» в устремлении к связи с Творцом, в возвышении важности духовного, подобно влюбленному мужчине, сила чувств которого не дает ему спать по ночам.

И как женщина якобы отстраняется от мужчины, чтобы пробудить и усилить в нем любовь, так и нам надо использовать свойство «народы мира» в себе, т.е. свойство, как бы отдаляющее нас от Творца, чтобы вызвать в себе сильное, необходимое нам стремление к духовному.

Так что такое быть Исраэль? Наука каббала говорит: быть Исраэль – это пробудить внутри себя стремление к связи с Творцом напрямую. Исраэль – это дословно «прямо к Творцу» (иврит, *яшар-эль*), т.е. устремленный прямо к Творцу, к свойству отдачи. Такое желание в человеке наука каббала и называет Исраэль. Любой человек в мире с таким желанием называется Исраэль. И неважно, какую религию он исповедает и в какой стране живёт.

Барух Шалом Ашлаг, старший сын Бааль Сулама, пишет в статье «Кто укрепил сердце свое»: «...идти дорогой Творца, которая называется Иcpa – Эль, "прямо к Творцу", т.е. человек желает, чтобы все его действия, что он совершает, поднялись прямо к Творцу, и не желает, чтобы было в нем другое намерение».[54]

С духовной точки зрения «израильтянин» – это тот, кто стремится к Творцу. И не важно, кто он: американец или русский, живет в Африке или Азии, родился в Ираке, в Камбодже или в Израиле. Независимо от цвета кожи, расы, религии, если пробудилась у человека точка в сердце, если пробудилось в нем желание установить связь с Творцом, он называется Исраэль.

В наши дни желание к объединению, берущее начало в замысле творения, пробуждается впервые, чтобы осуществить цель Творца. Миллионы учеников в мире, независимо от религии, расы или пола, присоединяются к удивительному путешествию – в мир науки каббала. Сотни тысяч людей уже занимаются по определенной программе в Международной академии каббалы. Миллионы других на земном шаре нуждаются в такой учебе. Открываются новые группы для новых студентов, и приглашаются все желающие для познания истины.

Темы науки каббала – далеко не простые. Одна из них – роль народа Израиля, которую он обязан выполнить в соответствии с Законом корня и ветви. Об этом мы поговорим подробно в конце этого раздела.

Проверь себя:
- Что значит «быть Исраэль» по определению науки каббала?

---

54 РАБАШ, статья «Кто укрепил свое сердце», 1985 г.

ДВА КАК ОДИН

Существует притча, что прежде, чем Тора была дана евреям на горе Синай, Творец предлагал ее разным народам на земле. Но никто не был готов принять ее, кроме народа Исраэль.[55]

То, что на первый взгляд кажется притчей или выдуманной историей, на самом деле является описанием самых глубоких внутренних сил, лежащих в основе творения. Каббала объясняет нам, как правильно наладить и использовать соотношения двух частей желания, называемых «Исраэль» и «народы мира», и каким образом мы можем исправиться с помощью науки каббала.

О правильном соотношении между двумя частями желания и их исправлении мы уже говорили. Чтобы понять смысл сказанной притчи, с которой мы начали урок, нужно немного расширить эту важную тему.

В соответствии с наукой каббала, в нашем мире нет добра и нет зла. Все, что раскрывается в нашем мире – как внутреннее, так и внешнее – это часть программы творения, предназначенной привести нас к конечному исправлению. И поэтому в основе своей является хорошим. Все зависит лишь от того, как к нему относиться и как им пользоваться.

Наука каббала выделяет два различных и взаимодополняющих направления в замысле создания:

1) цель создания;
2) исправление творения.

Как известно, цель создания – насладить творение, т. е. каждое желание получать должно быть наполнено наслаждением, которое Творец желает дать ему. Но дело в том, что у нас нет возможности получить это благо непосредственно в желание получать. Если мы получим напрямую, то в нас возникнет ощущение стыда от незаслуженного

---

55 Мехильта де-рабби Ишмаэль. Итро.

подарка. Чтобы не стыдиться, нам надо «заплатить» за подарок, потрудиться, чтобы получить его. Весь наш труд заключается в исправлении желания таким образом, чтобы оно действовало исходя из свойств любви и отдачи ближнему. Исправление желания называется также исправлением творения.

Чтобы осуществить цель создания – насладить творение, нам нужны более грубые части желания. Каждый, чье желание больше и грубее, сможет получить большее наслаждение, которое Творец желает дать нам. Более того, использование больших и грубых частей желания – это условие для получения всего блага. Только при условии наполнения всех самых грубых частей желания мы получим все добро, которое Творец приготовил для нас (см. схему 3.9).

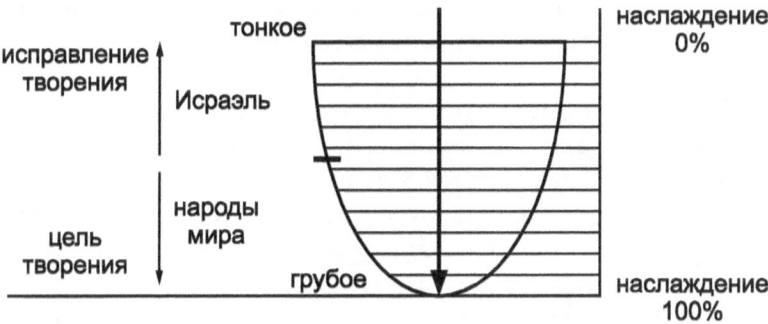

Схема 3.9.

Кроме того, для исправления творения, как условия для получения всего блага, нам требуются самые светлые части в желании, наиболее близкие к природе света. Только с их помощью можно приобрести свойства света, научиться любить, уподобиться Творцу и получить все благо, обещанное нам замыслом творения.

Значит, для исправления творения более важны свойства отдачи, называемые Исраэль, а для реализации цели творения более важны сосуды получения, самые грубые, называемые народы мира. Нет совершенства без одной из двух частей. Обе части необходимы и важны в одинаковой мере. И ценность каждой части определяется ее способностью участвовать в исправлении творения.

Отсюда понятно сказанное в притче, с которого мы начали урок. Сначала Творец предложил Тору народам мира. Конечно, со стороны цели творения они самые важные, т.к. только после наполнения светом частей самого грубого желания полностью реализуется цель творения.

Чтобы понять лучше, о чем говорится, возьмем пример из обычной жизни. Каждая мать получает наслаждение, когда ее ребенок с аппетитом ест приготовленную ею еду. Вообразите себе следующую ситуацию. Выходной день. Ваша мама накрыла стол, на нем разные вкусные блюда, которые обычно вы любите. Но, к сожалению, вы не голодны. С большим усилием и не желая огорчать маму, вы только немного пробуете кое-что.

Насколько мама будет довольна ситуацией, оцените по десятибалльной шкале. Единица, в лучшем случае. На самом же деле ей грустно, ей кажется, что вы ничего не ели. Но если вы придете и будете поглощать с большим аппетитом все, что она приготовила, то мама будет счастлива.

Точно также, чтобы насладить Творца и получить от Него все благо, мы должны придти к Нему с хорошим «аппетитом» – с самым большим и грубым желанием. И тогда сможем получить от все то, что Он предназначил нам. Получается, что с точки зрения цели создания, самое грубое желание – самое важное.

Но относительно исправления творения самым важным является самое светлое желание. Другими словами, намерение отдавать, управляющее желанием, получается самым главным. Как будто ты кушаешь и нахваливаешь все деликатесы, приготовленные для тебя мамой, не только потому что голоден, а ради того, чтобы сделать ей приятно. Похожим образом мы должны определить для себя, что будем получать все благо, которое Творец нам уготовил, только для того, чтобы насладить Его.

Теперь мы сможем еще лучше понять глубину сказанного в начале урока.

Сначала Творец обратился к народам мира. Так должно быть в соответствии с порядком осуществления цели творения. Но грубые желания не готовы получить Тору, методику изменения намерения, как условие для получения блага. Только Исраэль – самая светлая часть желания уже готова получить Тору и исправить себя. А после исправления он даст возможность свету наполнить все остальные части желания, в том числе и самые грубые. Поэтому изначально только Исраэль получает Тору.

Подведем итог. Исраэль и народы мира – это две обязательные части в осуществлении цели творения. Ни одна из них не является лучше другой, каждая из них необходима и нуждается в другой для конечного исправления. Мы должны помнить это. Такова внутренняя работа по исправлению желаний, которые открываются внутри нас. Таков порядок исправления мира. И это выражается в нашем мире в отношениях между народом Израиля и народами мира. Подробнее поговорим об этом на следующих уроках.

Проверь себя:

- Что важнее: светлая часть желания, называемая «Исраэль» или более грубая часть желания, называемая «народы мира»?

Итоги урока. Краткие выводы

- Светлая часть желания, самая близкая к природе света, называется Исраэль, на иврите *яшар-эль* – прямо к Творцу. Это желание, в котором уже изначально заложена готовность к исправлению, к обновлению связи с Творцом.

- Часть желания, более отдаленная по своей природе от Творца и более грубая, называется в науке каббала народы мира. Во всем мире и в каждом из нас можно определить два вида желаний: более близкое к свойству отдачи и более близкое к свойству получения. Эти два вида желаний имеет в виду наука каббала, когда говорит об Исраэль и народах мира.
- Желания человека мы можем разделить на две главные группы: Исраэль и народы мира. В каждом из нас есть желания более грубые, отдаляющие нас от духовного, и желания более светлые, притягивающие нас к духовному. Мы должны научиться работать с обоими. Использовать свое свойство Исраэль в нашем устремлении к связи с Творцом, чтобы увеличить важность духовного. Использовать свое свойство народы мира, т.е. желания, отдаляющие нас от Творца, чтобы пробудить в себе необходимое стремление к духовному.
- Со стороны исправления творения самые важные свойства – это свойства отдачи, называемые Исраэль. Но, с точки зрения цели творения, самые главные – это свойства получения, называемые народы мира. Нет совершенства без одной из этих частей. Обе части необходимы и важны в равной степени. Ценность каждой из них измеряется только относительно исправления творения.

Термины

Зах – светлый, близкий по свойствам к Творцу, к свойству отдачи, легкий для исправления.

Ав – **грубый**, отдаленный по свойствам от природы света, более тяжелый для исправления.

Исраэль – более светлая часть в желании получать.

Народы мира – более грубая часть в желании получать.

Закон равенства общего и частного – каждая часть творения включает в себя свойства всего творения. Как и все творение, из светлых и грубых частей состоит также человек.

Ответы на вопросы

- *Вопрос*: Что значит «Исраэль» и «народы мира» в соответствии с наукой каббала?
- *Ответ*: Исраэль и народы мира – это два свойства в желании получать. Исраэль – это более чистая часть в желании, близкая к природе света, и поэтому более легкая в исправлении. Народы мира – более грубая часть в желании, больше отдалена от природы света, и поэтому более трудна для исправления.
- *Вопрос*: Что значит, быть «Исраэль», по определению науки каббала?
- *Ответ*: Согласно науке каббала «Исраэль» – это тот, в ком пробудилась точка в сердце, и он стремится к связи с Творцом, к раскрытию духовного. Не важны пол, раса, национальность, религия. Если пробудилась точка в сердце, человек относится к свойству «Исраэль», и может начать изучение науки каббала, чтобы реализовать свое желание к духовному.
- *Вопрос*: Что важнее: светлая часть желания, называемая «Исраэль» или более грубая часть желания, называемая «народы мира»?
- *Ответ*: С точки зрения замысла и цели творения свойство «народы мира» является самым важным, а с точки зрения исправления творения свойство Исраэль является наиболее важным. Чтобы получить все добро, которое Творец приготовил нам в замысле творения, мы должны использовать все части желания.

Только с большим желанием можно получить большое наполнение. Но чтобы получить все благо, предназначенное творению, сначала мы должны исправить желание получать намерением ради отдачи.

РАЗДЕЛ IV
МЕТОДИКА ИЗУЧЕНИЯ КАББАЛЫ[56]

Содержание:
- Вступление
- Взаимодействие преподавателя и ученика
- Роль преподавателя в каббале
- Каббалистические книги
- Краткое описание трудов Бааль Сулама
- Что подразумевается под учебой?
- Цель изучения каббалы
- Процесс обучения
- Урок
- Воздействие урока на ученика
- Правильный подход к изучению каббалистических текстов
- Домашнее задание
- Кое-что на десерт

---

[56] Дополнительный материал.

ВСТУПЛЕНИЕ

В любой современной науке каждое серьезное достижение, как правило, является следствием работы большого коллектива ученых, в некоторых случаях – даже мирового сообщества. Ученый в своих исследованиях опирается на знания предыдущих поколений и использует весь научный багаж, накопленный его современниками.

Изучение Высшего мира практически невозможно, если его исследователь не находится в группе каббалистов и занимается постижением без ее поддержки. Следовательно, необходима школа, научный коллектив, который работает над всеми аспектами законов Высшего мира. Одновременно с этим все полученные знания передаются, обогащаются, обновляются и, таким образом, они составляют каббалистическую науку.

Результат исследования зависит от желания каждого объединиться с остальными членами группы и настроиться на достижение цели. Главным в их работе должно стать стремление изменить эгоцентрическое восприятие мира, которое ограничивает и тормозит процессы постижения истинной картины мироздания. Такой картиной является единая духовная модель всего человечества, а не физические тела и окружающие их материальные объекты неживой, растительной и животной природы. Они существуют лишь как реакции на информацию, полученную с помощью наших органов восприятия. Внутренняя же суть человека, его желания, мысли представляют собой огромную систему взаимосвязей, энергетическое поле, управляемое Высшей силой – Творцом.

Человек в одиночку никогда не сможет постичь всей полноты картины, так как он замкнут в себе и ощущает лишь свой маленький мирок. Это можно сравнить с клеткой живого организма, все существование которой сводится лишь к примитивным процессам потребления и выделения в сравнении с ощущением жизни целого организма. Поэтому необходимо соблюдать это очень важное условие обучения, без выполнения которого вся учеба сводится не более чем к механическому запоминанию терминов и определений, но никак не к ощущению и постижению. Разумеется, всякое познание происходит индивидуально, но в мере приложенных усилий включиться в коллектив и жить его целью.

Поэтому серьезные исследования в области каббалы необходимо проводить только находясь в коллективе, хотя ознакомительный этап можно преодолеть индивидуально.

ВЗАИМОДЕЙСТВИЕ ПРЕПОДАВАТЕЛЯ И УЧЕНИКА

Каббала является такой наукой, в которой важно уважать учителя, тогда как в других науках бывает достаточно получать от него только знания. Можно даже ненавидеть источник передачи информации, учиться заочно, не зная преподавателя. В каббале учитель не только преподаватель, а еще и проводник в неизвестный ученику мир. Учитель по сравнению с учеником – это высшая ступень, не в знаниях, хотя и это важно, а в постижении неведомого мира. Учитель и ученик – суть две фигуры, созданные Творцом в этом мире именно потому, что у ученика нет другой возможности постичь неизвестное, неощущаемое без помощи учителя. Учитель постепенно, без жестких указаний, намеками приводит ученика к самостоятельным выводам, как правильно настроиться на ощущения духовного мира.

Поэтому от учителя необходимо перенимать его направление на цель, на Творца. Тут требуется следовать за ним, считать его великим, а все остальное не имеет существенного значения.

Во многих случаях желательно сравнивать отношения «учитель – ученик» с отношениями «взрослый – ребенок», так как это аналог корня и ветви в нашем мире.

Учитель же должен намеренно делать себя простым, не рекламировать свои духовные постижения и силы (это вообще не присуще каббалисту – явный признак лжеучителя!), скрывать их от учеников, чтобы дать им возможность свободного выбора.

Если Учитель указывает на Творца, то он – Учитель, а если указывает на себя, то он – самозванец.

Учитель считается истинным, если:

- получил свои духовные знания от признанного каббалиста;
- обучает своих учеников по оригинальным каббалистическим источникам, не заменяя их своими текстами (не имеется в виду вспомогательная литература, написанная им для распространения и обучения начинающих);
- ни в коем случае не привлекает внимание учеников к своей личности;
- направляет учеников на Творца, то есть на приобретение Его свойств.

Связь преподавателя и ученика зависит только от запросов последнего. Она обусловлена способностями ученика без помех воспринять от учителя внутреннюю суть каббалистических источников.

Это огромная работа со стороны ученика. Ему ни в коем случае не следует превозносить своего преподавателя, он должен быть уверен только в его духовном постижении. Все остальные качества, свойства, черты характера, внешний вид не имеют никакого значения. Главное: слушать советы преподавателя и стремиться реализовать их на практике.

РОЛЬ ПРЕПОДАВАТЕЛЯ В КАББАЛЕ

Преподаватель отвечает на вопросы ученика, но в приемлемом (скрытом) для ученика виде и мере, давая знания, словно в оболочке, обертке. Ответ может быть скрытым, запутанным и неясным. «В приемлемом виде» – это значит в том, который максимально настроит ученика на постижение цели[57], на устремление к ней.

Главное в каббале – это направленность мыслей, намерение, с которым производится действие.

Преподаватель должен так искусно объяснять ученику материал, чтобы у него возникало еще больше вопросов. То есть содержание ответа должно настраивать ученика на дальнейшее внутреннее развитие, вызывая у него появление вопросов с целью выявления последующих уровней желаний, знаний. Ученик не способен напрямую воспринять истину, поэтому преподаватель говорит то, что ученик желает услышать, но внутри этого ответа скрыта информация, необходимая для постоянного увеличения стремления к цели.

Преподаватель обязан дать ученику определенные конкретные знания о строении миров, то есть о тех потенциальных состояниях, которые ему предстоит пройти. Вначале эта информация может показаться сухой и скучной, но затем, по мере продвижения, ученику раскрываются ранее скрытые от него связи и взаимоотношения между всеми частями творения, включая замысел Творца. Материалы о схеме мироздания и нисхождении миров должны изучаться параллельно со статьями об историческом процессе развития общества и индивидуума, о внутренней работе человека.

---

[57] **Цель творения** – постижение Общего Закона мироздания, достижение подобия свойств с Творцом.

КАББАЛИСТИЧЕСКИЕ КНИГИ

Все каббалистические труды содержат описание системы взаимоотношений Творца и созданных им творений.

Многие каббалисты, постигнув замысел творения, описали все состояния нисхождения от наивысшей точки слияния с Творцом и до нашего мира, где творение находится в полном сокрытии. Эти труды имеют особое воздействие на учащихся: ведь они рассказывают обо всех состояниях, которые должно пройти человечество и каждый лично, о состояниях, которые существуют в потенциале, но еще скрыты от тех, кто их постигает.

Если человек, читая книгу, привносит в каждое слово свое желание, стремление быстрее преодолеть этот путь, то, приложив определенное количество усилий, он удостаивается раскрытия Творца. Это значит, что под воздействием прочитанного он начал приобретать свойства Творца и по закону подобия свойств удостоился раскрытия в себе Высшей силы, то есть следующего, более высокого своего состояния. Ученик как бы вводит свое желание в ту формулировку, которую каббалист дает в своей книге.

Это подобно математическому выражению, которое описывает неизвестные состояния. Так и каббалистическая формула просто отображает связи между отдельными частями творения, не знакомые ученику. Ученик помещает себя внутрь нее. Поскольку он в процессе изучения материала желает почувствовать эти состояния, то самим своим стремлением он вызывает на себя определенное воздействие текста, которое изменяет его ощущения и вводит в духовный мир.

Еще раз хотелось бы напомнить, что все духовные состояния или миры (мир в переводе с иврита означает «скрытие») ощущаются внутри наших желаний, в большей или меньшей степени подобных Высшим законам природы или Творцу (природа и Творец идентичны). В Книге Зоар сказано, что все миры находятся внутри человека. Это очень важный момент, который поможет изучающим каббалу избежать в дальнейшем процессе обучения множества ошибок и отклонений.

КРАТКОЕ ОПИСАНИЕ ТРУДОВ БААЛЬ СУЛАМА

- **Статьи** («Поручительство», «Мир» и другие) написаны специально для начинающих учеников и направляют их на самопознание, на внутреннее исследование своей природы.
- **Письма** написаны, как правило, не для общего изучения, а используются в частном, узком применении. Письма изучаются избирательно в зависимости от внутренних состояний ученика.
- **«Учение Десяти Сфирот»** – основополагающий учебник по каббале, который описывает всю духовную работу человека, проходящего ступени исправления, изменения своей природы. Для тех, кто еще не вступил на ступени внутреннего постижения, книга является источником воздействия и изменения внутренних качеств с целью уподобления свойствам Творца. «Учение Десяти Сфирот» начинают изучать после статьи «Введение в науку каббала» в следующем порядке: 4, 6, 8, 16, 3, 15, 1, 2, 7, 9, 10, 11, 12, 14, 13, 5 части.
- **Книга Зоар с комментариями Бааль Сулама** – это объяснение духовной работы по методике трех линий[58]. Книгу Зоар могут воспринять только продвигающиеся по трем линиям, то есть люди, уже находящиеся на определенном духовном уровне восприятия

---

[58] **Три линии** – система, позволяющая прийти к подобию Творцу: левая линия – желание получать (свойство творения), правая линия – желание отдавать (свойство Творца), среднюю линию человек создает самостоятельно собственным стремлением к соответствию, подобию Творца.

законов природы или Высшей силы. Эту силу мы называем Высшей, духовной, так как Она нас создала, Она является причиной, а мы следствием. Книгу Зоар изучают после статьи Бааль Сулама «Предисловие к Книге Зоар» и статьи «Введение в науку каббала».

ЧТО ПОДРАЗУМЕВАЕТСЯ ПОД УЧЕБОЙ?

В каббале существуют три фактора продвижения ученика. Это учеба по истинным каббалистическим источникам, преподаватель и коллектив единомышленников. Учитель дает направление и объясняет методы исследования. Группа единомышленников является местом исследования, где каждый индивидуум пытается выяснить собственное отношение к своему окружению, изменить это отношение по подобию законов природы, которые изучаются в каббалистических книгах.

Учиться – значит работать с книгой и ожидать, что в результате этого действия и приложенных ранее усилий по выяснению и исследованию своей природы произойдет изменение в ощущениях, и человек сможет почувствовать состояния, описанные каббалистом.

Книги должны быть только подлинными, истинными каббалистическими источниками – это Книга Зоар, произведения Ицхака Лурия Ашкенази, Бааль Сулама и Баруха Шалом Ашлага.

Преподавателем может быть тот, кто понимает путь, лично прошел его и служит примером для продвижения, дает необходимые советы, координирует работу в коллективе и направляет процесс учебы. Коллектив – это люди, собравшиеся вместе вокруг учителя и истинных книг, с серьезным намерением изучить и постичь на практике замысел, которым является раскрытие Творца творениям в этом мире, как пишет об этом Бааль Сулам в своей статье «Суть науки каббала».

Эти три фактора становятся рабочей средой для человека, желающего продвигаться по духовному пути.

ЦЕЛЬ ИЗУЧЕНИЯ КАББАЛЫ

- Воздействие учебного материала для изменения внутренних качеств с целью уподобиться свойствам Творца. Для этого необходимо желание присутствовать на уровне того, кто эту информацию ощутил и передал нам. Книги великого каббалиста XX века Бааль Сулама наиболее адаптированы для нашего поколения, поэтому основную часть учебного процесса мы посвящаем именно им.
- Истинная цель обучения состоит в выявлении внутренней связи с изучаемым материалом, поиск в себе всех разбираемых объектов, свойств, действий, поскольку в каббалистических книгах речь идет только о том, что происходит с человеком, с его восприятием мира.
- Обучение должно быть не насильственным, а только в том виде, который приемлем для учащегося, и в соответствии с его вопросами и уровнем развития, умственным и внутренним. То есть ученик продвигается в изучении или постижении только в мере своего желания. Любое постижение в каббале предполагает внутреннее стремление исследовать на себе действия Творца, и здесь все зависит от собственного желания.
- «Нет насилия в духовном» – это закон, который находится в основе наших желаний.

ПРОЦЕСС ОБУЧЕНИЯ

Ученику, начинающему изучать каббалу, трудно понять, что само постижение этой науки является средством изменить себя, открыть и почувствовать более высокие состояния, то есть наиболее близкие к цели творения.

Ученику необходимо достичь такого подхода к учебе, когда он воспринимает ее в качестве лаборатории, а себя – объектом исследования, который он исправляет, изменяет и совершенствует. Всегда необходимо помнить, для чего ты учишься, с какой целью открываешь книгу, чего желаешь с ее помощью достичь.

С этой точки зрения необходим максимально прагматичный подход к процессу обучения – требовательный и целенаправленный. Это и будет означать высокое качество приложенного во время учебы усилия, без которого человек не может даже надеяться получить какие-либо исправления. Поэтому сила, заключенная во всех каббалистических книгах, и в особенности в произведениях Бааль Сулама, есть интенсивность воздействия на человека в зависимости от того, насколько он этого желает.

В нашем мире нет иной силы исправления, кроме духовной, той, которую мы получаем из истинных каббалистических трудов. Книга – это единственное средство связи с Высшим источником. По ней мы изучаем законы Высшего мира и тем самым вызываем на себя их воздействие. Так мы сами становимся причиной, на основании которой закон приближается к нам, а изучаемые процессы начинают изменять наши ощущения, ибо все они происходят внутри нас. Когда мы изучаем их по книгам, они больше раскрываются и эффективнее воздействуют на нас.

Человек вовсе не должен сидеть и учить материал 24 часа в сутки. Главное – получать силу, желание, стремление изменить свои ощущения, исправить эгоцентрическое восприятие мира, продвигаться в правильном направлении и удерживать его в течение всего дня, независимо от внутренних состояний. Поэтому очень важно начинать занятия утром, перед работой, хотя бы в течение четверти часа. Это совершенно отличается от нашего обычного подхода к учебе, и только так мы должны относиться к каббалистическим трудам.

Книга – источник сил, а накопление знаний – вещь второстепенная.

Сегодня каббалистические книги переведены на множество языков. Изучать их можно на любом из них, но основные определения (а их несколько сотен) необходимо выучить на языке оригинала.

Цель данного учебного пособия – ознакомить ученика с каббалистическими знаниями, но дальнейший процесс обучения проходит только по оригинальным источникам в переводе на родной язык.

УРОК

Подготовительная часть урока предназначена для выяснения цели присутствия ученика на занятиях. Это может показаться странным, но такая работа является важнейшим фактором в дальнейшем ходе урока: с какой целью я сейчас начинаю учебный процесс и каких результатов ожидаю от своих исследований.

Подготовительная часть урока должна занимать 10-15 минут. После нескольких месяцев занятий время на подготовку будет увеличиваться, потому что появятся более точные определения своего состояния, более тонкие замеры малейших нюансов мыслей, намерений, расчетов. Необходимо четкое осознание того, что вся информация, заложенная в тексте, влияет на меня лишь в мере **моего желания** измениться.

Настроиться на урок – это понять, что в книге, по которой я занимаюсь, говорится о моих собственных состояниях, обо мне лично, и ни в коем случае не представлять себе какие-либо внешние материальные объекты, исторические процессы, геометрические фигуры.

Основная часть урока – это личное включение в состояния, которые описаны в каббалистических книгах. Первую половину урока (обычно около часа) занимает продолжение подготовки, настройка на внутреннюю работу, но уже специфическую, в зависимости от выбранного материала. Рекомендуется читать статьи и письма Бааль Сулама, РАБАШа о духовной работе.

Вторая половина урока – обязательное изучение книги Бааль Сулама «Учение Десяти Сфирот» или для начинающих «Введение в науку каббала».

ВОЗДЕЙСТВИЕ УРОКА НА УЧЕНИКА

Как мы говорили ранее, в книгах Бааль Сулама описаны все состояния творения от его Замысла до нисхождения в наш мир. Под термином «наш мир» следует понимать ощущение крайней удаленности от первопричины и абсолютное отсутствие возможности даже минимального контакта с ней. Однако необходимо осознавать, что она существует, и желать ее полного раскрытия. Поэтому, изучая те или иные состояния, желая постичь их чувственно, ученик вызывает на себя воздействие сил, заключенных в тексте. Попробуем подробнее разобрать этот процесс.

Все человечество существует в пространстве единственной силы, называемой «Творец». Находясь там, мы можем изменить поле воздействия Творца так, чтобы оно было направлено к нам. Вообще мы можем говорить о каком-то пространстве или поле только относительно того, кто находится в нем, потому что именно он создает воздействие, препятствие и производит изменение в этой точке пространства. Особое воздействие места на объект соответствует тому, насколько сам объект влияет на него. При этом возможности пяти органов чувств нашего биологического тела ни в коем

Раздел IV. Методика изучения каббалы

случае не меняются, человек продолжает жить и работать в своем обычном мире, но в дополнительно приобретенном желании он ощущает, осознает причины, цель и взаимосвязь всех частей мироздания. Это происходит в результате воздействия «окружающего света».

Окружающий свет – это энергия, которая воздействует на потенциальное желание ученика уподобиться Творцу, но еще не может войти в него, так как он не имеет подобия свойств, соответствия. В мере нашего желания стать чувствительными элементами к окружающему свету он становится внутренним, то есть мы начинаем ощущать скрытое прежде воздействие Творца.

Находясь рядом с большим каббалистом и занимаясь по каббалистическим книгам с правильным намерением, человек силой своего желания изменяет отношение между собой и полем Творца. В сущности, таков желательный результат, который мы можем извлечь из этой силы – прибегнув к помощи того, кто уже изменил вокруг себя пространство – за счет разности потенциалов между ним и пространством.

Здесь мы действительно можем вывести те же закономерности, что и в физике, только в каббале мы имеем дело с силами мысли и желаний, хотя принцип аналогичен.

Мы не знаем, кто такой Творец, что представляет собой поле, но своими желаниями, стремлениями мы выявляем его, влияем на него и, как следствие, изменяем его воздействие на нас. Мы ощущаем свойство отдачи только в том случае, если изменяем собственное свойство с получающего на отдающее. В сущности, именно желание отдавать мы именуем Творцом, поскольку обнаруживаем, что оно существует в нашем корне и управляется Им. Желание получать мы называем творением. Поэтому все мысли во время учебы должны быть направлены на воздействие «окружающего света», который помогает нам приблизиться к нашему корню, первопричине, то есть к подобию свойств с Творцом.

ПРАВИЛЬНЫЙ ПОДХОД К ИЗУЧЕНИЮ КАББАЛИСТИЧЕСКИХ ТЕКСТОВ

Как и в любой академической науке, получение знаний в каббале является процессом постепенным, многоуровневым: прежде всего усваивается верхний, наиболее легкий уровень, исходные данные, упрощенные схемы, общая картина. Затем наступает второй этап – подробный анализ каждой детали, затем третий – соединение всех деталей в общую картину.

Таким образом, шаг за шагом вырисовывается общая идея системы, затем уточняются детали, процессы начинают постигаться не умозрительно, а чувственно. Специалистом в любом деле можно назвать того, кто ощущает материал без приборов и чертежей – как говорится, шестым чувством.

В каббале требуется многократное осмысление текста, пока не появятся впечатления, адекватные изучаемому материалу. Это можно сравнить с ощущениями музыканта, читающего партитуру: нотные знаки дают ему полную картину музыкального произведения.

В конце «Предисловия к Учению Десяти Сфирот» есть часть, которая называется «Порядок изучения». Порядок учебы, пишет Бааль Сулам, заключается в том, что ученик должен заучивать на память все определения. С какой целью? Для того, чтобы при чтении у него не возникали в уме геометрические фигуры, образы и различные материальные, овеществленные представления об объектах, изучаемых в каббалистических книгах. Прочитав определения: «прямой свет», «отраженный свет», «окружность», «сокращение», ученик должен представлять эти термины внутри себя, в своих чувствах, мыслях, желаниях.

Так, например: «прямой свет» – означает, что я готов принять наполнение вне всяких рамок и ограничений, «сокращение» – означает, что мне очень хочется, но я себя ограничиваю.

Вся эта работа необходима для того, чтобы каждое слово вызывало внутри нас соответствующую чувственную, а не только умозрительную реакцию.

Переход от мысленного представления геометрических фигур и чертежей к желанию чувственно участвовать в описываемых процессах требует четкого знания определений каждого понятия, используемого в этой книге. Тогда мы сможем автоматически внутри себя сразу же трансформировать любой термин. Он будет возникать, сопровождая определение, которое мы запомнили, как наше чувственное состояние, и это очень важно.

Задача учащегося заключается в том, чтобы раз за разом приближать к себе эти определения, постоянно уточняя их, и тогда его постижение будет более глубоким, переходящим из умозрительной плоскости в чувственную, внутреннюю.

Бааль Сулам пишет в 155-м пункте «Предисловия к Учению Десяти Сфирот»: «Несмотря на то, что изучают и не знают то, что изучают, но желают этого достичь, в этой мере вызывают на себя воздействие окружающего света».

Окружающий свет не воздействует на нас в мере нашего желания понять изучаемый материал. Например, я хочу понять, почему эти окружности расходятся именно так, а не иначе, почему творение состоит из пяти частей и так далее. Это неправильный подход к изучению каббалистических книг.

Окружающий свет воздействуют на нас в мере нашего желания войти в эти состояния, уподобиться им по свойствам, стать объектом для их постижения.

ДОМАШНЕЕ ЗАДАНИЕ

Домашним заданием является подготовка к очередному уроку, который обязательно должен состояться в течение суток.

Нельзя ни на день оставлять учебу. Ежедневно необходимо прочитать хотя бы несколько строк из книги. Отрыв от учебы на сутки повлечет за собой отставание на недели и даже на месяцы. Вы не можете изучать материал десять часов подряд, а потом сделать перерыв на неделю. Намного эффективней заниматься час в сутки, но каждый день. Если у вас серьезные намерения продвинуться в учебе, то это условие является обязательным, и здесь не может быть никаких компромиссов.

Очень важно в течение дня работать с каббалистическими материалами.

Целью таких занятий является подготовка к работе на уроке, а также построение внутренней базы общей информации, запоминание терминов и определений.

Вот несколько примеров заданий по работе с текстами. Задание выполняется после изучения всей темы, раздела или урока.

- Определить основную тему урока.
- Написать резюме и определить, какой из двух нижеперечисленных подходов использовал автор статьи:
- когда сразу же дан конечный результат, а затем объяснение, каким образом к нему прийти?
- когда автор по ступеням, шаг за шагом ведёт читателя к конечному результату?
- Описать причинно-следственную связь, с помощью которой автор статьи приводит нас к решению поставленной задачи.
- Попробовать прийти к такому же результату, но используя другой метод, примеры из других наук.

Возможности изучения

Существует несколько способов изучения каббалы:
1. Через Интернет-сайт по каббале www.kabbalah.info. Сегодня этот сайт обеспечивает пользователям неограниченный доступ к аутентичным текстам более чем на 20 языках без обязательной регистрации или указания личной информации. Это один из крупнейших сайтов Интернета по количеству учебно-образовательного и информативного материала по каббале. Здесь вы найдете переводы оригинальных статей Бааль Сулама и других каббалистов.
2. Международная академия каббалы под руководством каббалиста, профессора онтологии и теории познания М. Лайтмана проводит ежедневную прямую видео- и аудио- Интернет-трансляцию уроков и лекций по всему миру с синхронным переводом на 5 языков, с демонстрацией чертежей, возможностью задавать вопросы и получать ответы в реальном времени. Все записи занятий помещаются в медиа-архив и доступны для скачивания.
3. На базе Международной академии каббалы созданы учебные курсы. Преподаватели МАК разработали дистанционную форму обучения в Интернете с использованием современных информационных технологий, которые позволяют дополнить учебный процесс аудио- и видеофрагментами, виртуальными занятиями «он-лайн», участием в форуме и другими интерактивными функциями.
4. Существует возможность самостоятельного ознакомления с каббалой по книгам. М. Лайтман – автор более 30 книг по каббале, которые, по существу, являются углубленными комментариями ко всем оригинальным каббалистическим источникам.

Логический порядок. Последовательность изучения курса

- Мы выяснили, что наука каббала – это методика раскрытия Творца творениям в этом мире.
- Чтобы раскрыть Творца, необходимо изменить намерение с получения на отдачу.
- В каббалистических книгах содержится особая духовная сила, которая называется «свет, возвращающий к источнику». Он способен изменить наше намерение с получения на отдачу.
- Только выяснив наше отношение к ближнему, мы сможем обратиться с истинной просьбой к свету, возвращающему к источнику.
- Свое отношение к ближнему мы можем точно выяснить, только выбрав правильное окружение для духовного развития.
- «Точки в сердце» являются разбитыми частями души Адам Ришон. Вместе с другими точками в сердце мы строим духовную среду, возносим просьбу об исправлении, об объединении разбитых частей. Таким образом вызываем свет, возвращающий к источнику.
- Основой для истинной просьбы к свету, возвращающему к источнику, является закон «Нет никого, кроме Него», то есть необходимо связывать все происходящее с единым Творцом – источником всех причин.
- Раскрытием власти над нами желания получать (намерения на получение) мы строим внутри себя истинную просьбу к исправлению.
- Мы изучили порядок исправления: сначала более тонкие сосуды – «Исраэль» (с ивр., прямо к Творцу), а в конце более толстые, грубые – «народы мира».

КОЕ-ЧТО НА ДЕСЕРТ

Вот и все. Окончен курс «Введение в науку каббала». Мы приобрели базовые знания во всех областях исследования науки каббала и, что не менее важно, поняли, как необходимо относиться к изучению каббалы. Полученные знания, а также правильное отношение к учебе построят в нас глубокий и прочный фундамент для дальнейшей учебы.

Мы надеемся, что вы получили удовольствие. В конце концов, ведь цель всего – наслаждение. На «сладкое» мы приготовили вам небольшой отрывок из книги Михаэля Лайтмана «Вкус света», чтобы оставить приятное послевкусие во рту и в сердце.

«Представь себе 7 миллиардов человек, находящихся в любви, единстве, поручительстве. Тебе не нужно искать гарантов для получения ссуды в банке, не нужно прятать ничего от других. Никто не должен охранять то, что у него есть, устанавливать границы.

Нет необходимости в законах. Ведь не нужны женщине никакие законы, объясняющие, как ей относиться к своему ребенку. Любовь направляет ее естественным образом. Когда есть любовь, то все подчинено одному закону – закону любви.

Нам очень трудно осознать, насколько все упростится, если мы приобретем свойство любви. Нам будет не нужно кого-то охранять или защищать, выяснять отношения друг с другом. Каждый станет искать, как сделать хорошее другим, и он будет получать взамен бесконечное наслаждение».

ПРИЛОЖЕНИЕ

Содержание:
- Глоссарий
- Международная академия каббалы

ГЛОССАРИЙ

Определения данного словаря предназначены исключительно для понимания тем, затронутых в настоящей книге. Некоторые каббалистические термины снабжены различными трактовками, обусловленными местом и действием рассматриваемого объекта либо его взаимосвязями с остальными компонентами реальности.

Ав – грубый, отдаленный по свойствам от природы света, более тяжелый для исправления.

Ангел – сила, с помощью которой Творец управляет творением.

Ангел смерти – намерение ради получения, которое не позволяет нам ощутить духовную, истинную жизнь.

Ацмуто – сущность Творца. Наука каббала занимается только формой, в которой мы воспринимаем Творца, а не изучением сущности Творца.

Вера – это действительное, реальное постижение Творца, то есть свойства отдачи.

Высшее управление – сила развития. Программа, в соответствии с которой Творец управляет творением.

Высший – следующая ступень.

Ветвь (ивр., *анаф*) – результат.

Грех Древа познания – разбиение души Адам Ришон, разрыв связей отдачи между ее частями.

Духовность – стремление к свойству отдачи (получение ради отдачи).

Душа Адам Ришон – духовная категория, особая часть желания получать, в которой все части души связаны воедино связями отдачи и любви. Адам Ришон создан в мире Ацилут.

Жизнь – ощущение света в сосуде (*кли*).

Желание отдавать (ивр., *рацон леашпиа*) – Творец, сила отдачи и любви.

Желания тела – основные желания человека, не зависящие от общества.

Закон подобия свойств – чтобы воспринять какое-либо явление, мы должны развить внутри себя чувствительность к нему. Чтобы постичь духовную реальность, мы должны включить в себя свойство отдачи. Духовность – есть отдача.

Закон равенства общего и частного – каждая часть творения включает в себя свойства всего творения. Как и все творение, из светлых и грубых частей состоит также человек.

Зах – светлый, близкий по свойствам к Творцу, к свойству отдачи, легкий для исправления.

Идолопоклонник – это внутреннее состояние человека, при котором все проявления добра и зла он соотносит не с Творцом, а с другим источником.

Исправление (ивр., *тикун*) – изменение намерения получать ради себя на намерение получать ради других

Исраэль – более светлая часть в желании получать.

Каббалист – человек, раскрывающий Творца.

Кли (сосуд) – желание получать, получение.

Комментарий Сулам к Книге Зоар (*Пируш аСулам ле Сефер аЗоар*) – комментарий Бааль Сулама к Книге Зоар, которую написал рабби Шимон Бар-Йохай.

Корень (ивр., *шореш*) – причина.

Любовь – полная отдача, без учета собственной выгоды.

Любовь к Творцу – отдача Творцу (уподобление с Ним – свойством отдачи).

Малхут – желание получать, созданное четырьмя стадиями распространения прямого света.

Мир (ивр., *олам*) – степень сокрытия Творца. Слово олам происходит от слова алама, сокрытие. Существует пять миров: Адам Кадмон, Ацилут, Брия, Ецира и Асия.

Мир Бесконечности (ивр., олам эйн соф) – состояние, в котором желание получать полностью наполнено всем наслаждением, предназначенным ему замыслом творения.

Мир ветвей – материальный мир.

Мир корней – духовный мир.

Мицва (с ивр., заповедь) – приказ, указание, выполнение закона отдачи и любви.

Мицва (заповедь) – исправление части желания называется «выполнение заповеди».

Намерение (ивр, *кавана*) – направление (способ использования) желания получать.

Намерение ради отдачи – использование желания получать ради других.

Намерение ради получения – использование желания получать для себя.

Народы мира – более грубая часть в желании получать.

Наслаждение аннулирует желание – механизм, который вызывает развитие желания: каждый раз, по мере наполнения желания, наслаждение гасится, и желание рассеивается. В результате пробуждается новое желание, более сильное.

Наука каббала – методика раскрытия Творца творениям в этом мире.

Низший – ступень, на которой ты находишься в данный момент.

Окончательное исправление (ивр., *гмар тикун*) – полное уподобление Творцу.

Окружающий свет (ивр., *ор макиф*) – свет, светящий вне нас, пока мы не находимся в исправленном состоянии.

Ор (свет) – желание отдавать, отдача.

Осознание зла – выявление зла в намерении получать. Понимание, что зло стоит на нашем пути к духовности.

Отдача (ивр., *ашпаа*) – состояние, в котором желания ближнего мы ощущаем как свои собственные

Открытие пяди, сокрытие двух – раскрытие науки каббала на желаемом уровне и соответственное тому сокрытие ее на желаемом уровне.

Отталкивающая сила – сила, вынуждающая желание получать убегать от страданий.

Половина шекеля – просьба об исправлении. Человек выстраивает внутри себя понимание и осознание того, что непосредственное исправление реализуется Творцом. Половина работы, а именно – выяснение желания – осуществляется человеком, а вторая половина работы – исправление желания – выполняется Творцом.

Преграда, барьер (ивр., *махсом*) – граница между этим миром и духовными мирами.

Притягивающая сила – сила, заставляющая желание получать устремляться к получению наслаждений.

Путь страданий – неосознанное продвижение в развитии. Путь длинный и тяжелый.

Путь Торы – осознанное продвижение в развитии до достижения оконча-тельной цели творения. Путь короткий и легкий.

Решимо – информационные данные, духовные гены, записи-воспоминания о бывших, исчезнувших состояниях, в которых сформулирована личная программа развития каждого из нас. Каждое решимо определяет некое состояние развития, которое мы должны пройти.

Свет, возвращающий к источнику (исправляющий свет), – свет, который светит нам извне, пока мы не исправлены. Во время правильного изучения науки каббала свет, возвращающий к источнику, действует на нас, приближая к исправленному состоянию.

Свет, возвращающий к источнику – сила, исправляющая эгоистическую природу и поднимающая ее к свойству отдачи.

Социальные желания – развитые желания, которые пробуждаются под влиянием окружения; оно же способствует и их реализации.

Творец – всеобщий закон природы.

Творец – на иврите *Борэ*, состоит из двух слов бо и рэ, что дословно означает «приди» и «увидь». Обратите внимание, что наука каббала говорит о Творце в постижении человека, а не о сути Творца.

Тора – исправляющий свет. Тора на ивр. «ора» – свет, свечение; инструкция, как постепенно исправлять эгоистическую природу..

Точка в сердце – желание раскрыть духовную реальность.

Уровень «говорящий» (ивр, *медабэр*) – желание получать на уровне развития «человек».

Учение Десяти Сфирот (*Талмуд Эсер аСфирот*) – комментарий Бааль Сулама к сочинениям АРИ.

Четыре стадии распространения прямого света (ивр., *далет бхинот деор яшар* – процесс создания *кли* (сосуда) светом.

Шестьсот тысяч душ – части разбитой души в мирах Брия, Ецира, Асия.

Шохен – Творец. Сила отдачи, проявляющаяся в объединении ранее разбитых частей души Адам Ришон.

Шхина – духовный сосуд, внутри которого проявляется Творец (*Шохен*). Это общность разбитых частей души Адам Ришон.

Этот мир (ивр., *аолам азэ*) – реальность, в которой желание получать полностью скрывает Творца от творения.

Язык ветвей – язык, описывающий духовную действительность с помощью названий материальных ветвей.

МЕЖДУНАРОДНАЯ АКАДЕМИЯ КАББАЛЫ
под руководством профессора Михаэля Лайтмана

Сайт Международной академии каббалы
http://www.kabbalah.info/rus/
Крупнейший в мире учебно-образовательный интернет-ресурс, бесплатный и неограниченный источник получения достоверной информации о науке каббала.

Курсы обучения
http://www.kabacademy.com/
Миллионы учеников во всем мире изучают науку каббала. Выберите удобный для вас способ обучения на сайте:

Углубленное изучение каббалы - ежедневный урок
http://www.kab.tv/rus/
Каждое утро на сайте ведется прямая трансляция уроков каббалиста, профессора Михаэля Лайтмана для всех, кто занимается углубленным, ежедневным изучением науки каббала и исследованием каббалистических первоисточников. Занятия проводятся на иврите с синхронным переводом на 7 языков (русский, английский, немецкий, испанский, французский, итальянский, турецкий), есть возможность задавать вопросы в режиме реального времени.

Интернет-магазин каббалистической книги
http://www.kab.co.il/books/rus/

Международная академия каббалы издает учебные пособия и другие книги, предназначенные для самостоятельного изучения каббалы. Все учебные материалы Международной академией каббалы основаны на оригинальных текстах каббалистов, сопровождаемых комментариями руководителя академии, каббалиста, профессора Михаэля Лайтмана.

Медиа-архив
http://www.kabbalahmedia.info/

Медиа-архив сайта Международной академии каббалы содержит на сегодня более 10 000 видеозаписей лекций и передач, продублированных также в аудио и текстовом формате.

Видеопортал Зоар.ТВ
http://www.zoar.tv/

Видеопортал Зоар.ТВ располагает уникальным контентом в виде бесплатных видео материалов, видеоклипов, ТВ онлайн, добрых фильмов онлайн, музыки.

Учебное пособие

НАУКА КАББАЛА

БАЗОВЫЙ КУРС

ISBN - 978-965-7577-28-8
DANACODE - 760-73

Технический редактор *Н. Серикова.*
Выпускающий редактор *С. Добродуб.*
Оформление обложки *А. Мохин*

Подписано в печать 09.01.2014. Формат 60x90/16.
Печать офсетная. Бумага офсетная.
Печ. л. 20.

www.ingramcontent.com/pod-product-compliance
Lightning Source LLC
LaVergne TN
LVHW091711070526
838199LV00050B/2358